WESTEND

Arno Luik

»ALS DIE MAUER FIEL, WAR ICH IN DER SAUNA«

WESTEND

Mehr über unsere Autoren und Bücher:
www.westendverlag.de

Die Deutsche Nationalbibliothek verzeichnet diese Publikation in der Deutschen Nationalbibliografie; detaillierte bibliografische Daten sind im Internet über http://dnb.d-nb.de abrufbar.

MIX
Papier aus verantwortungsvollen Quellen
FSC
www.fsc.org
FSC® C083411

ISBN 978-3-86489-361-2

Redaktion: Viviane Richarz
Umschlaggestaltung: Buchgut, Berlin
Satz: Publikations Atelier, Dreieich
Druck und Bindung: CPI – Clausen & Bosse, Leck
Printed in Germany

Inhalt

Vorwort von Markus Lanz 7

Angela Merkel 10

Yanis Varoufakis 26

Christine Prayon 50

Jean Ziegler 60

Markus Lanz 70

Nathalie Todenhöfer 84

Ferdinand von Schirach 96

Thomas Buergenthal 110

Ina Müller 122

Inge und Walter Jens 136

Roland Kaiser 148

Gisela Getty und Jutta Winkelmann 162

Oswalt Kolle 172

Sahra Wagenknecht 184

Günter Thews 200

Eric Hobsbawm 214

Gore Vidal 226

Angelika Schrobsdorff 238

Harry Mulisch 248

Barbara Schöneberger 260

Hans-Ulrich Wehler 270

Nachwort 283

DANKE! 287

Vorwort von Markus Lanz

»Ich wusste, was mir blühte«

Ich bin in meinem Berufsleben schon das eine oder andere Mal interviewt worden. Aber keines dieser Gespräche war wie das mit Arno Luik vom *stern*, für den er rund 20 Jahre gearbeitet hat. Ich war krank an dem Tag, so richtig, mit Fieber und so. Doch es stellte sich heraus: Die Grippe war mein kleineres Problem. Das deutlich größere hatte einen schwäbischen Akzent und hieß Arno.

Als die Anfrage kam, wusste ich schon, was mir blühte. Ich kannte ja seine harten Interviews, und ich mochte sie. Von Luik interviewt zu werden war sicher kein Vergnügen, aber in gewisser Weise ein Ritterschlag. Und nun war ich also selbst dran.

Luik hat mich nicht enttäuscht. Gut drei Stunden Attacke. Freundlich im Ton, hart in der Sache. Von der Frau, die das Gespräch später abtippte, ist der Ausruf überliefert: »Da ging es ja ab. War wie ein Hörspiel!«.

Das Gespräch begann mit irgendeiner Unverschämtheit über einen sprachlichen Tick von mir. Ich erinnere mich nicht mehr so genau. »Unsinn. Sie weichen aus!«, würde Luik jetzt einwerfen. Der Mann hat mich gegrillt. Ich weiß noch: Nach dem Interview war ich richtig fertig. Nass geschwitzt. Und das lag nicht nur an meinem Fieber.

Trotzdem hat es Spaß gemacht. Luiks Botschaft war immer klar: Wir können uns hinterher immer noch sympathisch finden. Aber vorher habe ich einen Job zu tun!

Seine Vorbereitung war stets grandios, seine Technik virtuos. Man konnte davon viel lernen. Luik konfrontierte einen mit Gedanken, die man sich gelegentlich auch selbst schon mal gemacht haben sollte. Ja, ich glaube sogar, der tiefere Sinn seiner Attacken war eigentlich nur die Suche nach ein bisschen Wahrhaftigkeit. Wer so hart angegangen wird, lässt irgendwann die Maske fallen.

Dann wird aus Entertainment ein echtes Gespräch. Keine Floskeln mehr, kein Showgrinsen mehr. Der eine früher, die andere später: Irgendwann in einem Luik-Interview war jeder weich und bettelte um Gnade. Man war nur noch ein »Schwarzes Loch an Liebesbedürftigkeit«, wie jemand in der *Süddeutschen* mal wunderbar formuliert hat.

Wer seine Interviews kennt – ich würde sie eher Duelle nennen – weiß, dass Luik ein Linker alter Schule ist.

Kompromisslos auf der Seite der Schwachen. Oder die, die er dafür hält. Ich war oft nicht seiner Meinung. Aber ich fand es immer gut, dass er eine hatte. Sich mit den Mächtigen anzulegen – das tat und tut er gern. Er hat sich, so hört man aus der *stern*-Redaktion, eine Viertelstunde nonstop vom Unternehmer Wolfgang Grupp (der mit dem Affen in der Werbung) anbrüllen lassen, während hinter ihm sein Diener stand und mit weißen Handschuhen das Mittagessen servierte. Und Ex-Bahnchef Mehdorn ist ihm im Berliner Bahn-Tower, so konnte man es im *stern* lesen, mit diesen Worten mal fast an die Gurgel gegangen: »Ich würde Sie ja gerne hauen. Aber Schläge bringen nichts, Sie bleiben ja doch bei Ihrer Meinung«.

Da hatte Herr Mehdorn sicherlich recht. Auch mit Martin Walser, so wird kolportiert, soll sich Luik neun Stunden Wein trinkend gezankt haben. Der Dichter hat das Gespräch dann aber leider nicht freigegeben. Schade. Ich hätte es gern gelesen.

»Arno hat oft genervt«, erzählte mir einer seiner *stern*-Kollegen. »Aber es war verdammt gut, dass wir ihn hatten. Ohne ihn wäre der *stern* zahnloser gewesen.«

Das unterschreibe ich sofort!

Markus Lanz
Hamburg, im Januar 2022

Angela Merkel

»Mit 18 wurde es mir zu eng in der Kleinstadt. So ab der zehnten Klasse bin ich immer auf Tour gegangen. Prag, Budapest, Bukarest, Sofia. Meist sind wir mit dem Zug gefahren, haben wild gezeltet, sind mit dem Rucksack ins Gebirge. 1986 war ich in Armenien, Aserbaidschan, Georgien. Da war ich mit zwei Freunden, wir sind getrampt.«

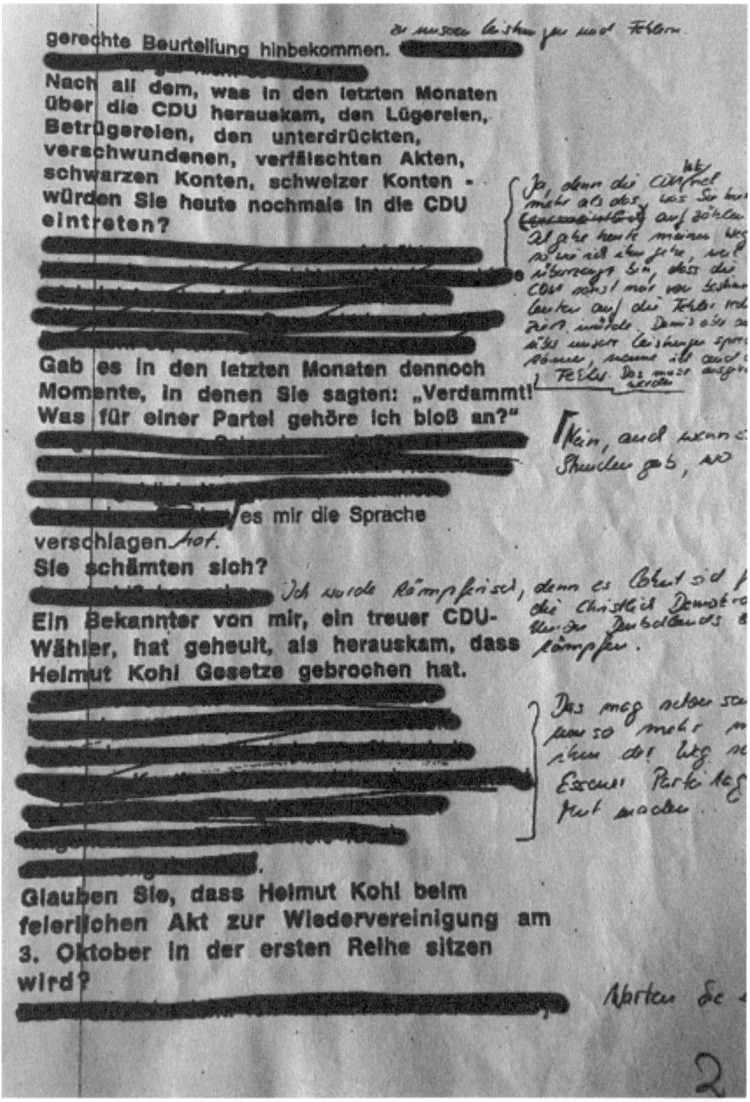

gerechte Beurteilung hinbekommen. [redacted]

Nach all dem, was in den letzten Monaten über die CDU herauskam, den Lügereien, Betrügereien, den unterdrückten, verschwundenen, verfälschten Akten, schwarzen Konten, schweizer Konten - würden Sie heute nochmals in die CDU eintreten?

[redacted]

Gab es in den letzten Monaten dennoch Momente, in denen Sie sagten: „Verdammt! Was für einer Partei gehöre ich bloß an?"

[redacted] es mir die Sprache verschlagen hat.

Sie schämten sich?

[redacted] Ich wurde kämpferisch, denn es lohnt sich für die Christlich Demokratische Union Deutschlands zu kämpfen.

Ein Bekannter von mir, ein treuer CDU-Wähler, hat geheult, als herauskam, dass Helmut Kohl Gesetze gebrochen hat.

[redacted].

Glauben Sie, dass Helmut Kohl beim feierlichen Akt zur Wiedervereinigung am 3. Oktober in der ersten Reihe sitzen wird?

[redacted]

Nein, auch wenn

Warten Sie

2

»Als die Mauer fiel, war ich in der Sauna«

(Berlin, 2000)

Als ich Angela Merkel im Frühjahr 2000 zum Gespräch in Berlin treffe, ist sie seit knapp hundert Tagen Parteichefin, die erste Frau an der Spitze der CDU. Sie residiert nun ganz oben in der Parteizentrale, in einem großen, hellen Büro – sie, die Frau aus dem Osten, hat sich gegen Helmut Kohl durchgesetzt, gegen Wulff, Oettinger, Koch, Merz, gegen all die CDU-Männer mit Ambitionen; für die CDU-Machos war sie nur ein »Mädel«, ein »Aschenputtel«, nicht wirklich ernst zu nehmen. Allerdings, was kaum einer in der Partei damals ahnte: ein Aschenputtel mit Kohlscher Machtlust. Und damit verbunden: mit dem Drang zur perfekten Kontrolle – was sich auch an der schwierigen Autorisierung meines Gesprächs zeigte. Gleichwohl, so der Deutschlandfunk, »eines der wenigen Interviews, das Einblicke gab, wie Angela Merkel wirklich tickt.«

Abbildung linke Seite: Von Merkel/Büro Merkel redigiertes Interview: Als mein Gespräch, das ich zum Autorisieren nach Berlin geschickt hatte, ein paar Tage später aus dem Fax nach Hamburg zurückkam, war ich geschockt – es war ein dadaistisches Gesamtkunstwerk geworden. Ganze Passagen waren gestrichen, etliche Fragen waren verschwunden, viele Antworten waren abgeschwächt, neu formuliert. Voller Frust lief ich zwei Stunden an der Elbe auf und ab – danach begann ein Ringen um jedes Wort.

Frau Merkel, die einen verspötteln Sie als »bieder«, »mausgrau«, »trantütig« gar. Andere bejubeln Sie als »blitzgescheit«, »selbstbewusst«, sogar als »überheblich«.
Ich finde es nicht schlimm, ein Rätsel zu sein. Das erhält die Spannung.
Aber wer, zum Teufel, sind Sie nun?
Moment. Ich habe viele Facetten – wie jeder Mensch. Es verblüfft mich immer wieder, mit welcher Schnelligkeit abschließende Urteile gefällt werden. Und noch mehr verblüfft mich, mit welcher Selbstverständlichkeit Journalisten manchmal die Urteile voneinander abschreiben – oft ohne mit mir zu sprechen. Dann gibt es wichtige Ereignisse, und plötzlich hat man ein anderes Image. Gestern war ich mausgrau, plötzlich bin ich brutal und herzlos. Und morgen? Manchmal denke ich, vielleicht runden sich all diese Sichtweisen irgendwann zu einem Gesamtbild.
Wer also sind Sie?
Ich bin ein Mensch. Eine Frau. 46 Jahre alt. Interessant finde ich, dass die Distanz zwischen dem eigenen Wunschbild und dem Erleben der eigenen Person immer geringer wird.
Sie sind mit sich einverstanden?
Ich bin auf gutem Weg. Mit sich selbst Frieden zu schließen, das ist ja ein lebenslanger Prozess, aber ich finde den Vorgang interessant. Man hatte ja als Kind so Ideale. Ich wollte mal Eiskunstläuferin werden. Oder auch Balletttänzerin.
Sie waren doch, O-Ton Merkel, ein »Bewegungsidiot«.
Ja eben! Aber da war die Sehnsucht nach genau dem, was ich eben nicht konnte oder nicht hatte. Ich wollte dickere Haare. Ich wollte blass aussehen, das war für mich wunderbar, denn ich hatte immer so rote Wangen!
Und mit fünf Jahren konnten Sie noch keinen Berg runtergehen.
Man musste mir das rational erklären. Ich hatte da Angst. Mein Vater musste mir sagen, was ich tun muss: »Du musst ein Bein vorsetzen und noch ein Bein, und wenn es zu steil wird, dann musst du die Ferse aufsetze.« Ich hab das brav nachgemacht, und dann ging es. Dann war die Angst weg.

In einem sind sich alle einig: Sie haben einen starken Willen, Sie sind ehrgeizig.
Was soll ich dazu sagen? Mit Sicherheit bin ich nicht unehrgeizig. Sonst hätte ich mir einen anderen Job ausgesucht, wo ich am Freitag um 14 Uhr zu Hause bin und nicht mit Ihnen hier sitze.
Ulrich Merkel, Ihr erster Mann, hat Sie so beschrieben: »Sie ist eine Kämpfernatur.«
Ist doch nicht schlimm, oder? Ich empfinde das als ein Kompliment. Ein Politiker muss machtbewusst sein. Er muss ehrgeizig sein. Er muss sich selber etwas abverlangen können.
Und er muss kämpfen können?
Ich glaube, dass ich kämpfen kann, aber ich gehe nicht jeden Kampf ein. Ist der Kampf erfolgversprechend? Reichen die Kräfte? Man kann nicht an allen Fronten gleichzeitig kämpfen. Manche Kämpfe muss man delegieren, manche muss man verschieben.
Aber Mitte Dezember 1999 wussten Sie: Jetzt muss ich den Brief in der *FAZ* schreiben und die CDU auffordern, sich von Kohl zu lösen. Da wussten Sie: Jetzt kann ich den Kampf führen!
Nicht: kann. Sondern: muss! Um der Zukunft der CDU willen.
Waren Sie beim Schreiben des Briefs aufgeregt?
Erstens war es kein Brief, sondern ein Aufsatz, zweitens haben Sie einen Hang zum Theatralischen ...
Ich bitte Sie: Mit diesem Schreiben legten Sie sich mit dem Übervater der CDU an. So etwas macht man nicht jeden Tag.
Nein. Zuerst ordnet man da seine Gedanken. Dann ringt man mit sich, ob man es macht oder nicht. Die Haderphase. Und dann ist es entschieden.
Ein Bein vor, noch ein Bein vor – es ist wie beim Berg-Runtergehen.
Wenn man sich entschieden hat, ist es durch. Dann ist es ein Point of no return, und dann ist es gut.
Egal, wie Sie sich mühen: Sie haben keine Chance, Sie sind eine Vorsitzende auf Abruf, Ihr alter politischer Ziehvater zieht weiterhin die Fäden und ...
Moment, ein Vorsitzender ist immer ein Vorsitzender auf Zeit, auf Abruf. Ich habe ein schönes Amt in einer schwierigen Zeit. Ich

muss mich bewähren. Die Amerikaner würden es »challenge« nennen, und ich nehme die Herausforderung an.

Sie stehen auf der Kommandobrücke eines Tankers, und vorn am Bug brennt es. Sie sehen Leute rumrennen, aber Sie wissen nicht, ob die wirklich löschen oder Öl ins Feuer gießen. Es ist nur eine Frage der Zeit, bis Ihnen der Laden um die Ohren fliegt.

Das glaube ich nicht. Ich habe einen guten Überblick über den Laden, und der fliegt uns nicht um die Ohren. Im Gegenteil, er macht Rot-Grün wieder Dampf.

Die Regierung Schröder hat Sie mit der Steuerreform elegant aufs Kreuz gelegt.

Na ja. Unser Weg in der Sache war richtig. An den Nachbesserungen sehen Sie ja, dass die Regierung die Schwächen ihrer Reform kannte. Jetzt trägt sie in vielen Teilen die Handschrift der Union.

Doch ausgeknockt liegt Ihr Fraktionschef Friedrich Merz da.

Friedrich Merz ist ein guter Fraktionsvorsitzender. Um in der Boxersprache zu bleiben: Die anderen haben einen Punkt gemacht. Aber der Kampf ist noch lange nicht entschieden.

Und der wird hart – auch parteiintern. Im Bundestag sitzt Helmut Kohl, seine Getreuen kommen zu ihm, streicheln ihn, berühren ihn, tuscheln mit ihm. Das sind doch Machtdemonstrationen gegen Sie.

Was? Sie brauchen gar nicht so eine dramatische Sprache zu wählen. Die Sache ist nämlich sehr nüchtern und sachlich zu sehen: Die CDU ist in einer Umbruchphase. Und die politische Zukunft dieser Partei wird nicht mehr von Helmut Kohl bestimmt, sondern von der neuen Parteiführung. Aber die Zukunft wird auch dadurch bestimmt, wie sich die Partei zu ihrer Vergangenheit verhält. Wir müssen da eine gerechte Beurteilung hinbekommen.

Nach all dem, was über die CDU herauskam, den Lügereien, Betrügereien, den verschwundenen, verfälschten Akten, schwarzen Konten, Schweizer Konten – würden Sie heute nochmals in die CDU eintreten?

Ja, denn die CDU ist viel mehr als das, was Sie hier aufzählen. Ich gehe heute meinen Weg, so wie ich ihn gehe, weil ich überzeugt bin, dass die CDU sonst nur von bestimmten Leuten auf die Fehler reduziert würde. Damit wir aber auch über unsere Leistungen sprechen können, nenne ich auch die Fehler.

Gab es in den letzten Monaten Momente, in denen Sie sagten: »Verdammt! Was für einer Partei gehöre ich bloß an?«

Nein.

Ach, kommen Sie.

Es gab Stunden, da hat es mir die Sprache verschlagen.

Glauben Sie, dass Helmut Kohl beim feierlichen Akt zur Wiedervereinigung am 3. Oktober in der ersten Reihe sitzen wird?

Warten Sie es ab. Aber sagen Sie mal, worum geht es Ihnen eigentlich?

Es geht mir um Sie.

Ja?

Ja, aber Helmut Kohl hat Sie doch geprägt.

Zu einem Teil sicherlich. Ich habe viel von Helmut Kohl gelernt – die politische Beurteilungskraft, das Gefühl und das Gespür für politische Vorgänge, für Mehrheiten. Aber ich bin ich und gehe meinen Weg mit meinem Stil.

Sie werden als Chefin nicht so diktatorisch wie er regieren?

Was heißt »diktatorisch«? Diese Frage akzeptiere ich nicht bei einem demokratisch gewählten Parteivorsitzenden, ob er Helmut Kohl oder Merkel oder sonst wie heißt. Sie müssen als Chef in den Ring. Sie müssen Mehrheiten zusammenbringen. Was Helmut Kohl richtigerweise – sonst kann jemand auch nicht Parteivorsitzender sein – nicht geduldet hat, ist persönliche Illoyalität. Ein gesundes Misstrauen gehört zur politischen Arbeit.

Es ist ein hartes Geschäft?

Sicherlich. Aber auch ein Langstreckenlauf ist hart. Manager bei einem Großunternehmen zu sein ist hart. In Parteien geht es doch nicht anders zu als anderswo. Politik ist natürlich hart, wenn man an der Spitze ist. Dazu gehört auch Einsamkeit. Nun können Sie fragen, warum tun sich Menschen das an? Weil es Spaß macht. Weil es eine Herausforderung ist. Ich wurde mal gefragt, was der entscheidende Unterschied gegenüber dem Leben in der DDR ist. In der DDR war es fast unmöglich, seine Fähigkeiten auszuleben und an die eigenen Leistungsgrenzen zu stoßen. Aber daran habe ich Freude.

Die Grüne Antje Radcke hat den Drang in die Politik mal so begründet: »Es macht Spaß, wichtig zu sein!«

Ich denke nicht darüber nach, ob es schön ist, wichtig zu sein. Es ist schön, an die eigenen Leistungsgrenzen zu stoßen, und das heißt in der Politik: Mehrheiten gewinnen, neue Antworten für neue Aufgaben finden. Was ist »wichtig«? Dieser Satz ist merkwürdig. Man merkt doch in der Politik, wie kurzlebig die Erfolge sind, wie schnell die Stimmungen wechseln. Der Glanz des einen Tages kann schon wieder der Niedergang des zweiten sein. Alles ist stimmungsabhängig.

Der Journalist Rolf Zundel ...

Ach, mein erstes Weihnachtsbuch nach der Wende war von Zundel. Es war interessant, es ging um Politik und Psychologie.

Er schrieb: »Die Politik ist erbarmungslos, sie deformiert alle mehr oder weniger.«

Tja, das Leben ist überhaupt erbarmungslos, und es deformiert jeden bis zum Tod.

Das Leben ist Kampf?

In gewisser Weise, ja. Ich war bis 35 Physikerin, ich habe heute zehn Jahre Berufserfahrung als Politikerin hinter mir. Aber was deformiert mehr? Der Drang, immer neue wissenschaftliche Erkenntnisse zu gewinnen? Als Wissenschaftler großem Ruhm nachzujagen? Und wie ist es bei den Managern internationaler Konzerne? Ich glaube nicht, dass Politiker etwas Besonderes sind. Sie haben doch immer die Chance, ihren eigenen Stil zu bewahren und mit sich im Reinen zu sein.

Und das sind Sie?

Ich denke ja.

Sie haben die steilste Karriere hingelegt in der bundesdeutschen Parteiengeschichte.

Glauben Sie das?

Ja. Und sind Sie stolz auf das Erreichte?

Ich bin verwundert. Ich muss aber erst mal überlegen, was das heißt: »steilste Karriere«.

Vor zehn Jahren erst traten Sie in die CDU ein.

Gut, aber ich habe zu viel zu tun, um staunend dazustehen. Mein Weg ist wahrscheinlich bemerkenswert, aber Gott sei Dank fühle ich das nicht so.

Aber manchmal, abends vor dem Spiegel, denken Sie da nicht: »Huch, wer bin ich? Was habe ich geschafft?«

Nein, mir wird manchmal eher mulmig, wenn ich durch die Welt gehe und all die Menschen nicht kenne, die mir begegnen – und die meinen alle, dass sie mich kennen, dass sie von mir alles wissen. Das gibt mir ein Gefühl der Unbalance. Ich habe aber gern Balance. Das beklemmt mich manchmal. Nimmt mir Freiheit.

Sie stehen unter ständiger Beobachtung, werden seziert, analysiert, interpretiert.

Ich bin völlig überrascht, wenn ich mal was über mich lese, wo ich das Gefühl habe: Das bin ich! Das passiert nicht oft. Manchmal, selten, gibt es Porträts von Journalisten, die einen sogar noch auf etwas bringen. Einer hat mal geschrieben, ich sei eine Wanderin zwischen den Welten und dass ich mich keiner total verschrieben hätte. Das ist ein interessanter Gedanke, darin ist wohl ein bisschen Wahrheit. Und das berührt mich dann.

Kennen Sie eigentlich den Witz, der in PDS-Kreisen über Sie kursiert?

Nein.

»Wenigstens eine von uns hat es geschafft!«

Was ist daran der Witz?

Sie waren ja mal in der FDJ, »der Kampfreserve der SED«.

Ach so. Ja, das ist richtig, das ist Teil meines Lebens. Aber der PDS-Witz zeigt doch nur, dass diese Partei auch heute noch in der Kontinuität der alten Zeit steht, nichts dazulernt.

Sie hingegen haben schnell gelernt, Sie sind nun Vorsitzende der CDU. Ist doch irgendwie wahnsinnig?

Das ist eine westdeutsche Sicht. Aus Ost-Sicht ist das viel weniger beachtlich. Wahnsinn ist eher, dass der Kalte Krieg überwunden, dass die Mauer gefallen ist! Die meisten Mitglieder der CDU kommen im Übrigen aus den alten Bundesländern, und für sie ist meine Biografie bis zum 35. Lebensjahr etwas Besonderes. Deshalb muss ich mich viel stärker legitimieren, also immer wieder erzählen: Ich bin in Hamburg geboren, im Osten aufgewachsen, war in der FDJ, habe dennoch keine Jugendweihe, sondern bewusst nur die Konfirmation. Darauf bin ich stolz. Dass ich heute Parteivorsitzende bin, ist ein echtes Stück deutscher Einheit.

Einen Großteil der CDU-Geschichte haben Sie nicht persönlich erlebt. Wie haben Sie sich die Geschichte, den Jargon angeeignet? Büffelt man das alles wie eine Fremdsprache?

Bei mir heißt es ja heute noch, dass ich nicht wie ein Politiker spreche. Ich spreche meine Sprache, und ich kann auch zuhören. Dabei lerne ich etwas, und ich denke, man kann auch etwas von mir lernen. Ansonsten bekomme ich viel durch Erzählungen mit, durch das Befragen von Leuten, Zeitungsartikel. Wenn das Kabinett etwa Weihnachtsessen hatte, dann habe ich einfach zugehört. Und das sind schon interessante Geschichten, wie Strauß und Kohl ihre frühen Kämpfe ausgefochten haben. Dass ich einen Teil der Geschichte nicht erlebt habe, hat auch Vorteile, man hat eine größere Unbefangenheit. Auch einen klareren Blick auf manchen Wildwuchs in Deutschland. Mit dieser Unbefangenheit können Sie auch Dinge anders machen. Ich glaube zum Beispiel, dass kaum jemand aus der CDU zu den Kernkraftgegnern nach Gorleben gefahren wäre wie ich, aus dem Osten kommend, um mit ihnen zu diskutieren.

Frau Merkel, Sie sind schon ein bisschen anders als die üblichen Politiker. Sie sind Olympiasiegerin und …

Ja, ich habe mal die Russisch-Olympiade gewonnen. Das war 1970, ich war in der neunten Klasse. Mit der Mannschaft unseres Bezirks war ich bei der DDR-Olympiade in Berlin. Lenin hatte gerade seinen hundertsten Geburtstag, dazu musste man was schreiben, und die Lenin-Biografie auf Russisch erzählen: Ленин родился в 22-ого апредя 1870 году в городе Ульяновск

Aha.

Ja, »Lenin wurde am 22. April 1870 in Uljanowsk geboren«. Russisch ist eine schöne Sprache, ganz gefühlvoll, ein bisschen wie Musik, ein bisschen melancholisch. Ich habe immer sehr gern Russisch gesprochen. Eines der schönsten russischen Worte ist терпение, und es klingt wie das, was es heißt: Leidensfähigkeit. Nicht so zu sein wie wir, sich aufzulehnen und zu rebellieren, sondern die Dinge auch hinzunehmen und zu akzeptieren. Das schafft eine höhere Gelassenheit dem Leben gegenüber.

Die hätten Sie gern.

Der Gedanke gefällt mir, wahrscheinlich wegen meiner Unfähigkeit, selber so zu leben.

Sie haben geschafft, was dem Osten im Kalten Krieg mit dem Westen nie gelang, obwohl es Erich Honecker so verzweifelt wollte: »Überholen, ohne einzuholen!«

Na gut, ich habe durch die deutsche Einheit einfach unheimliches Glück gehabt.

Ulrich Schoeneich, der SPD-Bürgermeister Ihres Heimatortes Templin, ist sehr stolz auf Sie, denn Ihr Erfolg zeige, »dass wir im Osten nicht nur das grüne Männchen auf der Ampel haben!«.

Ja, das stimmt. Ich bin eine Projektionsfläche, klar, natürlich, für viele Menschen aus den neuen Bundesländern. Es gibt ja nicht so viele, die an die Spitze gekommen sind.

Sie sind nun sogar, lobt die *FAZ*, eine »Lichtgestalt: Kein anderer hätte die CDU »so schnell aus dem tiefen Schatten wieder ans Licht bringen können«.

Na ja.

So nüchtern sehen Sie das? Sogar einem Heiner Geißler wird es ganz elegisch bei Ihnen. Sie seien »eine herbe Schönheit« mit »melancholischem Blick in einem zuweilen von Traurigkeit umflorten Gesicht«.

Ich sehe aus, wie ich aussehe, und fertig.

Waren Sie eigentlich gern ein Mädchen?

Ja, ich hatte eine schöne Kindheit. Das wird ja im Westen oft übersehen, dass das Leben in der DDR nicht nur aus Politik bestand. Die Uckermark als Landschaft ist wunderschön, wir sind im Wald rumgerannt, haben Blaubeeren gepflückt, Pilze gesammelt. Ich hatte mein Gartenstück, im Sommer bin ich jeden Tag baden gefahren. Abends auf dem See schwimmen war schön. Weihnachtslieder singen mit Echo. Ich habe viel mit russischen Soldaten geplaudert, weil bei uns ja doppelt so viele Russen im Wald waren wie Deutsche.

Ihre Eltern waren nicht sehr streng?

Ja und nein. Es war ein sehr geregeltes Elternhaus. Aber es war auch ein sehr offenes Haus, wir haben viel diskutiert. Mein Vater hatte eine klare Meinung. Er ist sehr gründlich, ich bin ein bisschen pfuschig. Das hat mir manchmal als Kind Pein bereitet, aber daraus habe ich natürlich auch was gelernt. Ich durfte nie auf dem Moped mitfahren. Darunter habe ich gelitten. Und ich musste beizeiten zu Hause sein. Aber mit 18 wurde es mir zu eng in der Kleinstadt. So ab der zehnten Klasse bin ich immer auf Tour gegangen. Prag, Budapest, Bukarest, Sofia. Meist sind wir mit dem Zug gefahren, haben wild gezeltet, sind mit dem Rucksack ins Gebirge. 1986 war ich in Armenien, Aserbaidschan, Georgien. Da war ich mit zwei Freunden, wir sind getrampt.

Das war eine gute Zeit?

Ja, von 16 bis 26 war es in Ordnung, aber dann hatte man alles durch, rauf und runter. Und dann finden Sie es zunehmend dumm, dass man nur 30 Mark pro Tag umtauschen darf. In Budapest hat der Campingplatz schon 20 Mark gekostet, und dann musste man irgendwie sehen, dass man zur Suppe noch ein bisschen Salat kriegt. Irgendwann reichte es. Irgendwann hatte man es auch satt, mit Konservenbüchsen im Rucksack durch die Welt zu reisen.

Wie sind Sie erzogen worden?

Man hat mir wie Millionen anderer Kinder beigebracht, dass man zu Ende bringt, was man anfängt. Es war auch so, dass meine Mutter oft sagte: »Ihr seid Pfarrerskinder! Ihr müsst immer noch etwas besser sein als die anderen.«

Und am Mittagstisch wurde gebetet?

Ja, sicher. Ich bin auch zur Christenlehre gegangen, zum Gottesdienst, und ich habe mir wie alle die Frage nach Gott gestellt.

Glaube – ist das auch heute für Sie noch wichtig?

Ja. Warum schauen Sie jetzt so skeptisch? Der Mensch ist nicht die letzte Instanz, und das, finde ich, ist etwas sehr Erleichterndes, auch für die Politik. Dass man Fehler machen kann, dass man irrt, dass man sich nicht überhöht, dass es Gemeinschaften gibt, die das

Gleiche glauben, ohne dass man sich ständig rechtfertigen muss. Und der christliche Glaube ist eine Sicht aufs Leben, die darin besteht, dass man sich nicht als das Wichtigste nimmt. Es hat auch etwas mit Vergebung zu tun, damit, dass der Mensch ein Sünder ist.

Sie sind wahrscheinlich die erste Parteivorsitzende der CDU, womöglich das einzige Mitglied der CDU, das je in einer besetzten Wohnung gelebt hat.

Das mag sein, das weiß ich nicht.

Aber geräumt worden sind Sie nicht?

Nein, dem bin ich knapp entgangen. Aber ich war unheimlich froh, in Berlin in den 80er-Jahren eine Wohnung gefunden zu haben.

Und dann, Sie waren 30 Jahre alt, kam Ihr Vater zu Besuch und sagte: »Weit hast du es noch nicht gebracht!«

Ja, ich bestätige die Richtigkeit des Zitats. Ich war gerade umgezogen in eine nicht legale Wohnung, die war in keinem guten Zustand.

Wie war das für Sie, als die Mauer fiel?

Wunderbar. Ich war in der Sauna. Da bin ich immer donnerstags hingegangen mit Freundinnen, im Thälmann-Park hier in Berlin. Und dann hörte ich die Pressekonferenz von Schabowski, und nach der Sauna bin ich dann zur Bornholmer Straße und bin rüber. Mit meiner Mutter hatte ich mir immer ausgemalt, was wir als Erstes machen würden: ins Kempinski gehen, Austern essen. Aber da waren wir bis heute nicht. Ich habe bis jetzt noch keine einzige Auster gegessen!

Aber in der DDR hatten Sie keiner Dissidentengruppe angehört?

Ich hatte Mühe mit deren Stil. Ich habe Bahro gelesen, Solschenizyn, und mich mit Freunden darüber unterhalten. Im Blick zurück würde ich sagen: zu alternativ.

Lothar de Maizière hat Sie damals so empfunden: Typ Studentin, selbst geschnittener Bubikopf, Jesuslatschen.

Man kann wirklich nicht sagen, dass ich nur bieder war und zwischen Gummibaum und Robotron-Fernseher lebend mich abends nicht aus dem Haus bewegt hätte. Es hat mich fasziniert, was passiert ist. Ich bin zu Rainer Eppelmann gegangen, und wenn der

Stefan Heym gelesen hat, dann bin ich da hin. Aber mich hat das zu lange Diskutieren gestört. Ich hatte mit dem Sozialismus abgeschlossen. Diese Mischung aus Alternativität und einer anderen Form von Sozialismus hat mich nicht gereizt.

Aber Sie hätten doch, wie Kohl sagen würde, ein »Soz« werden können.

Nein. Quatsch! Ich bin ein sehr individualistischer Typ, ich mag das Kollektivistische nicht. Ich habe mir ja die SPD angeschaut mit meinem damaligen Chef. Er ist dann gleich dort geblieben. Er ist heute der Bürgermeister von Köpenick. SPD? Nein! Für mich war das nichts. Ich bin dann weiter zum Demokratischen Aufbruch. Das hatte etwas sehr Unkoordiniertes, das hat mir gefallen. Da standen unausgepackte Computer rum.

Da wurden Sie gebraucht?

Ich wurde gebraucht und hab zugepackt. Und die Ziele des demokratischen Aufbruchs – die Einheit, Währungsunion, soziale Marktwirtschaft: Das hat mir gut gefallen.

Lothar de Maizière meint, Sie wären durch Zufall in der CDU gelandet.

Das kann Lothar de Maizière nicht einschätzen.

Wohin wollen Sie die CDU führen? Sie sind die Chefin, Sie haben das letzte Wort.

Ich kenne den Punkt, dass in bestimmten Fragen die Chefs das letzte Wort haben. Ich war sieben Jahre Landesvorsitzende, war Ministerin. Jetzt so eine große, bundesweite Volkspartei zu führen ist eine neue Aufgabe.

Und das Ziel ist klar: Sie wollen an die Macht.

Ich will, dass die CDU 2002 die Regierung übernimmt, und sie dazu inhaltlich voranbringen. Was zum Beispiel ist die Aufgabe der CDU nach der Beendigung des Kalten Kriegs? Nachdem die Grünen die Nato anerkannt haben? Mit der deutschen Einheit hat sich die ganze Nachkriegsordnung verändert. Und ich möchte, mit den alten Werten vom christlichen Menschenbild und unserem Verständnis von Freiheit und Gerechtigkeit, von Solidarität, Antworten auf die zukünftigen Fragen finden.

Das sind Schlagworte.
Vielleicht für Sie, aber sie umschreiben die Aufgabe, deutlich zu machen, was soziale Marktwirtschaft unter internationalen Marktbedingungen bedeutet.
Glauben Sie, dass die Welt gerechter wird?
Ich habe nicht dieses deterministische Geschichtsverständnis, nach dem sich die Menschheit in einer ständigen Höherentwicklungsspirale befindet. Ich glaube, dass die Welt sich ruiniert, wenn sie es nicht schafft, mit den großen sozialen Unterschieden fertig zu werden.
So ähnlich würde es Kanzler Schröder auch sagen. Und das ist doch Ihr Problem: Überall wo Sie hinwollen, sitzt er schon – und macht quasi CDU-Politik.
Nein, dem würde er genauso widersprechen wie ich. Schröder hat eine große Schwäche. Er denkt nicht zu Ende. Er interessiert sich eigentlich für die Sachen nicht. Das ist sein ganz großes Manko. Er ist ein Augenblicksmensch.
Aber das ist doch eine Vision, die Sie treibt: die erste Kanzlerin der Bundesrepublik Deutschland zu sein.
Mir wurde schon gesagt, ich hätte keine richtigen Visionen. Das ist wahrlich keine. Sie haben Ihr Gespräch damit begonnen, dass ich zum Scheitern verurteilt bin. Es geht schnell bei Ihnen: Jetzt fragen Sie mich nach der Kanzlerschaft, sehen Sie mich als Kanzlerin?
Und Sie? Als was sehen Sie sich?
Ich bin Parteivorsitzende, bin gerade mal hundert Tage im Amt. Darauf konzentriere ich mich. Ich habe das letzte Wort, Sie nun die letzte Frage.
Was werden Sie dereinst dem alten Mann da oben sagen – so es ihn denn gibt –, wenn er Sie fragt, was Sie Gutes für die Menschen getan haben?
Ich bin noch nicht so weit, dass ich mich mit solchen Gedanken beschäftige. Ich weiß auch nicht, ob der liebe Gott so fragt. Ich habe gerade die Mitte meines Lebens erreicht. Ich habe in der DDR gelebt, ich lebe mein Leben jetzt im geeinten Deutschland. Ich habe gute Sachen gemacht: Ich war eine ordentliche zweite Regierungssprecherin, ich habe den Rechtsanspruch auf einen Kindergarten-

platz eingeführt, eine schöne Klimakonferenz in Berlin geführt. In einer entscheidenden Phase der CDU habe ich nicht Unwichtiges getan. Und privat bin ich geborgen. Und das ist doch in Ordnung, dass man ab und zu einen kleinen Stein gesetzt hat. Sie können doch nicht ewig auf Achse sein, und zum Schluss blicken Sie zurück und fragen: Was habe ich eigentlich gemacht?

Ihr Kollege Edmund Stoiber hat auch fürs Jenseits große Pläne. Er möchte dort oben Karl Marx fragen, ob ihm eigentlich klar sei, »was er mit seiner Ideologie alles angerichtet hat«.

Für den Himmel habe ich keine Pläne. Ich will da oben meine Ruhe. Sonst nichts.

Angela Merkel wird am 17. Juli 1954 in Hamburg geboren, wächst in Templin (DDR) auf, wo ihr Vater Pfarrer ist. Sie studiert Physik, ist auch in der FDJ. Nach dem Fall der Mauer engagiert sie sich beim Demokratischen Aufbruch, wird stellvertretende Sprecherin der Regierung de Maizière. 1990 wechselt sie zur CDU, kommt in den Bundestag, Helmut Kohl ernennt sie zur Frauen- und Jugendministerin. Rasant steigt sie auf: 1991 Vize-Vorsitzende der CDU, 1994–1998 Umweltministerin, danach CDU-Generalsekretärin. Im April 2000 wird Angela Merkel Parteichefin, 2005 Bundeskanzlerin – 16 Jahre lang, bis zum Herbst 2021, regiert sie in Koalitionen mit der SPD, der FDP, zuletzt wieder mit der SPD.

Yanis Varoufakis

»Sie hielten Tsipras, unserem Regierungschef, die Pistole an die Schläfe – und so verhandelt es sich schlecht. Wie soll man da frei entscheiden, wenn einem gesagt wird, klipp und klar: »Wenn du nicht zustimmst, bleiben die Banken zu. Wir zerquetschen dich!«

Ein gestresster Autor, ein entspannter Politiker.

»Dr. Schäuble sagte zu mir: Wir können uns den Sozialstaat nicht mehr leisten!«

(Athen, 2015)

Kurz vor meinem Abflug nach Athen meldet sich Yanis Varoufakis, der ein paar Tage zuvor noch griechischer Finanzminister war, am Telefon. Es seien »hektische, harte Zeiten«, es fänden ständig Sitzungen, Konferenzen, kurzfristig anberaumte Parlamentsdebatten statt, Zeit für ein »substanzielles Gespräch« habe er kaum. Um sicherzugehen, dass es überhaupt zu einem ernsthaften Gespräch komme, solle ich doch zu ihm in die Wohnung kommen, das sei die einzige Möglichkeit.

Drei Tage war ich in Athen, und es war dann, wie Varoufakis gesagt hatte: hektisch. Mal war er in seiner Wohnung, dann im Parlament, er war hier, er war dort, kaum greifbar. Unser Gespräch (das im *stern* in einer stark gekürzten Version erschien, hier nun die Originalfassung) fand in neun Etappen statt. Mal nur für ein paar kurze Augenblicke, mal für eine, mal für zwei Stunden, mal für 30 Minuten; mal trafen wir uns kurz vor Mitternacht, nach Mitternacht, mal mittags, mal in der Küche bei einem schnellen Kaffee, oder spätabends im Restaurant – wonach wir dann, er mit seinem Motorrad vorneweg, seine Frau mit ihrem Motorrad hinterher und mit mir auf dem Soziussitz, durch Athen zu seiner Wohnung bretterten.

Nur fünf Monate lang war Yanis Varoufakis griechischer Finanzminister der sozialistischen Partei Syriza. Aber das hat gereicht, um seine Kollegen, Europas Finanzminister und Präsidenten und Kanzler, fast in den Wahnsinn zu treiben – und seine Fans in Ekstase.

Wer ist dieser Yanis Varoufakis? Der unter Beschuss war und ist, national, international – der umstrittenste Politiker in Europa, der mich in seine Wohnung ließ, einfach so, einen Fremden? »Feel at home«, hatte er bei der Begrüßung gesagt.

Ein Gespenst geht um in Europa, Herr Varoufakis, das Gespenst von Syriza. Alle Mächte des alten Europa haben sich zu einer heiligen Hetzjagd gegen dieses Gespenst verbündet, die Troika und die Eurogruppe, Merkel, Schäuble und Gabriel, Finnlands Regierung und die Investoren von Goldman-Sachs.

Jetzt muss ich doch lachen, dass einer aus Deutschland, dem Land, dessen Regierung uns hier so quält, mit einer Variation von Marx' *Kommunistischem Manifest* daherkommt. Aber es ist natürlich hinterhältig, mir so zu kommen, also Syriza mit Kommunismus gleichzusetzen. Das machen unsere Gegner, die uns diskreditieren wollen.

Das ist nicht mehr nötig: Das Gespenst, Syriza, ist ja mit dem letzten Abkommen gezähmt, gedemütigt.

So kann man es sehen.

Sie haben Auflagen der Eurogruppe akzeptiert, unter anderem drastische Kürzungen bei Renten und eine dramatische Erhöhung der Mehrwertsteuer – lauter Dinge, gegen die Sie vehement waren, jahrelang.

So ist es. Und ich bin immer noch dagegen. Ich habe ja in der Regierung gegen dieses sogenannte Rettungspaket, das noch mehr Elend, aber garantiert kein Wirtschaftswachstum bringen wird, gekämpft. Aber ich würde nicht von einer Niederlage oder einem Betrug am Volk sprechen wollen. Es ist vielleicht fast noch schlimmer: Wir haben uns selbst betrogen.

Ich habe Ihnen ein Bild mitgebracht, das Wolfgang Schäuble und den Eurogruppenchef Jeroen Dijsselbloem zeigt – kurz nachdem Ihr Ministerpräsident Alexis Tsipras das Hilfspaket akzeptiert hat.

Es ist kein Hilfspaket! Es ist ein Diktat. Zeigen Sie mal das Bild. Mein Gott! Das habe ich noch nie gesehen, ich muss das abfotografieren. Das ist ja unglaublich, wie die sich freuen! Es ist Montag, der 13. Juli. Griechenland hängt am Galgen.

Sie alle aber feiern den größten Angriff auf die europäische Demokratie seit Ende des Zweiten Weltkriegs. Sie lachen, in dem Moment, in dem sie die Werte und Ideale und Prinzipien der europäischen Demokratie beerdigen.

Das geht ein bisschen weit, was Sie hier sagen. Es geht um ein Rettungspaket ...

Nein!

... um Hilfe für Ihr Land!

Nochmals: Nein!

Es werden wieder einmal zig Milliarden Euro nach Griechenland gepumpt.

Lasst uns allein mit dieser Hilfe, die uns nur in ewige Knechtschaft zwingt! Mit dem Hilfsprogramm wurde Griechenland faktisch zu einem Protektorat. Die Eurogruppe, die demokratisch überhaupt nicht legitimiert ist, eigentlich ein informelles Forum ohne Machtbefugnisse, erteilt Völkern Befehle: Sie wollen Untertanen, die den Kopf beugen, nicken, demütig sind und tun, was ihnen befohlen wird. Diese Eurogruppe agiert ohne jede Kontrolle – und trifft Entscheidungen über Leben und Tod. Als die Eurogruppe gegründet wurde, starb die Demokratie. Der slowenische Philosoph Slavoj Žižek hat neulich davon geredet, dass es bei diesem Kampf um Griechenland um Fundamentales geht, nämlich »die Leitkultur«. Wer hat das Sagen in Europa? Die Banken? Die Völker?

Ihr Volk hat Syriza gewählt.

Das ist ein großes Problem. Ich habe mal mit dem ehemaligen US-Finanzsekretär Larry Summers gesprochen, er sagte zu mir: »Yanis, Sie haben einen großen strategischen Fehler gemacht.« Was denn? »Sie haben die Wahlen gewonnen.« Die Wut auf Syriza war von Anfang an riesengroß, denn wir stellten ein Programm infrage, das seit Jahren die herrschende, nicht zu hinterfragende Doktrin in Europa ist: Austerität. Eine Sparpolitik, die seit Jahren versagt, aber unsere Bevölkerung systematisch verarmt. Und hoffnungslos macht. Die Jugend. Die Alten. Wir haben eine epidemische Explosion von Selbstmorden, die Kindersterblichkeit steigt. Wir reden über den ökonomischen und mentalen Zusammenbruch eines Volkes. Was wir erleben, ist der totale Triumph des Neoliberalismus. Das Ende der Menschlichkeit.

Wenn es so ist, warum, verdammt noch mal, hat dann Ihr Freund Tsipras diesen Vereinbarungen zugestimmt.
Aber was konnte er denn tun? Ich will Ihnen nicht ausweichen, Herr Luik, aber ich muss jetzt schnell rüber ins Parlament! Bis später, tschüss Danae!

***

Danae Stratou, Ehefrau von Varoufakis: Unser Leben hat sich in den letzten sechs Monaten radikal geändert. In Amerika, in Austin, wo mein Mann an der Uni unterrichtete, lebten wir wie Studenten. Wir waren viel zusammen, er arbeitete zu Hause an seinen Büchern und Studien, ich an meiner Kunst. Wir kamen Anfang Januar zurück nach Athen, im letzten Moment kam mein Mann auf die Wahlliste, plötzlich war er im Parlament, plötzlich war er Finanzminister, plötzlich war er mitten im Wirbelsturm. Ich bin ja nicht die klassische Hausfrau, ich hatte mit 30 eine Ausstellung auf der Biennale in Venedig, aber jetzt habe ich versucht, ihm hier zu Hause einen Rückzugsort von der Hektik zu geben.

***

Herr Varoufakis, ich war vorhin am Parlament: Tausende demonstrierten gegen Sie und Ihre Regierung, das waren verzweifelte, verbitterte, enttäuschte Menschen.
Haben Sie auch gegen mich demonstriert? Das glaube ich kaum, denn ich bin ja auch gegen das uns auferlegte Spardiktat. Was fragten Sie vorher, bevor ich ging?
Tsipras hätte mit »Nein« gegen das Rettungspaket stimmen können!
Es war quälend für ihn. Sie hielten ihm die Pistole an die Schläfe – und so verhandelt es sich schlecht. Wie soll man da frei entscheiden, wenn einem gesagt wird, klipp und klar: »Wenn du nicht zustimmst, bleiben die Banken zu. Wir zerquetschen dich!« Tsipras, als Regierungschef, muss an die Rentner denken, die Geld brauchen, an die vielen Menschen, die weiter in die Armut absinken würden oder sogar verhungern.

Sie sind mit großen Worten in den Wahlkampf gegangen, Ihr Spruch war: »Die Hoffnung kommt!«

Ja.

Und die Menschen glaubten Ihnen.

Die Lage war so verzweifelt, dass sie uns wählten. Trotz der brutalen Propaganda in den Oligarchen-Medien. Ende 2014, kurz vor der Wahl, hieß es, der Aufschwung sei da. Dieser Aufschwung war aber nur ein Wunderwerk der Statistiken, er hatte nichts mit der Realität zu tun. Die Menschen wussten genau, dass es ihnen nicht besser geht. Sie wussten, dass das alles Lügen sind. Das war ihnen schon fünf Jahre lang gesagt worden. Sie stimmten für uns, obwohl vorher in den Medien eine Katastrophen- und Untergangsstimmung inszeniert worden war. Die amtierende Regierung, so etwas hat es noch nie gegeben, hat noch kurz vor der Wahl einen politisch motivierten Bankrun herbeigeführt. Die Botschaft: Wenn ihr Syriza wählt, dann seid ihr endgültig verloren!

Aber dann, vor sechs Monaten, stand der triumphierende Wahlsieger Tsipras vor seinen Anhängern, er tanzte, er sang, und er rief: »Für Griechenland beginnt ein neues Kapitel! Wir lassen die zerstörerische Sparpolitik hinter uns!«

Ja. Das war der Traum und die Hoffnung.

Der Traum ist nun ein Albtraum.

Ja.

Ich versteh das nicht: Sie machen ein Referendum über die Sparpolitik. Sie gewinnen dieses Referendum eindeutig, aber dann …

Was dann?

Dann macht Ihre Regierung, die sich ja dem Volk angeblich verpflichtet fühlt, genau das, was das Volk überhaupt nicht will: Sie knicken vor Brüssel ein.

Die Kehrtwende von Tsipras war, wie soll ich sagen: bemerkenswert. Ich habe ja in den vergangen Monaten viel erlebt, mehr als ich wollte. Das Schönste für mich war eine Veranstaltung zwei Tage vor dem Referendum. Ich hielt eine Rede vor zigtausend Leuten, und da war so eine wunderbare Stimmung, die einem Kraft gab. Und mit dieser Stimmung, wie auf einer Wolke, ging ich in den Regierungssitz. Dort war aber eine ganz andere Stimmung, fast alle waren bedrückt. Ich hatte fast das Gefühl, sie hatten auf ein »Ja« beim Referendum gehofft – als Fluchtweg aus der Regierungsverantwortung. Da war kein Kampfgeist mehr. Das hatten auch die in Brüssel gemerkt, sie hatten unsere Angst gerochen, spätestens im Juni. Und als dann Tsipras sich dem Diktat beugte – das war für mich der traurigste Moment.

Als Sie am 6. Juli dann zurücktraten, mit dem Motorrad davonbrausten – was war das für ein Gefühl?

Ein Mischmasch. Ich war ja für weitere Verhandlungen, ich wäre nicht eingeknickt. Aber es war auch ein Moment, der gut für mich war. Die letzten fünf Monate hatte ich nachts kaum mehr als zwei Stunden geschlafen. Ständig gab es Verhandlungen, Sitzungen, Konferenzen, Flüge, Reisen, Kampf mit der Bürokratie, mit dem und das, Vorlagen schreiben, Presseattacken aushalten, Contenance bewahren. Sie haben kaum Zeit, ihre Batterien aufzuladen, die Gefahr, dass man in diesem ständig überdrehten Polit-Getriebe verblödet, ist ziemlich groß.

***

Danae Stratou: Als mein Mann dann zurücktrat, vor dem Ministerium auf sein Motorrad stieg, losfuhr, bin ich einfach hinten draufgesprungen. Er wusste gar nicht, dass ich mitfahren wollte. Ein paar andere Motorräder wurden von Journalisten und allen möglichen Leuten umgeworfen, eine Masse Menschen, wie eine Welle, kam auf uns. Es war lebensgefährlich. Diese Zeit als Minister hat ihn fast verschlungen, es war einfach mörderisch. Deswegen bin ich froh, dass er zurückgetreten ist. Ich will ja noch lange mit ihm zusammenleben. Politisch gesehen bedaure ich seinen Rücktritt. Aber ich weiß auch: Er muss weitermachen. Er ist ein politisches Tier durch und durch. Er will den Menschen in Griechenland einfach helfen.

***

Irgendwie, Herr Varoufakis, kommt mir vieles von dem, was Sie erzählen, naiv vor: Sie mussten doch wissen, dass es nicht nur Kräfte

gab, die Sie politisch erledigen, sondern die auch Griechenland aus dem Euro werfen wollten.

Klar. Das hat mir Schäuble von Anfang an gesagt. Und wir hatten ja auch, von Januar an, ein Kriegskabinett, fünf, sechs Leute, die sich mit dem Szenario des Grexits beschäftigten. Wir mussten über alles Mögliche nachdenken, wir standen ja mit dem Rücken zur Wand. Was passiert als Nächstes? Ich habe immer versucht, einen Schritt weiterzudenken als unsere Gegenspieler. Mir war klar, dass sie früher oder später unsere Banken schließen würden, um uns zu erpressen und einem Abkommen zuzustimmen, das nicht funktionieren kann.

Sie reden, als ob Sie sich im Krieg befunden hätten.

Es war ein Krieg. Und es ist immer noch ein Krieg. Ein Finanzkrieg. Aber die Ziele sind die gleichen wie bei einer militärischen Eroberung. Heute brauchen sie keine Panzer, um einen zu besiegen. Sie haben ihre Banken, um einen zu besiegen.

Sie hören sich an wie ein Klassenkämpfer der alten Schule.

Ach, was! Wir sind im Jahr 2015, aber es ist, und das ist das Tragische, wie es in Brechts »Dreigroschenroman« heißt: »Die grobe Gewalt hat ausgespielt. Man schickt keine Mörder mehr aus, wenn man den Gerichtsvollzieher schicken kann.«

Sie wollten mithilfe eines Hackers in die oberste Steuerbehörde eindringen, um ein paralleles Bankensystem aufzubauen. Sie wollten an die Gelder in der Zentralbank, um Renten zu bezahlen, Sie wollten ...

Was? Wir haben nie an so etwas wie einen Einbruch gedacht. Wir sind keine Abenteurer! Wir haben in diesem Kriegskabinett allerdings alle möglichen Szenarien angedacht, durchgespielt und dann auch verworfen.

Ja, was denn zum Beispiel? Etwa die Einführung einer Parallelwährung?

Ja, klar! Auf diesem Thema habe ich ja auch meine wissenschaftliche Karriere aufgebaut. Aber die Einführung einer Parallelwährung ist nicht einfach, das geht nicht hopplahopp. Auch im hocheffizienten Deutschland kam die D-Mark nicht über Nacht in die DDR. Das dauert. Auch im Irak war es mühsam, das ging nur mit der massiven handwerklichen, technischen und logistischen Unterstützung der USA, das hat über ein Jahr gedauert. Man braucht dazu alle möglichen Ressourcen. Know-how. Hat Griechenland dafür überhaupt die notwendigen Spezialisten? Und dann wäre es noch ein Vabanquespiel: Man weiß nicht, wann und ob überhaupt das Ganze positive Effekte hat!

Sie sprechen über ein Land der Eurozone, das über eine Alternativwährung nachdenkt – irre.

Es ist nicht irre, obwohl es verrückt scheint. Es ist Notwehr. Es ging bei diesen Gedankenspielen immer darum, unsere Verhandlungsposition zu stärken. Mir war ja klar, dass sie früher oder später unsere Banken schließen würden, um uns zu erpressen. Für mich wäre das ein aggressiver, feindlicher Akt. Eine Kriegshandlung.

Das vereinte Europa und der Euro wurden geschaffen, damit die Länder dieses Kontinents, die sich so oft bekriegt haben, eine friedliche Zukunft erleben.

Es ist faszinierend, dass das Europa der unterschiedlichen Kulturen und Sprachen zusammenfindet. Es ist tragisch, dass die gemeinsame Währung, diese Völker wieder spaltet, alte Ressentiments aufkommen lässt.

Man sieht in Athen Poster mit Merkel und Hitlerbärtchen, man sieht Zeitungskarikaturen, in denen Schäuble, ebenfalls mit Hitlerbärtchen, die Handgranate ziehend auf die Akropolis zurollt.

Stimmt. Und ich habe mich immer gegen diese dummen und gefährlichen Stereotype gewehrt und mich mit vielen Leuten deswegen angelegt.

Sie sind der gute Mensch von Athen.

Ich lache gerne, einer meiner wichtigsten Filme ist ja Monty Pythons *Leben des Brian*, aber hier finde ich Ihren Spott total unangebracht. Es geht um Völker, die sich nicht gegeneinander aufhetzen lassen dürfen.

Es ist nun mal so, da kommen Sie nicht drum herum, bei vielen Deutschen gibt es eine mühsam unterdrückte Wut: Wir werfen immer neue Milliarden Euro den Griechen hinterher, und die sind faul, liegen in der Sonne und lassen es sich gut gehen.

Ich weiß. Aber am Anfang war die Lüge.

Jetzt bin ich gespannt, was nun von Ihnen kommt.
2008 verabschiedete die damalige griechische Regierung unter Präsident Karolos Papoulias ein Gesetz, mit dem der Staat auf einmal 28 Milliarden Euros ausgab. Aber nichts davon ging an die Bürger, Pensionäre, Beamte, Arbeiter. Es war ein gigantisches Rettungsprogramm für Banken. So explodierte die Staatsverschuldung. All die Rettungsprogramme, die seither für Griechenland laufen, sind Bankenrettungsprogramme.
Moment mal, ich ...
Lassen Sie mich den Gedanken zu Ende bringen. Aber immer heißt es in den Zeitungen: »Weitere Finanzhilfen für die Griechen«. Oder: »Neue Geldspritze für Athen«. Es müsste aber heißen: »Schon wieder Steuergelder für die Banken!«, Lasst mich also mit eurem Geld in Ruhe! Diese Gelder sind nichts als Hilfen für die BNP, Société Général, Deutsche Bank.
Andere sehen das ganz anders. Etwa Hans-Werner Sinn, einer der wichtigsten Ökonomen Deutschlands, Berater von Schäuble.
Oh Gott, ich kenne Sinn. Ich weiß aber auch von Schäuble, dass er nicht besonders viel von ihm hält.
Wie auch immer: Sinn sagt, dass »die außergewöhnliche Größe der gewährten Kredite« eine humanitäre Katastrophe verhindert hätte. Und dass die Aktionen der Troika, die vom Markt bedingte Austerität abgeschwächt habe.
Das sind so viele Fehler in seinen Argumenten, dass ich kaum weiß, wo ich beginnen soll. Wie ich schon sagte: Am Anfang war die Lüge. Als die Lehmann-Pleite losging, gewährte Deutschland den Banken fast 500 Milliarden Euro. Als nun die Banken auch in Griechenland, Spanien und in vielen anderen Ländern in Schwierigkeiten kamen, trauten sich Merkel und Schäuble nicht mehr zu sagen, wir brauchen noch mehr Geld für die Banken. Sie brauchten eine andere Begründung für diese aberwitzige Bankenrettung. Also logen sie.
Das ist nun ziemlich dreist, was Sie da sagen.
Aber so ist es. Eine historische Tatsache. Weil Schäuble und Merkel nicht schon wieder Banken retten konnten, sagten sie dem deut-

schen Volk: Die Griechen, Spanier und Portugiesen haben über ihre Verhältnisse gelebt!

Haben Sie doch auch – so heißt es medial allenthalben.

Moment mal. Sie sagten sinngemäß: »Ah, die Griechen sind faul. Das wissen wir. Im Grunde mögen wir die Griechen nicht, aber es steht halt die europäische Solidarität auf dem Spiel, also geben wir ihnen Geld!« Aber, und das wissen sie ganz genau: 91 Prozent von dem Geld ging in die Banken. Das war Bankenrettung, sonst nichts.

Neulich sagte der SPD-Chef Sigmar Gabriel, in Europa wachse die Stimmung: »Es reicht! Wir werden nicht die überzogenen Wahlversprechungen einer zum Teil kommunistischen Regierung durch die deutschen Arbeitnehmer und ihre Familien bezahlen lassen.«

Wenn Sie wüssten, wie ich Gabriel erlebt habe, würden Sie sich für ihn schämen.

Sie sprechen in Rätseln.

So viel kann ich sagen: Als ich ihn Anfang des Jahres in seinem Berliner Büro traf, hatten wir ein sehr langes Gespräch. Es war wie unter Brüdern. Es gab nicht den Hauch von Meinungsverschiedenheit. Es war fantastisch, als ob ich mit einem Syriza-Mitglied redete. Einem Genossen. Und dann, kurz danach, krieg ich mit, wie er über uns herzieht. Unfassbar. Und was heißt denn überzogene Wahlversprechen? Wir haben nur gesagt, dass wir uns um die kümmern wollen, denen es so furchtbar schlecht geht.

Und selbst da haben Sie versagt.

Wie bitte?

***

Es klingelt an der Tür, es ist früh am Abend. Ein Bote des Parlaments reicht Varoufakis einen dicken braunen Briefumschlag. Varoufakis öffnet ihn, blättert durch, es sind 550 Seiten, es gehe um eine grundlegende Änderung der Verfassung, große, fundamentale Veränderungen im Zivilrecht – bis morgen früh müsse er sich entscheiden, ob er für oder gegen die Gesetze sei. Das sei unmöglich, sagt Varoufakis, in dieser Eile sich ernsthaft Gedanken zu machen, aber eine rasche Abstimmung sei verlangt worden – von der Troika. So könne eine Demokratie nicht funktio-

nieren, sagt Varoufakis: »Wir sind ein Vasallenstaat.« Kurze Zeit später klingelt das Telefon: »Ich muss jetzt ins Parlament«, sagt Varoufakis, »die Debatte geht jetzt schon los.« »Wann kommen Sie zurück?« – »Frühestens in ein paar Stunden.«

***

Warum, sagten Sie vorhin, soll ich versagt haben?
Sie haben allenfalls Almosen an die Armen verteilt – 200 Millionen Euro. Aber den Reichen haben Sie Dutzende von Milliarden Steuern nachgelassen, an das Vermögen der Kirche sind Sie nicht ran, auch nicht an die schätzungsweise 200 Milliarden Euro, die in der Schweiz oder sonstwo im Ausland lagern. Das muss man doch Versagen nennen, oder?
Unsinn. Wer so etwas sagt, der lügt.
Ich lüge? Ich halte mich an die Fakten.
Sie sind falsch informiert. Wir haben versucht, ein Ernährungsprogramm für die Armen aufzulegen – das wurde uns von der Troika verboten. Wir haben versucht, an die Reichen, an die Oligarchen und die Haie ranzugehen – das wurde uns verboten. Ich habe bei meinen Gesprächspartnern in Berlin, Brüssel, Paris in diesen Punkten um Hilfe gebeten. Aber die gab es nicht. Stattdessen gab es von der Eurogruppe eine ruppige Erklärung, wir sollten auf eigene Faust nicht irgendwelche Dinge machen. Sie würden uns bestrafen. Wir hatten keine Chance. Die wollten uns gegen die Wand laufen lassen. Als wir trotzdem an die Oligarchen ranwollten, hat die Troika sie schlichtweg geschützt.
Das hab ich noch nie gehört. Wenn es wahr ist, was Sie sagen, dann …
Was soll dieses ›Wenn es wahr ist‹? Es ist wahr. Unsere Regierung, das war der erklärte Wille von Anfang an, sollte scheitern oder gestürzt werden.
Sie sprechen über ein Land im Europa des 21. Jahrhunderts?
Ja. Als ich in die Politik kam, habe ich einiges erwartet. Aber ich war dann doch überrascht, wie wenig den wichtigsten Akteuren Demokratie bedeutet, wie egal ihnen die konkreten Auswirkungen ihrer

Politik sind. Dass ihre Politik Hunderttausende, nein, Millionen Menschen verelenden lässt. Als ich in der Eurogruppe darüber reden wollte, blaffte mich Dijsselbloem an: »Darüber reden wir nicht, das ist zu politisch!« Es geht denen nur um Macht, Kontrolle. Sie wollen ihre verdammten Strukturen erhalten. Es geht ihnen in Wahrheit nicht um die Wirtschaft, auch nicht um Wachstum – und schon gar nicht um die Menschen. Die sind ihnen egal.

Sie klingen verbittert.

Nein, obwohl ich es sein müsste. Sehen Sie, wir wurden jetzt von der Troika gezwungen, innerhalb von zwei Tagen ein Rentenkürzungsprogramm und eine Mehrwertsteuererhöhung durchzusetzen. Das trifft die Kleinen, die Armen, die Mehrzahl der Bürger. Haben sie uns mit gleicher Gewalt gezwungen, ein Gesetz zur Reichensteuer zu verabschieden?

Ich sag's ja: verbittert.

Überhaupt nicht. Ich seh's ganz kühl, wissenschaftlich-analytisch.

Ich würde sagen: polemisch!

Bei der ganzen Eurokrise wird ja nicht gefragt, ob es an der Struktur der Eurozone liegt, dass alles ins Wanken geraten ist. Dass Überschussländer mit Importländern in ein gemeinsames Währungskorsett gezwungen worden sind. Da heißt es ganz einfach, dass die faulen Südländer über ihre Verhältnisse gelebt hätten, sie müssten halt so fleißig und sparsam werden wie die Deutschen. Das ist das Mantra.

Und was ist daran falsch?

Es geht, wie gesagt, um Machtverhältnisse! Wer vergab denn all die Kredite? Die BMW-Bank. Die Mercedes-Bank. Kauft! Genießt! Hier ist ein Kredit, nimm ihn, du brauchst kein eigenes Geld! Aber jedem leichtsinnigen Kreditnehmer steht ein skrupelloser Kreditgeber gegenüber. Die Bankleute wussten ganz genau, was sie für ein riskantes Spiel spielten – aber sie waren getrieben von hemmungsloser Gier.

Seit fünf Jahren arbeiten Hunderte von Spezialisten, Ökonomen, Politiker an der Griechenlandkrise herum, immer wieder wurde versprochen, es geht bergauf. Aber: Es ist schlimmer als früher.

Die Krise könnte in zwei Wochen beendet sein.

Wie bitte?

Ja. Der Schlüssel zur Lösung liegt in Deutschland. Ihr Land hat die ökonomische Kraft, diese Krise zu beenden.

Klären Sie mich bitte auf.

Schuldenumstrukturierung. Schuldenschnitt. Anders geht es nicht. Früher oder später muss der Schuldenschnitt kommen. Und er wird kommen.

Mal angenommen, Ihre These stimmt: Warum kommt er dann nicht?

Es ist eine Frage des politischen Willens und Wollens. Die Grundfrage ist: Haben die wichtigen Leute wirklich ein Interesse daran, diese Krise zu beenden?

Wie bitte?

Diese Jahrhundert-Krise ist zu gut, um sie ungenutzt verstreichen zu lassen. Ganz am Anfang sagte mir Dr. Schäuble, wir könnten uns den Sozialstaat nicht mehr leisten. Insofern nutzen sie die humanitäre Katastrophe schamlos aus.

Sie! Sie! Immer sie! Wen meinen Sie denn damit?

Namen sind nicht wichtig.

Natürlich sind sie wichtig!

Sie kennen sie doch! Schäuble. Merkel. Die Akteure, nicht alle, in der Troika. Ihnen geht es um ein anderes Staatswesen. Schäuble sagt es ja ganz offen: Er will ein strafferes, ein autoritäres Europa. Weniger Sozialstaat. Dank dieser Krise können sie all die Dinge umsetzen – Lohnkürzungen, Rentenkürzungen, Privatisierungen –, all die quälenden Dinge, für die ein Volk bei Wahlen nie stimmen würde.

Wenn Sie so denken, dann muss es ja fürchterlich für Sie sein: Ihre Regierung macht das Gleiche wie Ihre Vorgänger, nur in verschärfter Form.

Ja, das ist fatal. Ich habe mich dagegen gestemmt. Deswegen war ich in Berlin eine Störung, war ich in Brüssel ein Ärgernis, in der Euro-Gruppe eine Belastung.

Sie waren in den Verhandlungen, so hieß es, ein Spieler, ein Abenteurer. Ein Zeitverschwender.
Ja, so heißt es. Es war eine psychologische Kriegsführung auf allen Ebenen. Hatte ich ein vertrauliches Gespräche mit Euro-Gruppenchef Dijsselbloem oder mit Schäuble – dann konnte ich davon ausgehen, dass innerhalb von zehn Minuten, allerdings in ziemlich verstellter, mich beschädigender Form, dieses vertrauliche Gespräch im Internet auftauchte. Die beiden haben einen guten Draht zur sogenannten Qualitätspresse.
Sie sind ein Verschwörungstheoretiker.
Nein. Ich weiß sehr wohl, wovon ich rede.
Vielleicht nervten Sie einfach zu viel: Sie sollen ja bei Verhandlungen stundenlange Reden gehalten habe.
Ich habe einmal eine etwas längere Rede gehalten, das war mein erster Auftritt in der Euro-Gruppe. Der Empfang war freundlich; die IWF-Chefin Christine Lagarde war außergewöhnlich nett. Ich habe also so gut ich konnte versucht, unsere Position klarzumachen, auch dass wir gewählt worden sind, um diese zerstörerische Austeritätspolitik zu beenden. Aber beim Reden merkte ich schon, das interessiert sie alle gar nicht. Ich hätte mehr Eindruck gemacht, wenn ich einen Handstandüberschlag gemacht hätte.
Sie sollen häufig durch Ihr Besserwissertum genervt haben – Varoufakis, der superkluge Professor.
Ach, Unsinn. Aber hier, in der Eurogruppe, werden die Weichen für das zukünftige Europa gestellt, wird über das Leben von Hunderten von Millionen Menschen entschieden. Wo, wenn nicht dort, soll diskutiert werden. Allerdings: In dieser Gruppe gibt es so gut wie kein ökonomisches Wissen.
Sind Sie mal in so einer Sitzung explodiert?
Nein, ich bin immer ruhig geblieben. Es geht in den Sitzungen oft rüpelhaft, rüde, ungehobelt zu. Schäuble kann schon explodieren und sehr scharf sein. Ich hab mal erlebt, wie er Dijsselbloem fertiggemacht, wie er den EZB-Chef Mario Draghi runtergeputzt hat, nicht schön das.

Ihnen ist klar, dass Sie mit diesen Worten die politische Unabhängigkeit Draghis und damit der Europäischen Zentralbank infrage stellen?

Ich schildere nur, was ich beobachtet habe, und wie Schäuble sich benehmen kann. Mit mir hat er das nie gemacht, er war immer sehr freundlich. Ich schätze ihn, ich mag Wolfgang. Und er schätzt, glaube ich, meine Expertise. Er weiß genau, was er will, und er sagt es ja offen, ich hab es ja schon erwähnt: ein autoritäres Europa, viel weniger Sozialstaat. Irgendwann kam der Punkt, an dem ich sagte, wir wurden für eine andere Politik gewählt. Da meinte er nur: Da seien Verträge, die müsse man einhalten. Da seien Regeln, die könne man nicht ändern.

Und? Hat er nicht recht?

Nein. Es kann nicht sein, dass ein sogenanntes Recht eingehalten wird, das eh fragwürdig ist, wenn ein Land daran zugrunde geht. Ich fragte ihn, ob konsequenterweise, wenn der Wille des Wahlvolks eh nichts zählt, ob es dann nicht ehrlicher wäre, wenn man in verschuldeten Ländern die Demokratie aussetzte. Keine Wahlen mehr abhalten solle, wenn das Volk nur stört? Darauf gab es keine Antwort von ihm.

Das hört sich an wie die amerikanische Anarchistin Emma Goldman, die im frühen 20. Jahrhundert sagte: »Wenn Wahlen etwas ändern würden, wären sie schon längst verboten.«

Vielleicht ist es heute noch übler: Man darf wählen – aber der Wille des Volkes, wenn er nicht passt, wird einfach ignoriert. Und wer sich dagegen wehrt, auch wenn er an führender Position ist, wird fertiggemacht.

Herr Varoufakis, verfluchen Sie den Tag, an dem Sie beschlossen, in die Politik zu gehen?

Ja und nein. Ich bin schon immer ein politischer Mensch gewesen. Das hat auch mit meiner Familie zu tun. Mein Vater war im Bürgerkrieg vier Jahre im Straflager. Der Grund: Er hat sich geweigert, Kommunisten zu denunzieren. Er war ein Liberaler, erzogen im Geist der französischen Revolution, Rousseau, Voltaire, das waren seine Götter, die Freiheit des Geistes war ihm wichtig. Mein Vater, der freundlichste Mensch der Welt, wurde brutal gefoltert, immer wieder. Als er 1949 freikam, war er dünn wie ein Skelett. Ein Onkel von mir, ich hab ihn immer wieder besucht, war während der Junta-Zeit im Gefängnis, zum Tode verurteilt. Er hat mir liebevoll aus irgendwelchem Zeugs ein Flugzeug gebastelt. Als ich es mit nach Hause nehmen wollte, nahm es mir so ein faschistoider Wärter ab und hat es zertrampelt. So etwas politisiert einen. Wollen Sie wissen, wie verrückt das Leben ist?

Ich höre.

Meine Mutter hasste früher alle Linken, sie war an der Uni Mitglied einer rechtsradikalen Terror-Organisation. Eine ihrer Aufgaben war es, meinen Vater, der Vorsitzender der Athener Studentenschaft war, auszuspionieren – und so lernten sie sich kennen.

In der Tat: verrückt.

Ja. Und noch etwas hat mich politisiert. Meine Mutter sprach gut Deutsch, und als ich drei Jahre alt war, fing ich an, Deutsch zu lernen. Und dann, so von meinem sechsten Lebensjahr an, während der siebenjährigen Militärdiktatur, habe ich heimlich unter der Decke mit meinen Eltern, fast jeden Abend, so ab acht, neun Uhr, die Sendungen der »Deutschen Welle« angehört. Das war unsere Verbindung in die Freiheit. So erfuhr ich von Willy Brandt. Der Idee des demokratischen Sozialismus. Jeden Sommer sind wir in dieser düsteren Junta-Zeit in den Ferien nach Süddeutschland oder Österreich – es war eine kurze Flucht vor der Diktatur. Ich war also schon immer politisch. Und als es 2010 mit der Krise in Griechenland so richtig losging, habe ich mich mit Artikeln, Kommentaren eingemischt.

Und plötzlich war der Professor der berühmteste Finanzminister der Welt!

Ich hasse, dass man mich so zum Politstar gemacht hat.

Das schmeichelt doch Ihrem Ego!

Überhaupt nicht! Ich hasse es.

Ein paar Kolleginnen von mir wollen, dass ich ihnen ein Autogramm von Ihnen mitbringe.

Nein! So bin ich nicht. Ich war, glauben Sie mir, ganz zufrieden mit meinem Leben als halbwegs arrivierter Akademiker, ich habe Vorträge vor dem britischen und kanadischen Parlament gehalten – übrigens ohne Krawatte. Dass jetzt so ein Trara um meine Kleider, dem Hemd über der Hose gemacht wurde, dass ich Motorrad fahre – irre. Mir wurde unterstellt, das sei Berechnung.

Ach, kommen Sie, Ihre Kleidung war eine wohlkalkulierte Kampfansage.

Quatsch.

So wie Fidel Castros Uniform früher eine Statement war: Ich bin keiner von Euch! Ich bin kein weiterer Anzug! Ich will was anderes als ihr!

Das mögen Sie so in mich hineininterpretieren. Ich habe einfach versucht, auch als Minister, so zu bleiben, wie ich war. Ich bin immer zweiter Klasse gefahren und geflogen. Als ich ins Amt kam, hatte mein Vorgänger zwei gepanzerte BMWs. Für insgesamt 750 000 Euro. Ich hab sie verkaufen lassen und bin mit dem Motorrad ins Büro. Und wenn ich ein offizielles Auto brauchte, bin ich mit einem zehn Jahre alten Hyundai 1400cc vorgefahren. Vielleicht gab es auch deswegen diesen Hass auf mich – ich habe mich von der Macht und den Insignien der Macht einfach nicht verführen lassen.

Wie war das eigentlich an Ihrem ersten Arbeitstag als Minister?

Ich ging ins Ministerium. Alle waren weg, bis auf ein paar Sekretärinnen. Es gab keinen Laptop, kein Internet, gar nichts. Meine Vorgänger hatten alles ausgeräumt. Ich saß allein da mit meinem Rucksack und dem Computer, den ich darin mitbrachte. Das war die Ausgangslage. Ich baute mir eine kleine, junge, hoch motivierte Mannschaft auf. In den ersten Sitzungen mit der Troika bestand meine Mannschaft aus sechs Leuten. Hinter den Ministern, denen wir gegenübersaßen, und die unser Land aufteilen und es an Investoren verschachern wollten und wollen, standen Apparate mit bis zu tausend Leuten.

Da verfluchten Sie sicherlich den Tag, an dem Sie Tsipras zugesagt hatten, für ihn als Minister zu arbeiten.

Nein, ich musste Ja sagen. Es war meine Pflicht.

Und Sie haben total versagt.

Was habe ich? Lassen Sie uns später weiterreden, ich muss jetzt wieder weg.

***

Danae Stratou: Eines der Dinge, die ihm und mir komplett entglitten, war dieses Foto-Shooting für die Zeitschrift Paris Match. Das war verheerend. Eine Riesenwelle schlug über uns zusammen. Mein Mann ist ein Mann des Wortes, Bilder interessieren ihn nicht, er kannte diese Illustrierte kaum. Dass die was mit uns machen konnten, hing mit seinem französischen Verleger zusammen. Der sagte, das sei gut für das neue Buch von Yanis. Wir hatten noch keine eigene Wohnung, lebten im Haus unserer Eltern. Da sind drei Generationen unter einem Dach. Es geht da recht eng zu. Den Paris-Match-Leuten machte das alles zu wenig her, dann sahen sie den Balkon oben im dritten Stock, wo wir gar nicht untergebracht waren. Die Fotografen hatten sehr genaue Vorstellungen, wie sie uns inszenieren wollten. Wir wurden schlichtweg reingelegt. Sie brachten für ihre Fotos das Essen mit, den Wein, alles. Das Shooting dauerte 15 Minuten, aber seine verheerende Wirkung war nachhaltig. Fortan hieß es in den Medien: Die schwelgen im Luxus.

***

Herr Luik, was behaupteten Sie vor fünf Stunden? Ich soll versagt haben? Nein. Ich denke, ich habe für einen Moment vielen Menschen in vielen Ländern zeigen können, dass es Alternativen zu dieser herzlosen, falschen Austeritäts-Politik gibt.

Sie sind ja ein Theoretiker der Spieltheorie. Aber der alte Praktiker Schäuble hat Sie an die Wand gespielt.

In diesem Spiel war ich nackt, er ein hochgerüsteter Gladiator. Sie können noch so klug sein, wie Sie wollen, aber wenn Ihr Gegenspieler in einem Panzer sitzt und sie vor dem Kanonenrohr stehen, helfen Ihnen auch die besten Argumente nichts. Schäuble repräsentiert Deutschland. Deutschland ist das Kraftwerk Europas. Das macht die Kraft seiner Argumente aus. Nicht Weisheit. Mit dieser Wirtschaftskraft zwingt er Europa, aber vor allem die Eurogruppe, hinter sich. Da gibt es einige, die gegen seine Knute murren – aber wenn er in der Eurogruppen-Runde was sagt, kuschen alle, auch die Franzosen, die vor der Konferenztür sich oft tapfer und aufmüpfig gebärden. Er pfeift und sie spuren.

Das ist ein vergiftetes Lob für Schäuble. Sie wollen sagen: Er ist gefährlich.
Deutschland muss noch viel lernen. Deutschland ist der Hegemon in Europa, leider ist es aber vor allem ein autoritärer Zuchtmeister. Ein weiser Hegemon weiß aber, dass er andere, um selber gut zu leben, leben lassen muss. Er muss also ein gütiger Hegemon sein. Die USA waren nach dem Krieg weltweit so ein Hegemon wie Deutschland jetzt in Europa. Ein mächtiges Überschuss-Land. Aber Amerika, anders als Deutschland, wusste immer, dass es, um seine Gewinne zu sichern, Defizitregionen unterstützen muss. So gesehen handelt Deutschland zurzeit gegen seine eigenen Interessen. Wer zu lange auf anderen herumtrampelt, verliert seine Vormachtstellung.
Glauben Sie, dass Sie eine Spur in der Geschichte der griechischen Politik hinterlassen haben?
Das wird die Zeit zeigen. Die Geschichte geht weiter. Was kommt jetzt? Bald Neuwahlen? Ich glaube, das ist zwangsläufig. Zerfällt Syriza? Gibt es Unruhen? Proteste? Nur stille Verzweiflung? Alles möglich – weil zu viele Menschen enttäuscht sind.
Das hört sich an, als ob Sie den Aufbau einer neuen Partei planen.
Überhaupt nicht. Es ist immer ein Fehler der Linken, wenn es Probleme gibt, sich hemmungslos zu zerfleischen. Aber Sektierertum bringt's nicht. Kritisch wird es für mich erst, wenn Regierungsmitglieder erklären, sie finden es gut, das ihnen auferlegte Diktat umzusetzen.
Sie klingen verzweifelt.
Ich bin nie verzweifelt. Ich weiß, dass ich mit meiner Politik vielen Menschen Mut gemacht habe. Als die sowjetischen Panzer den Prager Frühling niederwalzten, starb die Sehnsucht nach Freiheit nicht. Der Kampf geht weiter. Ich war neulich in Deutschland, und auf der Straße haben mich unzählige Leute angesprochen, sie sagten: »Sie haben uns Mut gemacht, dass es ein besseres Europa geben kann.«

Nachbemerkung: »Das Gespenst«

Am Donnerstag, dem 23. Juli 2015, kurz vor elf Uhr Ortszeit, sind unsere Gespräche beendet. Es klingelt an der Tür, wieder einmal. »Journalisten«, sagt Varoufakis. Ich verabschiede mich von ihm.

Ich gehe in die Küche. Trinke dort Kaffee mit seiner Frau, seinem Sohn, der Putzfrau – und überspiele die Gespräche nach Deutschland, das dauert, mein Flug geht bald. Als ich aus Varoufakis' Wohnung eile, begegne ich im Flur einem Mann, den ich in meiner Hast nicht erkenne.

Am Freitagnachmittag lese ich im SPIEGEL ein Porträt über Varoufakis. Es geht so los:

»Wird Yanis Varoufakis bei diesem Gespräch rote oder blaue Pillen verabreichen. Das ist die große und auch die erste Frage.«

Und so endet dieses SPIEGEL-Porträt:

Das Gespräch ist zu Ende, aber eine Sache muss noch angesprochen werden. Es gibt einen Unsichtbaren in dieser Wohnung, ein Gespenst, das sich nicht zeigen will. Der Weg zu diesem Gespräch war nicht ganz leicht. Der *SPIEGEL* und Yanis Varoufakis pflegten nicht gerade das, was man eine harmonische Beziehung nennt. Ein erstes Interview in Berlin kurz nach Varoufakis' Ernennung zum Finanzminister endete mit dessen Verstimmung. Varoufakis wurde laut, er ging ohne Handschlag. Einen Mitarbeiter des *SPIEGEL*, der Varoufakis später im Flugzeug von Athen nach Brüssel ansprach, beschimpfte der Finanzminister als »son of a bitch« – als Hurensohn. Weitere Bemühungen um ein Interview lehnte Varoufakis mit den Worten ab, er werde nie mehr in seinem Leben mit dem *SPIEGEL* sprechen. Er hat es sich anders überlegt. Es gab einen Interviewtermin für den Dienstag dieser Woche, 16 Uhr. Zwei Stunden. Anderthalb Stunden vor dem Gespräch trifft eine SMS seiner

Assistentin ein: »Es tut mir sehr leid, aber wir müssen das Interview verschieben, weil ein wichtiges Meeting aufgetaucht ist, das Mr. Varoufakis besuchen muss, und ich weiß nicht, wann es endet. Auch morgen wird er den ganzen Tag im Parlament sein.« Als der *SPIEGEL*-Redakteur erwidert, man sei gern bereit, das Gespräch nach dem Meeting zu machen, notfalls um drei Uhr in der Nacht, sagt die Assistentin, das gehe nicht. Dann bricht die Leitung ab. Später teilt die Assistentin mit, dass Varoufakis gerade ein »eher ideologisches und politisches Gespräch« mit einem Redakteur des *stern* geführt habe. Der hat, darf man annehmen, kein Interesse daran, dass der Artikel des *SPIEGEL* vor dem *stern* erscheint. Der Kollege, so stellt sich heraus, ist praktischerweise für mehrere Nächte in die Wohnung von Varoufakis gezogen. Mehr Nähe geht nicht. Mails wechseln hin und her zwischen Varoufakis' Assistentin und dem *SPIEGEL*, dann wird ein Termin für den Donnerstag vereinbart. Varoufakis bestätigt ihn persönlich: »Entspannt euch in der Zwischenzeit im sonnigen Athen.« Danke, gern. Beim Gespräch am Donnerstag zeigt er sich versöhnlich und bleibt auch in der Konfrontation gelassen. Dann passiert etwas Merkwürdiges. Als einer der *SPIEGEL*-Redakteure kurz das Wohnzimmer verlässt, sieht er im Flur einen Mann davonhuschen, den Kollegen vom *stern*. Er hatte sich in der Nähe der Tür aufgehalten. Wollte er mithören, wie der *SPIEGEL* ein Gespräch führt? Frage an Yanis Varoufakis? Ist ein Mann vom *stern* in der Wohnung? Nein, es sei einer da gewesen, aber der sei jetzt weg. Aber er ist noch da, er wurde gesehen. Varoufakis sagt, es könne sein, dass der Mann inzwischen unbemerkt zurückgekommen sei. Rote Pillen? Vielleicht war es doch eine blaue. Man versteht jedenfalls, dass es nicht ganz leicht ist, mit Männern wie Yanis Varoufakis zu verhandeln.

***

Ein Gespenst geht um in Europa – und es haust in Varoufakis Wohnung. Und das Gespenst bin ich. Diese exklusive SPIEGEL-Enthüllung sorgte tagelang für Heiterkeit bei Medienkollegen und -kolleginnen und Kopfschütteln bei ihren Lesern und Leserinnen.

Yanis Varoufakis, 1961 in Athen geboren, wurde 2015 Europas bekanntester Finanzminister (»Schäuble-Schreck«), als er sich weigerte, für das bankrotte Griechenland neue Schulden aufzunehmen und den Widerstand gegen die Sparpolitik der Europäischen Union und des Währungsfonds anführte. Seit seinem Rücktritt im Juli 2015 ist er Galionsfigur der Bewegung Democracy in Europe Movement 25 (DiEM25), die – bisher ohne großen Erfolg – für eine Reform der Eurozone kämpft. Bevor Varoufakis Mitglied des griechischen Parlaments wurde, lehrte er drei Jahrzehnte lang Wirtschaftswissenschaften an Universitäten in Großbritannien, Australien, den USA und Griechenland. 2019 wurde der Autor mehrerer Sachbücher mit dem griechischen Ableger seiner Bewegung, der Partei MeRA25, erneut ins griechische Parlament gewählt. Varoufakis besitzt neben der griechischen auch die australische Staatsbürgerschaft. Zuletzt hat er einen utopischen Roman geschrieben: *Ein anderes Jetzt* (Kunstmann, 2021).

Christine Prayon

»Es gibt schon so etwas wie eine rote Linie für Satire im Fernsehen. Kapitalismuskritik? Bitte schön nur innerhalb des Systems und als Attitüde. Es darf nie ernsthaft um die Überwindung dieses ökonomischen Systems gehen. Da sind Sie schneller draußen, als Sie gucken können.«

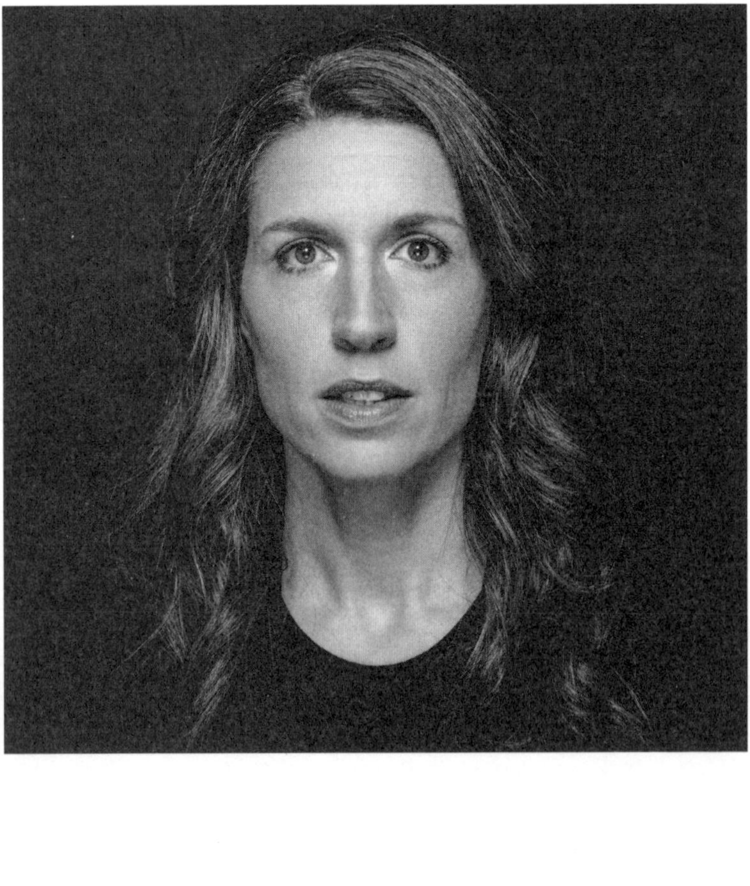

© Wilhelm Betz

»Das Heilige habe ich nicht ausgehalten«

(Stuttgart, 2018)

Im Frühjahr 2018 empfängt mich die Kabarettistin Christine Prayon in ihrer Stuttgarter Wohnung zum Gespräch, und ich bin überrascht, wie die auf der Bühne so schnell Sprechende im Interview sorgsam jedes Wort abwägt. Seit mehr als zehn Jahren lebt Christine Prayon in Stuttgart – aber nun hält sie es hier kaum noch aus: Sie überlegt, ob sie nach Berlin ziehen soll. Weil Stuttgart 21, diese riesige Baustelle mitten in der City, die ganze Stadt lebensunfreundlich macht. S 21 – viele Bundesbürger verstehen nicht, warum so viele Menschen in Stuttgart und Umgebung gegen diesen Tiefbahnhof kämpfen. Die meisten Bundesbürger ahnen auch nicht, wie der Begriff »Wutbürger«, mit dem der Stuttgarter Widerstand gegen das milliardenteure Bahnprojekt medial belegt wird, sie beleidigt. Sie empfinden sich als »Mutbürger« – auch Christine Prayon.

Na, Herr Luik, Sie sind doch mit dem Zug nach Stuttgart gekommen – wie war's da unten am Hauptbahnhof?

Puuh, Frau Prayon, mein Gott, das sieht ja fürchterlich aus – diese aufgerissene Innenstadt! Man will sofort wieder wegfahren.

Warum so negativ? Man könnte auch sagen: Industrieromantik. Zäune. Dreck. Lärm. Lastwagen. Vielleicht ist es ja eine Laboranordnung, was hier in Stuttgart passiert, ein Großversuch: Was geschieht mit Menschen und ihrem Bewusstsein, wenn sie jeden Tag, ob sie es wollen oder nicht, eine Feinstaub-Line ins Gehirn reinziehen müssen? Vielleicht kommt so doch noch der Erkenntnisgewinn, dass Stuttgart 21 irgendwie zu etwas gut ist?

Milliarden Euro werden in dem Loch da unten verbuddelt, aber zumindest eine Person hat von dem Ganzen immens profitiert: Sie!

Wie bitte?

Sie sind, so kann man es doch ganz ruhig sagen, eine Kriegsgewinnlerin von S 21.

Das wusste ich bisher nicht. Das müssen Sie mir jetzt erklären.

Ach, das wissen Sie doch: Sie hielten bei Demos gegen S 21 Reden, und eine Redakteurin der »Heute-Show« bekam das mit.

Stimmt.

Und sie war beeindruckt von Ihnen. Sie seien »messerscharf«, voll »bissiger Ironie« – so hat diese Redakteurin Sie dem »Heute-Show«-Chef Oliver Welke empfohlen.

Ja, aufgrund dieser Charakterisierung bekam ich ein Casting bei der »Heute-Show«, und so kam ich in die Sendung. Was mich riesig gefreut hat. Beruflich ging damals nämlich alles schief. Die Akte Theater hatte ich abgeschlossen. Drei Kabarett-Duos, die ich ausprobiert hatte, waren innerhalb von drei Jahren gescheitert. Mein Solo lief auch schwierig an, weil ich nur das machte, was mir gefiel, und nicht die üblichen Sehgewohnheiten des Kabaretts bediente – und da sind dann öfter mal Leute in der Pause rausgegangen, verschwunden und ...

Das ist hart.

Na ja, sagen wir mal so: Am Anfang spielt man vor 30 Leuten, vor 50 Leuten – wenn man Glück hat. Du siehst die einzelnen Gesichter, und wenn nach der Pause ein paar fehlen – das fetzt nicht so richtig.

Aber dann kam die »Heute-Show« – und heute ist für Sie alles anders: Nun sind Sie ein Star, bundesweit bekannt und …
Ich glaube, der größere Einschnitt in meinem Leben als die »Heute-Show« war Stuttgart 21.
Jetzt müssen Sie mir erklären, was Sie damit meinen.
S 21 hat meine Sicht auf alles verändert. S 21 hat meine Sinne geschärft, mich politisiert. Es hat mir aber auch meine Ängste genommen, es …
Sie reden nun fast so, als ob es Ihr Leben gerettet hätte!
Ich habe einfach erkannt: Mein Beruf, also Schauspiel, Kabarett, ist nicht alles im Leben. Da, mitten in meiner Stadt, geschieht etwas, das ist wichtiger. Ich hab ab 2010 anderthalb Jahre fast nichts anderes mehr gemacht als Reden, Podiumsdiskussionen, Demos. Und viel dabei gelernt. Jeden Montag schicke ich dem ehemaligen Ministerpräsidenten Stefan Mappus, der S 21 so unbedingt wollte, eine Rose und sage: »Vielen Dank.« Ich liebe ihn.
Du sollst nicht lügen, heißt es in der Bibel.
Lügen sind doch gerade total in. Fake News, alternative Fakten – was ist Lüge? Was ist Wahrheit? Was ist oben, was ist unten? Links? Rechts?
Verwirrung allenthalben, so ist es.
Ist es so, tatsächlich? Ist alles tatsächlich so wahnsinnig komplex – wie immer behauptet wird? Soll nicht alles bloß so wirken? Wenn die Leute orientierungslos sind, sind sie hilflos, und sie lassen sich dann prima führen. Verführen.
Sie aber wissen, wo es langgeht.
Nein.
Sie klingen aber so. Sie stehen auf der Bühne bei einer S-21-Demo vor 17 000 Leuten und schimpfen los: »Danke, liebe *FAZ*, liebe *Welt*, liebe *Süddeutsche*, lieber *Focus*, ach ja, liebe *Stuttgarter Zeitung*, dass ihr uns wochenlang mit Wesentlichem, mit Inhalten, mit der Wahrheit verschont und damit für Ruhe im Land gesorgt habt. Danke, dass ihr uns nicht mit Artikeln über die ›Arroganz der Mächtigen‹ und die ›Entmündigung der Bürger‹ genervt habt, sondern lieber die Chancenlosigkeit des Protests erwähntet.«
Ich habe lange überlegt, was ich sagen sollte, was mich am meisten aufregte bei S 21. Und das war, wie dieser politisch-mediale Kom-

plex auf Teufel komm raus etwas durchsetzen will – und deswegen so vieles verschweigt, unterschlägt. Und Andersdenkende verhöhnt. Klingt nach Verschwörungstheorie?

Nach Wutbürgerin.

Nein. Wut klingt kopflos. Und kopflos bin ich nicht. Ich bin nicht wütend.

Ob wütend oder nicht, zornig scheinen Sie auf jeden Fall zu sein. Neulich, auf der 400. Montagsdemo gegen S 21, jedenfalls teufelten Sie wie wild gegen dieses Projekt.

Nein.

Ich sehe das so. Sie sagten, das sei »eine politische Blaupause dafür, wie man sukzessive in Verhältnisse rutscht, welche der Ausspruch ›Wer in der Demokratie schläft, wacht in der Diktatur auf‹ beschreibt«.

Sie meinen, das sei alarmistisch? Übertrieben? Das, was Sie als »teufeln« bezeichnen, beschreibt einfach ganz nüchtern die Erfahrungen, die ich und sehr viele andere hier gemacht haben – mit Medien, mit der Politik, mit der Polizei. Ich habe erlebt, dass der Staat, wenn es drauf ankommt, sehr entschieden und unzweideutig die Interessen des Kapitals durchsetzt, auch mit nackter, brutaler Gewalt.

Sie reden jetzt von Deutschland?

Ja. Ich denke da zum Beispiel an den 30. September 2010 im Stuttgarter Schlossgarten, ein schwarzer Tag für die Demokratie. Schüler wurden von der Polizei angegriffen und verletzt, Hunderte, einem Rentner wurde mit dem Strahl eines Wasserwerfers ein Auge ausgeschossen. Ich habe erlebt, dass das, was wir für gewöhnlich unter Demokratie und Rechtsstaatlichkeit verstehen, inzwischen recht ausgehöhlte Begriffe zu sein scheinen.

Als Kabarettistin haben Sie ja deswegen eine gaaanz große Aufgabe: »Ich muss den Mächtigen die Hosen runterziehen!«, haben Sie mal erklärt. Was soll die Nackedei bringen?

Vergnügen. Außerdem muss Satire es den Mächtigen ein bisschen schwerer machen. Ich muss doch ...

Ich muss ...?

Sand ins Getriebe streuen!

Aber die Frage ist doch: Kann Kunst etwas bewegen?
Ich denke schon. Ich hoffe es.
In seinen Tagebüchern notiert Erich Kästner, der viel für das Kabarett schrieb, sehr frustriert: »Unser größter Fehler war die Unterschätzung der Nazis. Es reichte nicht, sich über sie lustig zu machen.«
Vielleicht sind wir gerade dabei, wieder vieles zu unterschätzen? Da ist Pegida. Die AfD. Trump in Amerika. Kurz in Österreich. Es ist so viel im Rutschen, die Prekarisierung von Millionen Menschen – wo führt das hin? Diese Gefühle der tiefen Ohnmacht, der realen ökonomischen Unsicherheit, der allgemeinen Entsicherung – wo führt das alles hin?
Sagen Sie es mir.
Rechtes, rechtsextremes Gedankengut wird in der bürgerlich-konservativen Mitte wieder salonfähig. Plötzlich bedienen Leute den Stammtisch, die bisher als gemäßigt, vernünftig, liberal, halt als Mitte galten. Grüne Politiker. Oder Leute, die behaupten, Kabarett zu machen. Das ist gefährlich.
Wen meinen Sie damit, Namen bitte! Wer sind die Gefährlichen?
Holla, ich dachte, das ist ein Interview, kein Verhör! Liegt das nicht auf der Hand? Für xenophobe Äußerungen muss man nicht mehr in einer braunen Partei sein, Heimatgefasel hat Konjunktur, Komiker schüren Ressentiments, indem sie sich, wie mein Kollege Volker Pispers sagte, wie der »humoristische Arm von Pegida« gerieren.
So. Schön gesagt. Nur: Bei wem soll ich nun aufpassen, muss genauer hinhören?
Okay, Preisfrage: »Für mich macht es einen Unterschied, ob jemand Asyl beantragt und dann Frauen vergewaltigt oder einfach in diesem Land aufgewachsen ist.« Wer sagt so etwas? AfD-Chef Gauland oder Tübingens grüner Oberbürgermeister Palmer? Und wer schlägt für Islamisten eine Zwangsernährung mit Speck und Schnaps vor? Die AfD-Frau Weidel? Der Sozialdemokrat Sarrazin? Oder der Komiker Dieter Nuhr?

Und mit Ihren Auftritten halten Sie gegen diesen, wie Sie es wohl empfinden: neu-rechten Zeitgeist?

Ich versuch's .

Aber Sie machen ja nicht gerade das klassische Politkabarett à la Dieter Hildebrandt.

Stimmt. Ich stell das Politische eher dar, als dass ich es erkläre. Ich will auch niemanden missionieren. Ich will unterhalten. Vielleicht dem einen oder anderen Zuschauer das Gefühl mitgeben: »Ja, da gibt's, zum Glück, eine, die denkt so wie ich!«

Sie wollen ein Wärmestrom für Gleichgesinnte sein.

Vielleicht auch, ja. Es geht auch ums Mutmachen. Vielleicht sogar darum, manchmal die Systemfrage zu stellen. Gar nicht direkt, aber immer in den Nummern mit drin. Also, ob diese Doktrin des ständigen, kapitalgetriebenen ...

Des kapitalgetriebenen?

Ja, des kapitalgetriebenen Wachstums eine gute Idee ist? Aber da wird es dann ganz schnell schwierig.

In seiner politischen Phase sang Bob Dylan mal, »if my thought-dreams could be seen, they'd probably put my head in a guillotine«. In etwa also: Wenn man seine wahren Gedanken lesen könnte, würde man seinen Kopf unter die Guillotine legen.

Ja. Aber noch sag ich allerdings, was ich denke. Es gibt Zeiten, da sollte man sich als Künstler eher subversiv äußern – sonst wacht man am nächsten Tag etwas kopflos auf. Viel von dem, was ich auf der Bühne mache, orientiert sich an Leo Bassi ...

... diesem italienischen Anarcho-Clown, der einmal in der »Anstalt«, das war 2009 nach der Lehman-Pleite, Spielzeugfiguren von Bankern mit einem riesigen Holzhammer zertrümmerte.

Er hat herrlich respektlose, kreative Nummern. Er riskiert etwas. Er will nicht von allen geliebt werden. Und er will, wie er sagt, kein »cheerleader of the system« sein.

Sie ja auch nicht.

Ich nehme in Kauf, dass ich mit dem, was ich sage, in einer Sendung womöglich einmal auftrete und dann nie mehr. Mit einigen Nummern habe ich mich so jedenfalls schon recht erfolgreich aus dem Fernsehen katapultiert.

Sie haben nichts dagegen, wenn ich Sie jetzt als die Jeanne d'Arc des Kabaretts bezeichne?

Ich bitte darum! Aber im Ernst: Es gibt schon so etwas wie eine rote Linie für Satire im Fernsehen, und das sind substanziell kapitalismuskritische Nummern. Kapitalismuskritik? Aber, bitte schön, nur innerhalb des Systems und als Attitüde. Es darf nie ernsthaft um die Überwindung dieses ökonomischen Systems gehen. Da sind Sie schneller draußen, als Sie gucken können.

Sie werden also nie die große Show bekommen: »Prayon im Ersten!«

Nö. Ich werde auch keinen Maserati fahren. Aber Rückgrat ist auch 'ne schicke Sache. Aber es ist kein Spiel, denn da ist ja diese rote Linie. Da zittern einem schon mal die Knie. Du hast im Kopf ja auch deinen Alltag: dein Kind, die Miete.

Viele Kabarettisten treten deswegen bei sogenannten Galas für Unternehmen auf, sie sagen sich: Das ist leicht verdientes Geld!

Das ist richtig. Aber ich mache solche Galas prinzipiell nicht. Ich fände es pervers, mich auf der Bühne systemkritisch zu äußern und gleichzeitig von großen Konzernen kaufen zu lassen.

Sie sind ja in einem sehr konservativen Haushalt groß geworden. Ihr Vater war Oberst bei der Bundeswehr, Ihr Großvater General bei der belgischen Armee. Ich denke, dass man in so einer Familie weiß, was Ordnung ist – und wie man spurt, und dass man gegen das Bestehende nicht aufmuckt.

Ich glaube, dass sehr viele Kabarettisten aus konservativen Verhältnissen kommen. Bei mir war es der militärisch-katholische Komplex.

Da haben Sie das Lachen, das Spotten gelernt?

Ich habe das Zeremonielle, das zelebrierte Heilige nicht ohne Lachen ausgehalten. Schon als Kind war das bei mir so. Gerade dann, wenn es besonders ernst wurde, in der Kirche und beim Militär, bei Paraden, bei der Kommunion. Und bei Beerdigungen.

So etwas zu hören freut sicherlich die Freudianer. Denn Lachen und Humor, sagt Sigmund Freud, dienen dazu, das Leid zu ertragen.

Ja. Aber in gewisser Weise ist wohl eher die Bundeswehr schuld, dass ich auf der Bühne stehe.

Nun bin ich aber gespannt.

Als Angehöriger der Bundeswehr zieht man häufig um. Als wir in Bonn waren, ging ich auf eine Schule, und da waren vor allem so angepasste Popper. Aber als ich 16 war, da sind wir umgezogen nach Waldbröl.

Das hört sich sehr nach Land, Provinz, kultureller Diaspora an.

Es ist eine Kleinstadt im Oberbergischen. Das Gymnasium dort war eine Offenbarung für mich. Eine neue Welt. Da waren, ich weiß nicht, warum, Hippies, Punks, lauter Verrückte, die waren kreativ und toll und respektlos. Die stülpten mich um. In Bonn habe ich die Charts angehört, nun plötzlich Led Zeppelin, Black Sabbath, Nirvana. Das war der totale kulturelle Clash. Und dann war der Golfkrieg ...

... und die Tochter des Oberst wurde zur Pazifistin?

Diese Tochter hat auf jeden Fall gegen diesen Krieg demonstriert.

Da fiel doch sicher mal Tucholskys berühmtes Diktum: »Soldaten sind Mörder.«

Klar. Und dein Papa ist Berufssoldat! Kein Satz also, den man als Soldatentochter gern hört. Zum ersten Mal habe ich aber damals ernsthaft darüber nachgedacht, wie das alles zusammenhängt: Politik. Krieg. Wirtschaft. Gesellschaft.

Und heute, Frau Prayon, sind Sie zufrieden mit dem, was Sie machen, was Sie erreicht haben?

Ich bin zufrieden, weil ich keine Zugeständnisse an irgendjemanden machen muss. Ich habe einen total unentfremdeten Beruf. Ich mache, was ich für richtig halte. Und ich kann sogar – bislang jedenfalls – davon leben.

Aber Sie sind eine Frau.

Das, Herr Luik, haben Sie sehr gut erkannt, Chapeau!

Ein Bekannter von mir ist Kulturveranstalter. Kabarettistinnen bucht er leider nicht so gern, denn, sagt er, »die sind nicht so erwünscht«.

Ihr Bekannter ist wenigstens ehrlich. Ja, warum sollten Frauen es im Kabarett leichter haben? Es ist halt unter diesem ökonomischen System – auch in unserem Gewerbe – so wie im Rest der Gesellschaft – alles patriarchalisch geprägt.

Die Bundeswehr. Die Kirche. Stuttgart 21. Ihr Vater Oberst, ihr Opa General, eine Kindheit voller Militär: Was kommt dabei heraus? Erfreuliches: Eine bissige Kritikerin all dessen. Die als Birte Schneider in der »Heute-Show« gegen den allgemeinen Wahnsinn aufschreit. Die heute mit Mann und Kind nicht mehr in Stuttgart wohnt, sondern in Berlin – wegen S 21. Auch. Wie so viele Künstler und Künstlerinnen ist die 48-jährige Christine Prayon durch die Corona-Pandemie und die von der Politik dagegen ergriffenen Maßnahmen verunsichert, ja, existenziell besorgt: Das Virus raubte ihr die Bühne. Ist das Kabarett tot? Wie geht es weiter? Damit beschäftigt sie sich auch in ihrem jüngst erschienenen Buch *Abschiedstour* (Westend Verlag).

Jean Ziegler

»Diese Diplomatensprache, die das Leid verharmlost, schüttelt mich. Und dann schütteln Sie Ministern oder Beamten die Hände, von denen Sie genau wissen, dass Blut und Raubgeld an ihnen klebt. Manchmal muss ich danach auf die Toilette hasten und mir die Hände waschen.«

© Volker Hinz

»Während wir hier reden, wachsen ohne Unterlass Leichenberge. Alle fünf Sekunden stirbt ein Kind an Hunger. Das ist Mord«

(Genf, 2005)

Der Mann, der seit sieben Jahrzehnten Verbrechen, Gaunereien und Schweinereien von Banken und Politikern in Reden und Büchern anprangert – »mit Worten wie Felsbrocken« (*Süddeutsche Zeitung*), hat ein großes Vertrauen. Als ich ihn in seinem Haus bei Genf besuche, ist er nicht daheim, stattdessen ein Zettel an der Tür: »Herr Luik, herzlich willkommen! Ich komme später, gehen Sie ruhig rein!«

Herr Ziegler, als Sie neulich von einer UNO-Versammlung zurückkamen, sagten Sie zu mir: »Die Zivilisation löst sich auf.«
Ja, in tödlicher Stille vollzieht sich ihr Zerfall. Wir stehen an einer historischen Weggabelung: Wir erleben die rücksichtslose Privatisierung der Weltpolitik. Eine neue Macht hat die Regierungen übernommen, sie hält die Staaten im Griff und betreibt Weltpolitik im geopolitischen Interesse der Konzerne.
Und jetzt sagen Sie wahrscheinlich gleich noch: Die Globalisierung ist böse, sie ist an allem schuld.
Die Globalisierung ist nicht böse. Der entfesselte globalisierte Kapitalismus hat unglaubliche Reichtümer erschaffen. Seit 1991 ist das Weltbruttosozialprodukt um mehr als das Zweifache gestiegen, der Welthandel hat sich verdreifacht – aber gleichzeitig hat sich eine Refeudalisierung der Welt vollzogen, die unheimlich ist. Eine kalte Macht, ohne Moral und Anstand. Und diese neue Ordnung mordet und tötet. Sie verwüstet die Welt. Sie gefährdet die Demokratie und bedroht das Erbe der Aufklärung.
Sie sprechen drastisch, aber Sie sprechen in Rätseln.
Wieso denn? Ich sage klar und deutlich: Diese neuen Feudalherren haben mehr Macht, als je ein Kaiser, König oder Papst besessen hat. Diese neuen Feudalherren sind weder auf Staaten noch auf die UNO angewiesen, sie amputieren das Völkerrecht und haben ihre Herrschaft auf den ganzen Planeten ausgedehnt.
»Das Böse«, hat Bert Brecht einmal gesagt, »hat eine Adresse und eine Telefonnummer«.
Sie haben recht, das Böse hat eine Adresse. Es residiert zum Beispiel in Houston, Texas, in diesen riesigen Wolkenkratzern der Ölindustrie. Aber nicht nur dort. 500 transkontinentale Konzerne kontrolliert 52 Prozent des Weltbruttosozialprodukts im Jahre 2004. Das waren alle in diesem Jahre produzierten Kapitalien, Waren, Dienstleistungen und Patente. Diese Konzerne arbeiten völlig wertfrei, ihr einziges Ziel ist Profitmaximierung. Ich nenne diese neue Herrscherkaste: die Kosmokraten.

Diese neuen globalisierten Reichen, meint der Münchner Philosoph Ulrich Beck, und ihm »stockt der Atem, brauchen die Armen schlicht nicht mehr«.

Das stimmt, die neue Weltordnung ist eine kannibalische Ordnung. Sie nimmt es in Kauf, dass Menschen verhungern. Während wir hier reden, wachsen Leichenberge ohne Unterlass.

Wir reden seit 30 Minuten.

Und in dieser Zeit sind 1800 Kinder unter zehn Jahren an Hunger gestorben, alle fünf Sekunden stirbt ein Kind an Hunger. Jedes Kind, das an Hunger stirbt, wird ermordet. Unzählige, unzulänglich ernährte Kinder erleiden irreparable Gehirnschäden.

Der französische Philosoph Régis Debray nennt sie »von Geburt an Gekreuzigte«.

Ja, Hunger ist eine fürchterliche Massenvernichtungswaffe. Das stille Massaker des Hungers ist eisige Normalität, ist Völkermord. Über 62 Millionen Menschen sterben jährlich, 35 Millionen sterben an Hunger. Alle fünf Minuten verliert jemand sein Augenlicht, weil es ihm an Vitamin A mangelt. 856 Millionen Menschen waren im vergangenen Jahr permanent unternährt. 186 Millionen Afrikaner, 34 Prozent der Gesamtbevölkerung, erleiden das Martyrium des Hungers. Und diese Opferzahlen steigen und steigen.

Soll ich mich nun vor Scham dort drüben in den Genfer See werfen?

Nein, aber Sie sollen erkennen, dass die Ökonomie, die so Unfassbares zulässt, kein Fluch, kein Tsunami ist. Sie ist von Menschen gemacht und kann von ihnen geändert werden. Der Planet ist reich, er ist voller Schätze. Heute wäre es erstmals möglich, die Utopie des gemeinsamen Glücks zu verwirklichen. 12 Milliarden Menschen könnten nach Angaben der Welternährungsorganisation FAO ernährt werden – das Doppelte der heutigen Weltbevölkerung. Die Weltordnung des globalisierten Kapitalismus ist also nicht nur mörderisch, sie ist auch absurd. Sie tötet, aber sie tötet ohne Notwendigkeit. Für jeden ist genügend da, wenn nicht die Gier dieser Kosmokraten so grenzenlos wäre. Darauf hinzuweisen, finde ich, ist Aufgabe des redlichen Intellektuellen.

Der deutsche Intellektuelle und *SZ*-Autor Joachim Kaiser hat neulich einen ungewöhnlichen Vergleich gewagt. So wie früher die

Deutschen vom Schicksal der Juden hätten wissen können, verdränge man heute im Westen das Elend der Verhungernden.

Er hat recht. Aber hilft das auf die Dauer? Bei Kafka gibt es diesen merkwürdigen Satz: »Weit, weit weg von Dir geschieht die Geschichte der Welt … die Weltgeschichte Deiner Seele.« Die Europäer können mit Nato-Stacheldraht und Maschinengewehr die Elendszüge aus dem Sahel, Sudan stoppen, vielleicht. Aber, ganz gewisslich, ihre eigene Seele wird dabei zugrunde gehen.

Seit 50 Jahren, Herr Ziegler, schreiben und kämpfen Sie, wie Sie wohl sagen würden: Für eine bessere, eine gerechte Welt. Und was ist dabei herausgekommen? Gar nichts!

Meinen Sie? Ich denke schon, dass ich in manchen Köpfen Spuren hinterlassen habe. Aber ich habe jetzt immer öfter das Gefühl der Panik, dass die Zeit zu rasch vergeht, dass ich zu wenig erreiche. Mein Tod rückt näher.

Und wie ein Getriebener packen Sie in Ihr neues Buch *Das Imperium der Schande* das Elend der Welt: Da knabbern katzengroße Ratten an brasilianischen Kindern, 30 000 verkrüppelte Bhopal-Opfer hoffen auf Entschädigung, zu Skeletten abgemagerte Kinder wärmen sich im mongolischen Ulan Bator in unterirdischen Tunneln – man denkt an Hieronymus Boschs Höllenbilder.

Ich glaube an das Wort und die Aufklärung. Mein Buch ist dafür eine Waffe. Manchmal komme ich mir allerdings vor wie ein Vampir. Meine Geschäftsgrundlage ist das Elend und Leid der Welt, und mein Ruf erwächst aus dem Blut, den Tränen, der Not der Kinder.

Das klingt sehr pathetisch.

Ja. Ich sehe die Hungernden vor mir, ganz konkret. Neulich war ich in Guatemala. Inmitten der UN-Kolonne komme ich in ein Bergdorf. Kinder mit ihren zündholz-mageren Beinchen berühren mich, Frauen, die mit 30 aussehen, als ob sie 80 wären, ohne Zähne, mit müdem Blick, erzählen, wie »die Bestie Hunger sie anfällt«, sie sehen die Angst, sie spüren die Erniedrigung, sie fühlen die Scham – und ich weiß, ich kann nicht helfen, nur Worte geben.

Im Klartext: Sie betrügen die Menschen?

Ja. Ich rede, ich verbreite Hoffnung. Aber ich weiß, die Kinder gehen zugrunde – wie im Niger. Dort steht die Bevölkerung am Abgrund, 3, 6 Millionen Menschen von 12 Millionen sind vom Hungertod bedroht. In Sagrar, im Süden des Landes, haben die Schwestern der Mutter Teresa, sechs Frauen – eine Deutsche, eine Amerikanerin, vier Sudanesinnen – ein Lazarett aufgebaut, es ist ein Bettenbau hinter einer Eisentür, sie haben 60 Betten. Jeden Morgen stehen 3 000 abgemagerte Mütter vor dieser Tür, sie sind tagelang gelaufen, voller verzweifelter Hoffnung. Unter ihren Tüchern haben sie halb verhungerte Kinder, weil sie gehört haben, diese Schwestern könnten helfen. Und jeden Morgen öffnet sich die Eisentür, eine Schwester kommt heraus – und sie kann sechs, sieben, acht Kinder aufnehmen, sie am Leben erhalten. Mehr nicht. Und dann geht diese Tür wieder zu ... ich stand da und hab geheult. Es ist doch ein Zufall, dass Sie hier geboren sind, ein Weißer sind, dass ich hier geboren bin, ein absurder Zufall entscheidet über Glück oder Elend, über Privilegien, über Leben oder Tod.

Aber Sie können dagegen etwas tun, Sie haben doch das Forum der UN-Vollversammlung, Sie können, Sie ...

Ja, was kann ich? Was kann ich? Seit 60 Jahren gibt es die UNO, und sie ist – bei allen Schwächen – ein Bollwerk für die Zivilisation. Aber nun wird sie angegriffen von der amerikanischen Regierung, kalt und brutal, sie wird systematisch liquidiert.

Sie lieben die Polemik.

Nein, aber ich muss schreien, denn wir sind zurück auf dem Weg in den Dschungel.

Was meinen Sie denn damit?

Die Amerikaner, konkret die Regierung Bush, zertrümmern prinzipielle Errungenschaften der Menschheit. Sie brechen mit den Menschenrechten. Sie pfeifen auf die Genfer Konvention. Sie schieben das internationale Recht zur Seite.

Ich sag's doch: Polemik.

Ich bin noch viel zu leise, ich müsste schreien. Der UNO-Artikel 51, der Selbstverteidigungsartikel, ist von der Bush-Regierung umformuliert worden. Bisher hieß es, wenn ich angegriffen werde, habe ich das Recht, mich zu verteidigen. Nun heißt es, wenn ich mich bedroht fühle, darf mich ich präventiv wehren. Das ist ein radikaler Zivilisationsbruch.

1648, im Frieden von Münster, wurde aus den Erfahrungen des 30-jährigen Krieges jeder Angriffskrieg verboten.

Jetzt ist er wieder legitimiert. Nun herrscht das Faustrecht statt das Folterrecht. Der Starke kann über die Schwachen hinwegmarschieren. Barbarei. Und diese Verrohung erfasst andere Bereiche. Das Folterverbot, Markstein und Grundpfeiler von rechtsstaatlichen Gesellschaften, ist nun aufgehoben. Der Krieg gegen den Terrorismus – dieses Zauberwort, um alle Rechte auszuhebeln – frisst die Gelder für die Armen. Stattdessen wird von den Amerikanern die Folter neu definiert, was für ein makabrer Fortschritt der Menschheit! Als Folter gilt nur noch, wenn der Gefolterte bleibende Schäden davonträgt, verstümmelt wird oder zu Tode kommt.

Und warum rufen die anderen Länder nicht: »Stopp!«

Die Europäer schweigen, sie torkeln hilflos auf dem diplomatischen Parkett, lassen sich von den hemdsärmeligen Kerlen aus dem Weißen Haus vorführen. Die Deutschen – auch unter Außenminister Fischer war das so – kuschen, sie benehmen sich wie Lakaien. Sie haben noch gar nicht realisiert, was für ein Zivilisationsbruch sich vollzieht. Oder sie schließen – weil das bequemer ist – die Augen.

Sie reden, als ob die Diplomaten einfältig wären.

Nein, was in Washington und New York geschieht, ist keine Diplomatie mehr. Bushs texanische Helfer, Rumsfeld, Wolfowitz oder der US-Botschafter John Bolton benehmen sich mit einer unfassbaren Brutalität. Das ist kein Stilbruch, den ich beobachte, das ist ein Bruch mit den grundsätzlichen Werten: Die Europäer waren immer auf Konsens aus, aber diese Texas-Jungs sind brutal, rücksichtlos. Sehen Sie, bisher gab es keinen rechtsfreien Raum auf der Welt. Jeder Kriegsgefangene, jeder Delinquent hatte ein Statut, unveräußerliche Rechte. Für die schlimmsten Kriege gab es Regeln, festgehalten in der Genfer Konvention, Regeln, die nicht immer hielten, sicher, aber es gab sie – das ist nun vorbei.

Es gibt ja nun sogar den Begriff der »Nichtperson«.

So etwas hat es in der Geschichte noch nie gegeben, für die »Nichtperson« gibt es kein Recht mehr, gar nichts. CIA-Kommandos eilen um die Welt, mit Listen, und sie können jeden schnappen, den sie für verdächtig halten, sie haben Geheimgefängnisse, ohne Kontrolle.

Das klingt wie bei der mittelalterlichen Inquisition.

Morgen, auf dem Flugplatz in Frankfurt, können Sie verhaftet werden – und irgendwohin verschwinden, und niemand wird wissen, was mit Ihnen passiert. Neulich schrieb der amerikanische Kolumnist Thomas Friedman in der *New York Times*, »wir müssen zugeben, dass Dutzende von Gefangenen, die in unserem Gewahrsam gewesen sind, unter der Folter gestorben sind«. Das ist die Regression in die absolute Barbarei.

Ich könnte nun mit Georges Danton verzweifelt ausrufen: »Die Welt ist nichts als Ungerechtigkeit und Elend!«

Ja, das stimmt. Man könnte verzweifeln. Aber es gibt die Hoffnung jenseits der Hoffnung, sagt Ernst Bloch. Wir brauchen einen Aufstand des Gewissens.

Humpelnd, mit kleinen Schritten, mit Rückschlägen und Zwist, heißt es beim amerikanischen Dichter Walt Whitman, gehen die Völker einer besseren Zukunft entgegen.

Ja! So ist es, das ist die Hoffnung. Und für mich ist es ein kleiner Trost, dass ich in der UN-Versammlung ein Stachel im Fleisch der Gesättigten sein kann. Ich komme aus Guatemala zurück nach New York, im Kopf das Elend. Ich stehe dann vor dem UN-Forum, dort sitzen viele Täter, und der US-Botschafter muss zuhören. Aber was hört er? Diplomatensprache, und das hört sich so an: »Some problems in Guatemala should be addressed.« Einige Probleme müssten in Guatemala angegangen werden – und das heißt: 92 000 Kinder unter zehn Jahren sind letztes Jahr in Guatemala verhungert.

Some problems.

Diese Diplomatensprache, die das Leid verharmlost, schüttelt mich. Und dann schütteln Sie Ministern oder Beamten die Hände, von denen Sie genau wissen, dass Blut und Raubgeld an ihnen klebt. Manchmal muss ich danach auf die Toilette hasten, und mir die Hände waschen.

Jean Ziegler, 1934 im schweizerischen Thun geboren, ist einer der bekanntesten Kapitalismus- und Globalisierungskritiker, Autor unzähliger Bücher. Er war befreundet mit Jean-Paul Sartre, Simone de Beauvoir, Che Guevara, war Abgeordneter im Schweizer Nationalrat für die Sozialdemokratische Partei und UNO-Sonderberichterstatter für das Recht auf Nahrung. In seinen zahlreichen Büchern, die meist Bestseller sind, drückt er fast verzweifelt seine Riesenwut aus – auf die neuen kalten Weltherrscher, die ohne Moral, ohne Anstand seien: die Kosmokraten. Ganz undiplomatisch formuliert er dabei Sätze, die seine zahlreichen und mächtigen Gegner überaus aufregen, ein paar Beispiele: »Wer heute an Hunger stirbt, wird ermordet.« Oder: »Es gibt einen Weltkrieg gegen die Armen.« Oder: »Der deutsche Faschismus brauchte sechs Jahre, um 56 Millionen Menschen umzubringen. Der Neoliberalismus schafft das locker in gut einem Jahr.«

Markus Lanz

»Neulich bringe ich morgens um halb acht mit meinem Sohn den Müll runter. Da sitzt einer von diesen Flitzpiepen der Yellow Press mit seinem Fotoapparat hinterm Gebüsch. Es ist ekelhaft, wenn man so beobachtet wird, so im Halbdunkel.«

»Die Typen sitzen schon da mit gespannter Flinte«

(Hamburg, 2013)

Markus Lanz hat eine Lungenentzündung, als er im Winter 2013 für unser Gespräch in meine Wohnung in Hamburg kommt. Obwohl er heftig angeschlagen ist, reden und streiten wir uns gut drei Stunden lang – der Mann hat Nehmerqualitäten. Es geht an meinem Wohnzimmertisch, ohne Kameras und Publikum, ein wenig so zu wie in der Talkshow.

Wow! Wow! Wow! Wow! Wow! Sensationell, Herr Lanz, great performance, schön, dass Sie da sind, Herr Lanz! Ich freu mich auf ein großartiges Gespräch! Herzlich willkommen, vielen Dank!
Herzlich willkommen in meiner Sendung.
Danke. Wow. Wow. Wow. 20 Sekunden lang wow. Warum machen Sie das?
Das macht man ja nicht bewusst. Das war in meiner zweiten »Wetten, dass ..?«-Sendung. Robbie Williams hatte vorher gesungen, und dann hat er mich angekündigt, und die Halle tobte, drei-, vier-, fünftausend Leute. Ich hatte damals nicht die Coolness rauszugehen und zu sagen: Schönen guten Abend, beruhigen Sie sich.
Das Publikum im Saal klatscht, rast, Sie wissen, Millionen an den Fernsehschirmen schauen auf Sie – das ist ein Gefühl, wie wenn Weihnachten, Ostern, Geburtstag am selben Tag wären?
Nein, damit hat es gar nichts zu tun. Es ist eher wie Silvester am Brandenburger Tor.
Was heißt das?
Da knallt es einfach.
Im Kopf?
Da kommt Ihnen eine riesige Energiewelle entgegen, die Sie bändigen müssen. Die Sekunde vor dem Auftritt, das ist der beschissenste und der großartigste Moment gleichzeitig. Sie können das ja nicht lernen. Es ist ähnlich, wie wenn Sie zum Süd- oder Nordpol marschieren. Sie können das nicht wirklich trainieren. Sie können es zwar geistig immer wieder durchspielen, aber letztendlich ist es nicht lernbar. Und jeder Künstler wird Ihnen sagen, wenn er auf der Bühne steht und 15 000 Leute toben – da muss man aufpassen, dass man nicht heult.
»Es macht süchtig«, meinte der Schauspieler Robert Redford, »seine Gefühle vor Massen auszuleben«.
So sehe ich das nicht.
Dann bin ich beruhigt.
Warum?
Tja, die Lage ist für Sie doch fatal, richtig traurig.
Traurig?

Sie stehen im Zenit und sind in Deutschland so bekannt wie nie zuvor, und doch sind Sie …
Was? Was bin ich?
Ein erledigter Fall.
Ein erledigter Fall? Ich! Mein Gott, mein Gott. Bin ich ein winselndes Häufchen Elend? Ich wusste gar nicht, dass jetzt hier mein Abgesang geschrieben wird. Mit Verlaub, ich seh das ein wenig anders. Ich hab ja bei stern.de – und ich musste schmunzeln – die Überschrift gelesen: »Lanz ist das Hauptproblem«.
Und? Stimmt es nicht?
Ich muss jetzt mit aller Freundlichkeit sagen: Ich war nie das Hauptproblem. Ich war die Lösung.
Das finde ich interessant.
Als es um die Nachfolge von Thomas Gottschalk ging, hat sich jeder in die Büsche geschlagen. Es war dramatisch. Jeder wusste, wie schwer es werden würde, jeder hatte Angst.
Sind Sie nun ein Held oder bloß der Depp?
Ich hoffe, dass ich für meinen Sohn und meine Frau ein Held bin, und wenn der Rest mich als Deppen sieht, ist es auch in Ordnung.
Thomas Gottschalk, der mehr als 20 Jahre »Wetten, dass …?« moderiert hat, meinte nach seinem Abgang, er hinterlasse »einen abgenagten Knochen«.
Ja, genau. Und im Nachhinein sind ja alle, die sich verdrückt haben, in ihren schlimmsten Vermutungen bestätigt worden. Das scheint mir der wahre deutsche Generationenvertrag zu sein: meckern über die Deutsche Bahn, die Nationalmannschaft und »Wetten, dass …?«.
Verfluchen Sie heute den Tag, an dem Sie den Zuschlag für »Wetten, dass …?« bekamen?
Nein, aber es war auch kein Tag der Freude, als ich zusagte. Denn ich wusste ja, dass ich auf eine Lichtung rausgehe, und die Typen sitzen schon da mit gespannter Flinte, noch ehe das Wild die Lichtung betreten hat, etwa Ihr Kollege Stefan Niggemeier. Er hat mich im *SPIEGEL* erledigt, bevor die erste Minute gesendet war.

Er hat Sie als den »vielleicht größten Streber im deutschen Fernsehen« bezeichnet.

Ja, das ist ja noch harmlos, ist ja nicht alles.

In seinem Medienblog erklärte er, weshalb er Sie für »unausstehlich« hält, nämlich wegen der »Phrasen, der angestrengten und anstrengenden Vortäuschung des kritischen Nachfragens, der Wichtigtuerei« und »der verklemmten Zudringlichkeit und zudringlichen Verklemmtheit«.

Ja, doll. Interessant ist doch, dass die Leute, die sonst wortreich beklagen, dass im Fernsehen zu wenig nachgehakt werde, einem genau das vorwerfen! Der Ankläger hat übrigens nie mit mir geredet: Zu viel Recherche könnte die schöne, böse Geschichte ja kaputt machen.

Sie regen sich nun richtig auf.

Überhaupt nicht. Ich denke vielmehr, dass solch eine Attacke den Schreiber entlarvt. Wir sind ein freies Land, hier kann jeder sagen, denken und schreiben, was er will.

Ich glaube nicht, dass man solche Attacken so einfach wegsteckt.

Sie müssen einfach lernen, gewisse Dinge zu beherrschen. Wenn Sie das nicht tun, gehen Sie kaputt. Sie müssen in der Lage sein, wenn der Shitstorm kommt, gedanklich einfach mal sie Spülung zu drücken.

Sie klingen traurig.

An diesem Punkt habe ich keine Chance, das ist die Wahrheit. Es ist egal, wie Sie abbiegen, es ist immer falsch. »Wetten, dass ...?« ist der große Platzhirsch, vielleicht das letzte Generationenübergreifende, Verbindende im deutschen Fernsehen. Jeder weiß, wenn er den großen Platzhirsch attackiert, kriegt er Aufmerksamkeit, kriegen die Onlinemedien die gottverdammten Klicks, die sie brauchen – für Werbung. Es ist ein Geschäft. Es geht um Angebot und Nachfrage. Um knallharte Zahlen. Ums nackte Überleben.

Und Sie sehen sich als ein Opfer.

Das ist jetzt billig! Ich bin kein Opfer irgendeiner medialen Entwicklung. Ich komme auch nicht hierher zu Ihnen in Sack und Asche. Ich sehe mich nicht als Verlierer. Wir reden hier nun aber über etwas, was unsere Gesellschaft spalten kann, sie auf jeden Fall verändert.

Was meinen Sie?

Es geht – vor allem von Online getrieben – nicht mehr darum, etwas möglichst nachvollziehbar zu bewerten, es geht nicht mehr um die Suche nach Wahrheit, es geht primär darum, Klicks zu generieren. Punktgenau, ohne Redaktionsschluss, rund um die Uhr, lässt sich abfragen; wenn ich die Geschichte in diese Richtung weitertreibe, kriege ich noch mehr Klicks, und oft gilt: je schriller, desto mehr Klicks.

So sehen Sie das?

Wollen Sie das ernsthaft bestreiten? Was »Wetten, dass ...?« angeht: Ich finde es schade, dass man Millionen Menschen etwas kaputtschreibt. Doch wenn Sie dauernd den Untergang herbeischreiben, dann kriegen Sie ihn auch. Wir haben sicherlich Fehler gemacht, aber wir mussten einfach ein paar Dinge ausprobieren.

Etwa dem Hollywoodschauspieler Gerald Butler Eiswürfel in den Starschritt zu kippen? Ich habe zwei-, dreimal versucht, diese Szene anzuschauen, ich habe es fast nicht ausgehalten.

Sie Armer.

Ich dachte auch: Sie Armer. »Great fun« nannten Sie das, und ich dachte nur: wie peinlich!

Na ja, jetzt wollen wir mal nicht übertreiben. Aber Sie haben recht: Wir hätten das nicht machen sollen. Wir haben die Macht der Bilder, die im Kopf entstehen, unterschätzt.

Oder in der letzten Sendung, als Christian wettete, er könne am Geschmack die Zahnpastamarke erkennen, die seine Freundin Maggy benutzt. Ihnen machte das Zungenküssen vor Millionen viel Spaß. Und Sie fanden das »sinnlich«, ich ziemlich geschmacklos.

Im deutschen Fernsehen wurden schon Pupse angezündet vor laufender Kamera. Wo blieb da der Aufschrei der Anständigen und Gerechten? Also bitte, Thomas Gottschalk steht in einer Calvin-Klein-Unterhose vor Christiane Hörbiger und sagt, es stehe zwar »klein darauf, ist aber groß drin«. Maggy und Christian sind ein sympathisches Paar, das sich kurz küsst. Ein bisschen Liebe in lieblosen Zeiten, Herr Luik, mehr nicht.

Ach so.

Mann, Sie sind so was von päpstlich!

Gibt es eine Episode, die Sie aus Ihrem Fernsehleben streichen möchten?

Die Mallorca-»Wetten, dass ...?«-Sendung war ganz schön, ich habe mich wohlgefühlt, bis diese Limbo-Tanz-Geschichte begann. Die würde ich gerne streichen.

Es gab Buhrufe des Publikums, weil die Kandidatin gegen alle Limbo-Regeln verstieß.

Diese Nummer war nicht richtig vorbereitet. Aber es passieren einfach Dinge. Wir hatten verloren, als die Kandidatin meine Kollegin anschrie: »Wir können jetzt gern bei Wikipedia gucken, liebe Cindy!« Ich sah dieses Flackern in ihren Augen, ich konnte nicht mehr einschätzen, was in ihrem Kopf vorgeht, ich hielt alles für möglich. Diese Situation hat mir Angst gemacht und mich aus der Fassung gebracht. Am liebsten wäre ich aus der Arena gerannt. Aus einem netten Abend war plötzlich ein schlechter Tag geworden.

Haben Sie damit gerechnet, dass alles so heftig wird?

Sagen wir mal so: Es kam alles so, wie ich es mir in meinen schönsten Träumen ausgemalt habe – wir haben tolle Momente erlebt. Es kam aber auch so, wie ich es mir in meinen schlimmsten Albträumen ausgemalt habe. Zum Schluss kam ja in der Zeile von bild.de, »Fack ju, Lanz!«, noch mal der ganze Hass in seiner reinsten Form hoch.

Sie hatten die Chance, zu einer richtigen Entertainmentgröße zu werden und ...

Und was?

... und in die Riege der ganz Großen aufzusteigen: zu Kulenkampff, Carrell, Rosenthal, Elstner. Doch nun sind Sie ...

... garantiert nicht der erledigte Fall, als den Sie mich sehen wollten. Ich gestehe: Dafür, dass Sie mir die Letzte Ölung verabreichen wollen, fühle ich mich ganz gut.

Sie haben Historisches geleistet: »Wetten, dass ..?« auf eine Quote von gerade noch 6,55 Millionen runtergebracht.

Was heißt denn »runtergebracht« und »gerade noch«? Ich finde das frech. Knallt die Auflage vom *stern* gerade in den Himmel? In der traditionellen Medienwelt herrscht doch zurzeit die nackte Panik. Glauben Sie mir, es läuft ganz gut bei »Wetten, dass ..?«. Wenn heute eine Show 4 Millionen holt, lese ich am nächsten Tag: »Starke Quote!« und Sie werfen mir 6,5 Millionen vor! Und zwar über einen ganzen, langen Fernsehabend? Und kommen mir mit »Wow!« und »Wuff!«? Geben Sie einem Menschen, der vorher noch am Samstagabend Fernsehen gemacht hat, einfach mal die Chance, sich reinzufuchsen! Nach der letzten Sendung gab's übrigens ein paar sehr gute Kritiken. Man kann das leicht übersehen, ich weiß.

Frank Elstner, der »Wetten, dass ..?« vor über 30 Jahren miterfunden hat, hat Wochen vor der Sendung schlecht geschlafen. Und während der Sendung habe er so »geschwitzt, dass ich mir in Hemden und Sakkos extra Dreiecke habe einnähen lassen. Achselschweiß ist nicht samstagabendtauglich.«

Und – was wollen Sie mir damit sagen? Wenn Sie keine guten Nerven haben, dann dürfen Sie das nicht machen. Ich kann gut schlafen. Anders wäre es, wenn mein Arzt sagte: Herr Lanz, Sie haben Krebs, Sie haben noch sechs Monate. Dann würde ich wohl schweißnasse Hände bekommen. Welchen wirklichen Grund zur Beschwerde sollte ich denn haben? Ich bin ein sehr privilegiertes Mitglied dieser Gesellschaft. Ich fühl mich als Glücksschwein.

Vielleicht ist es mit dem Glücksgefühl an diesem Samstag vorbei, denn dann ist in Augsburg Ihr nächster Auftritt. Auf Ihnen muss ein Riesendruck lasten, diese Angst, dass noch weniger Leute »Wetten, dass ..?« angucken.

Wenn ich so denken würde, wäre das ein Albtraum.

Vielleicht ist dieser Samstagabend ja der Showdown für Sie.

Völliger Quatsch. Das ist kein Showdown, es geht doch nur um ein bisschen Fernsehen. Ich habe jederzeit die Freiheit zu sagen: Okay, dann lassen wir es eben.

Vielleicht wäre es gut für Ihr Seelenheil.

Nett, Herr Luik, dass Sie sich um mich sorgen. Aber jetzt aufzuhören wäre uncool. Schon um ein paar Leute aus der Meute zu ärgern, muss ich weitermachen. Das Wichtigste aber ist: Es gibt Millionen von Menschen, die diese Sendung lieben.

Kann ich Sie mir als zufriedenen Menschen vorstellen?

Das können Sie ruhig tun, ja.

Sie sind mit sich im Reinen.

Sollte ich das denn nicht sein? Handle ich mit Waffen, oder verkaufe ich Frauen? Was mache ich denn? Fernsehen. Ich mache dreimal in der Woche eine Talkshow, unsere Leute zerreißen sich für diese Sendung. Der Lohn: Ihre Jobs sind in dieser unsicheren Branche ziemlich sicher. Das hätte anders kommen können. Als die ARD vor drei Jahren in die Talkshow-Offensive ging, stand ich mal vor einer Plakatwand, auf der Jauch, Will, Plasberg, Maischberger, Beckmann zu sehen waren. Lauter erfolgreiche Leute, unsere Konkurrenz. Ich sah diese fünf Menschen und dachte: Okay, ein Jahr noch, und dann habe ich keinen Job mehr.

Sie haben sich behauptet.

Ja, unsere Einschaltzahlen sind so, dass wir nicht akut von Absetzung gefährdet sind. Und ich freu mich, wenn ich Abend für Abend anderthalb, 2 Millionen Menschen mit zufriedenem Lächeln ins Bett schicken kann.

Staunen Sie manchmal über sich?

Wieso? Ich staune eher über die Welt um mich herum. Ich bin mehr denn je der, der ich immer war.

Der Bub aus den Südtiroler Alpen.

Ich weiß sehr genau, wo ich herkomme. Ich weiß sehr genau, aus welchem Holz ich geschnitzt bin.

Sie sind hart.

Ich kann schon sehr hart zu mir selber sein, ja, das glaube ich schon. Wenn Sie jahrelang als Kind in der Dunkelheit zur Schule losziehen, zwei Kilometer durch meterhohen Schnee und dunklen Wald kerzengerade den Berg hochstapfen, dann kriegen Sie ein Selbstbewusstsein, sonst scheißen Sie sich vor Angst in die Hosen.

Und Sie wollten den Erfolg.

Entschuldigen Sie mal, ich bin doch nicht auf der Welt, um keinen Erfolg zu haben. Jeder Mensch braucht Selbstbestätigung, und jeder Mensch möchte weiterkommen. Und wenn Sie aus so Verhältnissen kommen wie ich: Da willst du raus. Ich hatte keinen Bock, für den Rest meines Lebens arm zu bleiben.

Ihr Vater starb sehr früh.

Mein Vater starb mit 52 Jahren, ich war gerade 14. Er hatte Leukämie. Wir haben ihn täglich im Krankenhaus besucht, das zog sich lange hin. Da liegt dein Vater, abgemagert, und er wird immer weniger. Entgegen allen Beteuerungen war mir klar – Kinder haben ja einen untrüglichen, unbestechlichen Instinkt –, dass das kein gutes Ende nehmen wird. Am Ende lag er auf der Intensivstation, der schlimmste aller schlimmen Fälle. Dennoch war die Hoffnung da, dass es noch dieses Wunder gibt. Eines Tages wurde ich ins Internat zurückgeschickt, sie meinten es gut, aber ich werfe es denen noch heute vor, denn so erfuhr ich vom Tod meines Vaters durch das Telefon. Es war bitter, dass ich nicht Abschied nehmen konnte, dass ich im entscheidenden Moment nicht dabei war.

Das schmerzt immer noch.

Es gibt keinen dümmeren Satz als »Die Zeit heilt alle Wunden«. Das ist nicht wahr. Man lernt allenfalls, mit der Trauer umzugehen.

Der Tod Ihres Vaters ...

Das war schwierig danach. Ich weiß sehr genau, was Existenzängste sind. Meine Mutter stand mit ihren drei Kindern allein da, sie musste uns irgendwie durchbringen, es ging oft Spitz auf Knopf. Sie schaffte es, sie war zäh, und ich ziehe meinen Hut vor ihrer Lebensleistung. Ich hatte kein Geld, um coole Jeans zu kaufen. Da war zu wenig Geld, um in irgendeinen Laden zu gehen und einfach mal was zu kaufen. Wir Kinder trugen die alten Klamotten von Touristen auf. Da fühlt man sich scheiße. Das ist nicht gut fürs Selbstwertgefühl. Mein erstes gutes Fahrrad, es war ein gebrauchtes BMX-Rad, habe ich von einem Jungen bei Aschaffenburg geschenkt bekommen. Das hat mich geprägt. Ich habe lange gebraucht, um wirklich zu glauben – und diese Überzeugung musste ich mir richtig erarbeiten –, dass ich es wohl immer irgendwie schaffen werde, für meine Familie die Miete zu bezahlen und Essen auf den Tisch zu bringen.

Sie haben schon früh Geld verdient.

Ich musste einfach ran. Seit ich 12, 13 bin, verdiene ich mein eigenes Geld. Mit meinem Bruder habe ich in Hotels und Clubs Musik gemacht, ich am Keyboard, mein Bruder hat gesungen. Wir sind dreimal in der Woche aufgetreten, das war richtig harte Arbeit. Mein erstes richtiges Silvester, also mit Freunden, hatte ich erst mit 25, 26 Jahren. Vorher war ich immer unterwegs, denn an Silvester gab es doppelte Gage.

»We gotta get out of this place, if it's the last thing we ever do!«, singt Eric Burdon.

Ja, ich hab früh kapiert, dass Musik die Chance für mich ist, um rauszukommen aus dem allen. Hoteliers haben uns gebucht, wir sind dann vor deutschen Reisegruppen aufgetreten, ältere Herrschaften meist, die zwei nette Jungs in Lederhosen erwarteten, adrette Bergbauernbuben, die jodeln und den Folklorekasper machen.

Und?

Ich habe nie in meinem Leben gejodelt, auch keine Tracht getragen für die Touristen. Wir haben die oft enttäuscht. Wir haben die Pet Shop Boys gespielt, die Hitparade rauf und runter, und wenn sich die Tanzfläche bedrohlich leerte, dann haben wir halt »Die rote Sonne von Barbados« gespielt, dann war der Abend wieder gerettet.

Und jetzt sind Sie der bekannteste Italiener im deutschen Fernsehen.

Ich bin da irgendwie reingerutscht. Ich hatte nie das dringende Bedürfnis, Fernsehen zu machen. Ich wollte zum Radio, wollte eigentlich nur Musikproduzent werden.

Warum denn das?

Weil der das richtig gemacht hat! Er steht nicht auf der Bühne, aber er verdient mit – und keine Sau kennt ihn! Er hat also all die Risiken und Nebenwirkungen, die Bekanntheit mit sich bringt, nicht zu ertragen.

Können Sie Ihrer Mutter die Welt erklären, in der Sie sich heute bewegen?

Das muss ich nicht. Sie ist eine sehr geerdete Frau, die ...

... über Sie sagt: »Er hat sein Leben, ich habe mein Leben.«

So. Das sind diese Nebenwirkungen. Ihr Zitat kommt aus der *Süddeutschen Zeitung*. Meine Mutter ist eine alte Frau von fast 80 Jahren. Da kommt Ihr Kollege von der *Süddeutschen* und bringt diese Frau, die höflich sein will, in Not. Sie will ihre Ruhe, sie sagt also einen Satz, der so klingt, als ob sie sich von mir distanziert. Aber das will sie gar nicht. Es ist nur der hilflose Satz einer einfachen Frau, die sagen möchte: »Lassen Sie mich doch bitte in Ruhe!« Ich habe lange gebraucht, ihr zu erklären, dass es nicht unhöflich ist, Klatschreporter rauszuschmeißen, die mit Blumen in der Hand vor der Tür stehen und ihr weismachen wollen, sie seien extra ihretwegen aus Deutschland angereist, weil sie sich »Sorgen« um sie machten.

Denken Sie manchmal: »Verdammt, warum mach ich das alles?«

Nein, ich mache meine Arbeit sehr gerne, ich bin da mit Haut und Haaren dabei. Aber ich muss bei allem immer den zweiten Schritt mitdenken. Ich habe, das ist natürlich blöd, notgedrungen immer eine Schere im Kopf.

Auch jetzt bei diesem Gespräch?

Klar, aber was soll ich machen? Ich liefere mit jedem Satz eine neue mögliche absurde Schlagzeile für die Regenbogenpresse. Soll ich in diese Fallen tappen? Nein. Neulich bringe ich morgens um halb acht mit meinem Sohn den Müll runter. Da sitzt einer von diesen Flitzpiepen der Yellow Press mit seinem Fotoapparat hinterm Gebüsch. Es ist ekelhaft, wenn man so beobachtet wird, so im Halbdunkel. Und dann wird das Bild auch noch gedruckt. Ich klage fast jede Woche, damit wir unsere Ruhe haben.

In Ihrem Bildband *Grönland* träumen Sie von einem Ausstieg aus dem Geschäft, Sie sind im Fernsehstudio: »Publikum ist da«, schreiben Sie, »alle wollen bespaßt werden. Da habe ich einen Moment gedacht: Okay, ich lauf jetzt raus und komm nie wieder zurück. Ich bin einfach weg.«

Ich kam da direkt aus der Arktis, vom nördlichsten Ort auf diesem Planeten. Wenn Sie von dort zurückkommen, wo es so unglaublich still ist, dann tun Sie sich schwer mit dem Lärm eines Studios. Da stehen 150 Leute vor Ihnen, warten und freuen sich auf Alfons Schuhbeck – und der Lärm treibt Sie fast die Wände hoch. Ich mag Ruhe, Einsamkeit – ich bin kein Stadtkind.

Dann müssen Sie ja fürchterlich leiden: Sie wohnen in Köln, Sie arbeiten in Hamburg – wo ist Ihre Heimat?

Heimat ist für mich Südtirol. Dieses Gefühl ist ganz stark verbunden mit bestimmten Bergen, bestimmten Bäumen und bestimmten Gerüchen. Im Frühjahr riecht es ganz anders als im Herbst, harzig, im Herbst spüren Sie in jeder Sekunde, dass der Winter kommt, und es ist schön zu sehen, wie die Natur einschläft. Manchmal zelte ich mit Freunden oben auf dem Berg, auf 2500 Metern. Du hörst nichts außer ein bisschen Kuhglockengebimmel, und du schaust aus dem Zelt raus und siehst einen wahnsinnigen Sternenhimmel. Diese wunderschöne Landschaft. Sie schauen auf die Dolomiten und denken an die alte Sage von der Mondprinzessin, die den Prinzen aus den Dolomiten geheiratet hat. Sie hatte Heimweh nach dem Mond, und auf Wunsch des Prinzen haben dann Hunderte von Feen das Mondlicht zu Fäden gesponnen und damit die Dolomiten überzogen. Dann wurden die Dolomiten bleich. Und dieses besondere Gestein reflektiert nachts das Mondlicht und ...

Sie sind ein Romantiker.

Das ist Heimat. Und deswegen könnte ich nie auch nur ein Tal weiter wohnen, nicht im Vinschgau, nicht in Bozen oder Meran. Manchmal stehe ich abends auf meinem Balkon, sehe das alles, bin überwältigt, und dann denke ich: »Wow, wow, wow. Was für eine großartige Show!«

Markus Lanz, 1969 in Südtirol geboren, hat im deutschen Fernsehen so ziemlich alles moderiert, was man moderieren kann: Kochshows, Jahresrückblicke, Krawallsendungen. Seit 2008 hat er im ZDF seine eigene Talkshow »Markus Lanz«, und seither schafft er (und das dreimal pro Woche), was sonst im deutschen Fernsehen niemand schafft: seine Gesprächspartner so zu befragen, dass man wirklich etwas erfährt – und zwar auf unterhaltsame Art, manchmal anrührend, oft überraschend. An Lanz sieht man auch, wie weichgespült die meisten TV-Gesprächssendungen sind, an ihm sieht man, was Fernsehen sein kann und öffentlicher Diskurs sein müsste. Und so, weil ernsthafter, also auch kontroverser Diskurs fast ausgestorben ist, überfordert er manchmal sein Publikum. Als er, seiner Aufgrabe getreu, die Positionen der Politikerin Sahra Wagenknecht ernsthaft hinterfragte, gab es einen Aufschrei: Fast 300 000 Beleidigte forderten Anfang 2014 seinen Rücktritt. Lanz steckte das weg. Er sei »ein Glücksschwein« und mit sich im Reinen: »Ich hoffe, dass ich für meine Kinder und meine Frau ein Held bin, und wenn der Rest mich als Deppen sieht, ist es auch in Ordnung.«

Nathalie Todenhöfer

»Ich bin eher ein glücklicher Mensch, aber diese Krankheit hat mich und meine Psyche verändert. Ich bin ernster geworden. Ich kann nicht mehr so unbeschwert über die Witze meiner Altersgenossen lachen.«

»Es ist blöd, wenn der eigene Körper dein Feind ist«

(München, 2009)

Sie war auf dem Weg zur Universität, plötzlich knickten ihr die Beine weg, sie torkelte wie eine Sturzbetrunkene. 19 Jahre alt war Nathalie Todenhöfer, als sie erfuhr, dass sie im Griff einer Krankheit ist, die sie nie mehr loslassen wird: Multiple Sklerose.

Frau Todenhöfer, eines Tages war Ihnen klar: Verdammt! In mir ist ein Feind, den ich nicht besiegen kann, der mein Gehirn langsam auffrisst, meinen Körper allmählich zerschlägt.

Es war ein Schock, natürlich. Aber ich habe jetzt nicht gedacht: O Gott, du hast Entzündungen im Kopf, die aussehen wie Löcher, du hast Entzündungen im zentralen Nervensystem, und das werden vielleicht immer mehr, und du wirst irgendwann im Rollstuhl sitzen! Nein. Aber ich hab am Anfang viel geheult, ich hab niemanden – nicht mal meine Eltern! – an mich rangelassen, ich lag bloß noch im Bett, ich wollte nicht, dass andere mich sahen.

Sie waren gerade 19 Jahre alt, als Sie aus Ihrem Leben herausfielen.

Ja. Erst war ich sauer, denn ich verstand nicht, was mein Körper gegen mich hatte. Ich dachte: »Nein, das stimmt alles nicht! Ich werde nicht behindert. Ich werde nicht blind, das passiert nur anderen, nicht mir, das kann nicht sein!«

Aber es war dann doch so: Sie haben Multiple Sklerose.

Ja. Ich konnte es nicht fassen, mir ging es von Tag zu Tag schlechter. Es ist schon blöd, wenn der eigene Körper dein größter Feind ist. Ich hatte schon vor meinem ersten Anfall, also dem ersten MS-Schub, lange vor der Diagnose, gemerkt: Irgendetwas stimmt mit meinem Körper nicht. Einmal lieferten mir meine Augen Bilder, die nicht zusammenpassten. Und eines Morgens bin ich aufgewacht, ich hab meine linke Körperhälfte nicht mehr gespürt, ich war links komplett taub, und als mein Gehirn den Befehl gab: Heb den Arm!, hab ich nicht mehr gemerkt, ob mein Arm oben war oder nicht. Ich hab ihn überhaupt nicht mehr gespürt. Er war wie ein Anhängsel, ein nicht zu beherrschender Fremdkörper, und wenn ich nach etwas greifen wollte, habe ich danebengegriffen. Ich hab an jenem Morgen einen heißen Wasserkessel und die Kaffeetasse auf mich fallen lassen, ich ...

In so einem Moment, denk ich, bekommt man Schweißausbrüche, Panik.

Ich hab das erst nicht wirklich ernst genommen, ich hab mir gesagt: Du hast dir beim Schlafen etwas eingeklemmt, du warst zu lange in der Disko. Ich musste am Tag nach diesem Anfall nach

Mailand fliegen, um mich in der Uni einzuschreiben. Auf dem Flughafen sind mir die Beine ständig weggeknickt, am Gepäckband fiel ich mehrmals um, einfach so, ich bin getorkelt wie eine Sturzbetrunkene, ich bin gestolpert, ich war hilfos. Es war peinlich. Ich meine, ich war 19 Jahre alt – und ich hatte vollkommen die Kontrolle über meinen Körper verloren!

Und nun hatten Sie Angst.

Angst? Es war mehr. In mir war ein abgrundtiefes Gefühl der Verzweiflung, ich kann Ihnen diese Empfindung weder beschreiben noch vermitteln. Ein Freund, der mich am Flughafen abholte, lachte zuerst über mein Gewackel. Aber er brachte mich ins Krankenhaus, und auch da lachten die Ärzte, sie sagten: »Junge Frau, da stimmt was nicht mit Ihren Pupillen, nehmen Sie weniger Drogen!« Drogen hatte ich noch nie genommen. Und in diesem Augenblick habe ich richtig Panik bekommen. Ich lag in der Notaufnahme auf einem riesigen Flur, stundenlang und voller Angst, ich wusste, mein Körper ist völlig kaputt, aber keiner will mir helfen!

Hatten Sie Schmerzen?

Da fing der Terror dann an. Seit diesen Tagen habe ich ständig Schmerzen, vom Knie bis zum Fuß, irgendwo tief drin, ein wahnsinniger Druck. Immer ein brennendes Gefühl auf meiner linken Seite.

Auch jetzt, während wir so reden?

Ja.

Vorhin haben Sie sich ganz schnell an den Kopf gegriffen.

Ja. Ich habe ständig ein Stechen im Kopf. Ich krieg oft noch so einen Hammerschlag in den Kopf rein – für ein paar Sekunden ein rasender Schmerz. Irgendwas passiert da mit meinen Nervenfasern. Ständig passiert was in mir. Wenn ich jetzt meinen Kopf nach unten halte, wird mein Bauch komplett taub und steinhart, und meine Beine werden kribblig.

Und was können Sie dagegen machen?

Nicht viel. Ich muss mich spritzen, aber ich vertrage die Spritzen nicht, ich bekomme Verformungen am Körper. An meinem Bein habe ich Flecken und tiefe Dellen, das Fettgewebe ist an manchen

Stellen einfach verschwunden, es ist weg, weg, es hat sich aufgelöst und ...

... dann stehen Sie vor dem Spiegel und sagen: »Huch, da fehlt ein Stück!«

Man erschrickt zuerst. Es sieht ja nicht schön aus. Es fing im Sommer an, und ich dachte: »Mein Gott, was passiert nun mit deinem Körper!« Ich fand's schrecklich. Ich ging zu den Ärzten, zu den Dermatologen, aber sie konnten mir nicht helfen. Inzwischen habe ich mich daran gewöhnt.

Sie haben sich daran gewöhnt? An den Zerfall Ihres Körper? Sie haben sich daran gewöhnt – tatsächlich?

Ja. Ich hätte auch nie gedacht, an was ich mich alles gewöhnen kann. Der Mensch hält viel aus. Er ist ein Verdrängungskünstler. Früher hätte ich gesagt: ein Leben im Rollstuhl? Nein, nein, das ist kein Leben, das wär's mit deinem Leben! Aber ich habe inzwischen viel gelernt. Ich kenne viele Menschen im Rollstuhl, die glücklich sind, ich kenne Menschen in hoffnungslosen Situationen, fürchterliche Pflegefälle, und die Leute meistern ihr Schicksal großartig.

Eine Bekannte von mir leidet auch an MS. Der Gedanke sei unerträglich, dass diese langsame, aber unerbittlich fortschreitende Krankheit Körper und Geist in immer größere Unselbstständigkeit drängt: »Ich will nicht wie ein hilfloses Kind gewaschen und gefüttert werden«. Sie denke an Selbsttötung, richtig verführerisch sei dieser Gedanke: »Eine Befreiung«.

Ja, aber das ist sehr traurig, wenn sie so denkt. Sehr viele MS-Kranke bekommen Depressionen, von bis zu 90 Prozent sprechen manche Untersuchungen.

Selbstmord ist bei einem Drittel der Kranken der Todesgrund.

Man darf nicht verzweifeln! Ich kenne hier in München eine Frau, die ist durch ihre Krankheit von Kopf bis Fuß gelähmt, sie kann nichts bewegen, nicht mehr sprechen, nicht mehr schlucken, nichts an ihr funktioniert mehr – aber sie will leben.

Warum?

Ich weiß es nicht genau, in ihrem Fall ist es wohl ihr Glaube, der sie am Leben hält. Diese Frau macht mir Mut.

Der Schriftsteller und Schauspieler Maximilian Dorner, der wie Sie an MS erkrankt ist und …

… der ein ganz genaues, ein sensibles Buch darüber geschrieben hat, was es bedeutet, ein MS-Kranker zu sein, »Mein Dämon ist ein Stubenhocker« …

… er jedenfalls, gerade mal 34 Jahre alt, hat fürchterliche Angst davor, ein Pflegefall zu werden, er sagt, das »ist wie ein Sterben auf Raten«.

So kann ich nicht denken. Früher hatte ich immer Angst vor der Zukunft. Ich wollte immer etwas erreichen. Ein gutes Abitur. Karriere. Erfolg. Familie. Ich wollte immer mehr. Ich habe mich ständig unter Druck gesetzt und hatte Angst vor der Zukunft. Heute habe ich weniger Angst und bin zufriedener als früher.

Echt?

Ja. Ich bin gelassener, ich lebe im Heute.

Aber in Ihnen passiert doch heute Furchtbares. Eine Art Bürgerkrieg tobt in Ihrem Kopf.

Ja, ähnlich drückt es auch Dorner aus. Er spricht von Selbstmordattentätern in seinem Kopf. Sein Gehirn sei ein einziges Bagdad.

Ein beklemmendes Bild.

Ja, aber wohl zutreffend. Auch ich weiß, dass mein Immunsystem mein Gehirn und das zentrale Nervensystem anfrisst. Meine Krankheit kommt in Schüben, und jeder Schub kann neuen Schrecken bedeuten: Lähmung. Ich könnte blind sein. Ich weiß nie: Was bringt der nächste Schub?

Frau Todenhöfer, Sie haben allen Grund zu verzweifeln.

Ich weiß. Aber ich probiere optimistisch zu sein. Ich versuche, mit Anstand die Schwermut des Alltags zu überwinden.

Sie sind ganz schön hart.

Man wird wohl hart. Denn ich bin unheilbar krank.

Unheilbar – ein schlimmes Wort.

Ja, wer MS hat, der hat lebenslänglich. Und so gibt es einfach Momente, in denen es auch mir zu viel wird, in denen es mir richtig beschissen geht und ich fast verzweifle. Mein Körper ist ja rücksichtslos. Vor zwei Tagen war ich mit Freunden aus, ich habe mir meine Spritze zu spät gemacht, und am nächsten Morgen, also gestern, hatte ich grausame Kopf- und Gliederschmerzen. Mein Kopf und meine Beine fühlten sich an, als ob den ganzen Tag draufgeschlagen worden, als ob ein LKW über mich gedonnert wäre. Ich war zittrig, müde, konnte keine 30 Sekunden stehen. Ich hab dann meine Mutter angerufen, ob sie mir helfen kann? Es ist doch bescheuert, dass eine 23-Jährige ihre Mutter um Hilfe bitten muss!

Vor mir sitzt eine junge Frau, die gut aussieht, die ...

... weiß, dass die schöne Hülle verbirgt, wie es um sie tatsächlich steht. Manchmal ist das ein Problem, weil einem nicht geglaubt wird, wie krank man ist. Das Äußerliche ist vergänglich. Schönheit wird für mich immer unwichtiger.

Ihre Krankheit hat Ihre Werte verschoben.

Ja. Früher wollte ich was Tolles werden, ich wollte immer weiterkommen. Nun konzentriere ich mich auf die wichtigen Sachen. Früher machte es mir etwa ungeheueren Spaß, Snowboard zu fahren. Ich fahr noch immer ein bißchen, bin aber schnell müde, und ich habe auch keine wirkliche Freude mehr daran, weil ich nur noch Angst im Kopf habe, ich mich unsicher fühle, mich konzentrieren muss. Wissen Sie, Gesunde haben keine Ahnung, was für ein Geschenk Gleichgewicht ist!

Man denkt nicht darüber nach und nimmt die Gesundheit einfach als etwas ganz Selbstverständliches hin.

Ja, wenn ich früher gefragt wurde, was ich mir wünsche, sagte ich: einen tollen Job. Erfolg. Nun möchte ich nur noch gesund werden, mehr nicht. Das Leben – und die Sicht auf das Leben – verändert sich, wenn man jung ist und MS hat. Ich bin keine normale junge Frau mehr.

Sie sind gealtert, rasant gealtert?

Sagen wir so, meine 55-jährige Mutter ist viel fitter als ich. Ich werde so schnell müde.

Der Soziologe Helmut Dubiel, der mit 46 Jahren an Parkinson erkrankte, meint, dass er seit seiner Diagnose nicht mehr mit Freuden aufgewacht sei, er sagt: »Ständig ist Trauer da.«

Ich bin eher ein glücklicher Mensch, aber diese Krankheit hat mich und meine Psyche verändert. Ich bin ernster geworden. Die Unbekümmertheit, die Leichtigkeit des Seins ist weg. Ich bin nicht mehr so lustig. Ich kann nicht mehr so unbeschwert über die Witze meiner Altersgenossen lachen. Ich bin auch ungeduldiger geworden. Mich nervt, dass ich nicht mehr so aktiv sein kann, dass ich so rasch ermüde. Und ich weiß, wenn ich mit Freunden etwas mache, musss ich am nächsten Tag dafür bezahlen. Ich muss mich ständig kontrollieren.

Ihr Vater Jürgen Todenhöfer hadert mit Ihrem Schicksal. Er, der ehemalige Burda-Vizechef, sagt: »Ich war ein ziemlich schlechter Schüler, ich hatte im Leben viel Erfolg, wurde relativ reich, relativ berühmt – und Nathalie, die viel klüger ist, ihr geht es so schlecht!«

Ja, für meine Eltern, die für mich stets da sind, ist das alles furchtbar. Sie wollen mir helfen, aber sie können mich nicht gesundmachen. Das macht sie fertig. Und wenn ich Schübe habe, verstecke ich mich vor ihnen, weil ich spüre, wie meine Schmerzen sie schmerzen.

Heute, sagt Ihr Vater, wo Nathalie jung ist, wo es ihr noch relativ gut geht, können wir ihr helfen, aber wie ist das, wenn sie uns wirklich braucht – in 20, 30 Jahren?

Puh, das hat er mir so noch nie gesagt! Mein Vater war ja ein Manager, der stets alles kontrolliert hat, und der muss nun erleben, dass sein eigenes Kind eine Krankheit hat, die er nicht kontrollieren kann. Dass er hilflos ist. Er hat mich am Anfang zu allen möglichen Ärzten geschickt. Ich war in Amerika, in der Uni Stanford bei Spezialisten, ich war in Arzneimittelfirmen, ich habe alles ausprobiert – von Akupunktur bis zur Osteopathie, Cranio sacral, ich habe chinesische, klassische und alternative Medizin, Homöopathie, Neuralakupunktur ausprobiert. Mein Vater hat wohl mit allen Spezialisten der Welt telefoniert. Ich hab mein Essen umgestellt, jahrelang auf Fleisch verzichtet, obwohl ich das über alles liebe, ich hab Fischölkapseln geschluckt, nur noch Gemüse und Reis, Biozeugs gegessen, keinen Alkohol getrunken, Sport gemacht, ich habe wohl alles ausprobiert – aber für meine MS hat nichts geholfen. Die Dinge haben mich nur müde gemacht – mit jeder Heilmethode kamen neue Schübe.

Ihr Vertrauen in die Medizin ist geschwunden.

Nein, aber ich habe keine Heils- und Heilungserwartungen mehr. Niemand weiß bisher genau, wie und warum jemand diese Krankheit bekommt. Die Forschung und die Ärzte machen manche Fortschritte, aber selbst sie verstehen die Krankheit noch nicht so richtig. Und wenn ich mich an all die Sachen hielte, die man mir rät – mein Leben wäre völlig freudlos.

Der frühere Oberbürgermeister von Stuttgart, Manfred Rommel, der an Parkinson erkrankt ist, würde sich, sagte er mir, »Holzwolle in den Kopf stopfen, wenn es denn hilft«.

Ich versteh das. Der Wunsch nach Gesundheit ist erdrückend. Ich fürchte, Gesundheit bleibt für mich ein unstillbares Verlangen. Ich muss meine Mitte also so finden, dass ich mit der Krankheit lebe und sie nicht mit mir.

Als Sie krank wurden, hat Ihr Vater Ihnen alles geboten: schöne Reisen, er sagte zu Ihnen: Lebe in gutem Klima, fahre, wohin du willst, genieße, was du willst. Aber Sie entschieden sich für eine MS-Stiftung.

Vielleicht hat das mit der Erziehung meines Vaters zu tun.

Was meinen Sie damit?

Er hat uns sehr sozial erzogen. Er sagte zu uns Kindern immer: Es ist sehr schön, was ihr hier habt, aber das ist nicht selbstverständlich, es ist nicht die ganze Wirklichkeit. Den meisten Menschen geht es viel schlechter. Ihr müsst auch die andere Seite des Lebens erfahren. Er nahm uns in den Irak mit, meine Schwester hat im Kongo gearbeitet, mein Bruder in Afghanistan. Und als ich mitbekam, wie vielen MS-Kranken es finanziell schlecht geht, wie sehr sie um ein würdiges Überleben kämpfen müssen, konnte ich nicht anders – ich musste meinen Vater einfach bitten, eine MS-Stiftung einzurichten.

Und nun sehen Sie täglich unfassbares Leid.

Ja.

Sie sehen Ihre eigene Zukunft.

Vielleicht. Wahrscheinlich. Vielleicht auch nicht. Alles ist möglich. Das Gute ist, dass man nie weiß, was die Zukunft bringt! Ich weiß nicht, was in zehn Jahren ist. Ist meine Zukunft eine Katastrophe?

Ich will es nicht wissen! Dieses Nichtwissen ist eine Gnade. Trotz meiner Krankheit habe ich großes Glück: Ich habe meine Eltern und Geschwister, Freunde, ich bin finanziell abgesichert. Aber sehr viele MS-Kranke stürzen ins totale Elend, sie verlieren Beruf und Freunde.

Viele schämen sich für ihre Krankheit.

Ja, MS ist eine Tabukrankheit, sie kann peinlich und sehr grausam werden. Manche werden inkontinent, andere können sich nicht mehr bewegen, sie kommen ohne Hilfe nichts ins Bad, sie brauchen behindertengerechte Duschen, behindertengerechte Autos. Doch die Krankenkassen, statt schnell zu helfen, sind fürchterlich bürokratisch – und so helfen wir. Aber ich möchte vor allem auch in der Gesellschaft ein Bewusstsein schaffen für diese heimtückische Krankheit.

»Engel der MS-Kranken« hat sie die *Süddeutsche Zeitung* genannt.

Na ja, das ist heftig übertrieben. Ich bin kein Lichtstrahl in Deutschland, ich weiß, dass ich das System nicht ändern kann. Was ich mache, ist ein Tropfen auf den heißen Stein. Autos umbauen lassen. Gehhilfen einrichten, Kühlwesten für MS-Kranke gegen die Sommerhitze kaufen. Es ist pervers: Deutschland kann in Afghanistan einen Krieg führen, aber hier fehlt es den Bedürftigen an Hilfe!

Sie regen sich richtig auf.

Ja. Weil ich weiß, dass das, was wir tun, viel zu wenig ist. Ich kann nur jenen helfen, die sich an uns wenden. Aber ich lebe für diese Arbeit, ich mache sie, so lange ich kann.

»Seit einem halben Jahr«, schreibt Maximilian Dorner, »habe ich keine Berührung mehr erlebt. Nur flüchtige Umarmungen. Wenn ich im Kino ein küssendes Paar sehe, schließe ich die Augen.«

Ja, ja, er weiß, wie wir fühlen. Oft ist man einsam, einfach ganz allein. Es ist schwierig, für MS-Kranke, einen Partner zu finden. Das Leben mit uns kann sehr anstrengend sein. Meine Krankheit, daran glaube ich, wird nicht verhindern, die wahre Liebe zu finden. Mein größter Wunsch ist es immer noch, eine eigene Familie und Kinder zu haben. Diesen Traum werde ich immer haben. Vielleicht erfüllt er sich ja eines Tages!

Für die heute 37-jährige Nathalie Todenhöfer hat sich ihr großer Traum, von dem sie im Gespräch erzählt, erfüllt: Sie hat ein Kind. Zusammen mit ihrem Mann und ihrem acht Jahre alten Sohn lebt sie in München. Außerdem hat sie seit fast zehn Jahren keine Krankheitsschübe mehr – fast ein Wunder. Verschwunden ist damit auch ihre große Angst, dass jederzeit irgendetwas Schlimmes mit ihr geschehen könnte. Und noch einen weiteren Traum hat sie sich erfüllen können: die Besteigung des 3905 Meter hohen Ortlers in den Südtiroler Alpen. Nathalie Todenhöfer ist, sagt sie heute, »fitter als bei unserem Gespräch vor 13 Jahren. Ich habe viel Glück gehabt«. Und sie hat einen Job, nein, eine Aufgabe, die ihr ungeheuer wichtig ist: Ihre Stiftung »Lebensfreude für MS-Kranke in Not«, die sie mit Hilfe ihres Vaters gegründet hat. Diese Stiftung hilft dort, wo staatliche Zuschüsse und finanzielle Mittel fehlen, wo Krankenkassen nicht helfen. In Zusammenarbeit mit der »Deutschen Multiple Sklerose Gesellschaft« (DMSG) finanziert sie zum Beispiel Elektrorollstühle, behindertengerechte Badezimmer, den Umbau von Autos oder ein paar Tage Erholungsurlaub für Angehörige, die MS-Kranke pflegen. Kontakt und weitere Informationen: info@nathalie-todenhoefer-stiftung.de

Ferdinand von Schirach

»Mein Beruf führt oft an die Abgründe der menschlichen Existenz. Gerade das ›Dritte Reich‹ zeigt, dass all unsere Gesetze, unsere Kultur, alles, was wir erschaffen haben, alles, worauf wir stolz sind – uns doch nur einen Wimpernschlag vom Chaos trennen. Wir stehen immer an der Schwelle des Untergangs. Wir bewegen uns auf einer dünnen Eisschicht. Wir feiern Feste auf ihr, wir tanzen, aber das Eis kann brechen – und darunter ist es kalt, und man stirbt schnell.«

© Volker Hinz

»Mörder, die verurteilt werden, sind Dilettanten«

(Hamburg, 2010)

Ferdinand von Schirach darf in meiner Wohnung, was sonst nicht erlaubt ist: rauchen. Und er raucht viel. Er spricht leise, sanft, er wägt jedes Wort sorgfältig ab – und dann kontert er präzise. Und so sieht er die Welt: ein Wort zu viel, ein Blick zu viel – und schon bist du tot. Ein Verbrechen geschieht ganz schnell – oft zufällig. Schirach verteidigt Menschen, die Ungeheuerliches getan haben. Ungeheuerliches? Oder etwas ganz Normales? Ein Streitgespräch.

Herr von Schirach, Sie haben einen fürchterlichen Beruf.
Aha, haben Sie das festgestellt? Bei Gericht würde man bei so einem Satz sagen: »Das war noch keine Frage.«
Okay, dann also die Frage: Wie fühlt man sich eigentlich, wenn man sich in einer Welt des Ekels bewegt?
Verbrechen passieren. Sie können abstoßend sein, ekelhaft, widerwärtig. Aber der Mensch, der sie begeht, bleibt doch immer ein Mensch. Das ist die Grundlage unserer Verfassung. Menschen können scheitern, sie können grässliche Dinge tun, sie können morden. Aber deshalb ist doch die Welt der Strafjustiz keine Welt des Ekels. Sie ist interessant, sie hat nichts Abstoßendes.
»Folgen Sie dem Geld oder dem Sperma. Jeder Mord klärt sich so auf«, so beschreiben Sie Ihre Welt in einer Ihrer Geschichten.
Das sagt ein Hauptkommissar – nicht ich. Der Polizist möchte ein Verbrechen aufklären, und er hat ja recht: Die meisten Verbrechen sind nicht spektakulär, sie wiederholen sich. Das Faszinierende dabei ist: Es sind ganz normale Menschen, die plötzlich Dinge tun, die aus dem Rahmen fallen.
Die Menschen, die Sie vor Gericht verteidigen, sind Kopfspalter, Leute, die andere mit der Garrotte erdrosseln, ein Arzt, der seiner Frau eine Axt in den Kopf haut, sie dann sorgsam zerlegt.
Er zerlegt sie nicht sorgsam. Er zerhackt sie.
Das ist doch auch nicht besser.
Es ist etwas ganz anderes. Er zerhackt seine Frau in einem wahnsinnigen Ausbruch – nachdem er 48 Jahre in dieser Ehe gequält worden ist. Die letzte Beschimpfung seiner Frau war für ihn zu viel gewesen. Es war eine Gewalteruption, das Bersten eines Druckbehälters. Also alles andere als ein kaltes Morden und ein sorgfältiges Zerlegen.
Was wollen Sie denn damit sagen?
Ich kann nur beschreiben, was den Mann zu der Tat gebracht hat – das ist eine meiner Aufgaben als Verteidiger. In der Schweiz heißen Anwälte Fürsprecher. Ich spreche also für ihn. Die Tat mag scheußlich erscheinen, absurd. Aber sie geschah nicht aus dem Nichts. Wieso tun wir die Dinge, die wir tun? Wir versuchen das in einem Strafverfahren herauszubekommen. Ich sage nicht, dass es richtig war, dass er die Frau getötet hat – ich beschreibe, wie es dazu kam.

Das sind keine moralischen Fragen. Es geht nicht um Gut oder Böse. Ich werte nicht. Ich erzähle seine Geschichte.

Sie machen sich zum Handlanger des Verbrechers.

So ein Unsinn.

Als »Handlanger« empfindet sich der Stuttgarter Strafverteidiger Jens Rabe. Miserabel, schuldig fühle er sich manchmal – vor allem dann, wenn einer seiner Mandanten später wieder eine Tat begeht.

Ich verteidige einen Menschen, nicht seine Tat. Die erste Frage in einem Prozess lautet immer: Kann man die Tat diesem Mann oder jener Frau nachweisen? Reichen die Beweise, die Polizei und Staatsanwaltschaft zusammengetragen haben? Ob mein Mandant der Mörder ist, ist nicht entscheidend. Entscheidend ist nur, ob der Rechtsstaat ihn der Tat überführen kann. Gelingt das nicht, muss er freigesprochen werden. Als Anwalt stehe ich auf der Seite meines Mandanten, ich vertrete seine Interessen, ich bin nicht objektiv. Ich versuche Zweifel zu wecken, ich hinterfrage die Beweise der Staatsanwaltschaft, ich versuche Lücken in den Gutachten zu finden, ich versuche Zeugen der Lüge zu überführen.

Ich sag's ja: Handlanger.

Nein, ein Handlanger ist ein Mittäter.

Dann eben Bremse am Wagen der Gerechtigkeit.

Das Bild ist schön. Stellen Sie sich doch mal einen Wagen vor, dessen Bremsen versagen – auch das würde in einer Katastrophe enden. Wenn Sie das Wort unbedingt benutzen wollen, dann ist ein Strafverteidiger ein Handlanger eines möglichst gerechten Justizsystems. Der Verteidiger verhindert, dass sich alle vorschnell auf eine scheinbare Wahrheit festlegen. Aber oft, und da gebe ich Herrn Rabe recht, ist es anstrengend zu verteidigen, manche Mandanten sind grauslich.

Sie opfern sich für die Täter auf?

Sagten Sie eben »opfern«?

Ja.

Mein Gott, Sie sind wirklich der Mann der großen Worte. Ich opfere mich nicht. Aber denken Sie mal ein Stück weiter: Fällt der Verteidiger aus, dann funktioniert die Demokratie nicht mehr. Im »Dritten Reich« oder auch in der DDR standen die Verteidiger dem Staat oft näher als ihren Mandanten. Natürlich gibt es Grenzfälle, wo man sich schlecht fühlt. Es gibt auch Fälle, die ich nicht übernehme: Gewalt gegen Kinder zum Beispiel. Aber wenn ich einen Fall annehme, bin ich uneingeschränkt parteiisch. Die Justiz ist ein System, jeder erfüllt darin seine Rolle. Der Staatsanwalt klagt an, der Verteidiger verteidigt, der Richter spricht das Urteil.

Als Sie mit Ihrem Beruf anfingen, hatten Sie ein richtig schlechtes Gewissen.

Ich bin gespannt.

In der Kurzgeschichte »Volksfest« beschreiben Sie Ihren ersten Fall. Acht Mitglieder einer Blaskapelle überfallen, vergewaltigen während eines Stadtfests eine 17-Jährige.

Ja, das habe ich so geschrieben.

Sie kämpften für Leute, die, wie Sie schreiben, das der jungen Frau angetan hatten: »Sie lag dort, nackt und im Schlamm, nass von Sperma, nass von Urin, nass von Blut und ...« Es war eine Massenvergewaltigung, das Leben des Mädchens war für immer ruiniert. Aber Sie setzen einen Freispruch durch, und die Biedermänner, die gewütet hatten, kehrten zurück zu ihren Familien.

Genau das ist mein Beruf.

Ihre Geschichte endet so: »Während wir nach Hause fuhren, dachten wir an das Mädchen und die ordentlichen Männer und sahen uns nicht an. Als wir ausstiegen, wussten wir, dass die Dinge nie wieder einfach sein würden.«

Ja.

Da ist noch ein Satz in Ihrer Geschichte, der fast pervers klingt.

Pervers?

»Wir wussten«, schreiben Sie über diesen Vergewaltigungsprozess, »dass wir unsere Unschuld verloren hatten und dass das keine Rolle spielte«.

Das ist nicht pervers, es ist auch nicht zynisch. Es ist eher traurig, der Verlust der Unschuld, der Beginn des Erwachsenseins. Und es spielte eben gar keine Rolle, wie es uns ging angesichts dessen, was dem Mädchen angetan wurde. Es gibt einen Satz von Aristoteles: »Der Beginn aller Wissenschaften ist das Erstaunen, dass die Dinge so sind, wie sie sind.« Das ist ein karger Blick auf die Wirklichkeit.

So ein schreckliches Verfahren zu gewinnen bedeutet nichts anderes, als seinen Beruf richtig auszuüben.

Sie klingen nun wie ein Technokrat – ohne Moral, ohne …

Wieder diese großen Begriffe des Herrn Luik. Die Aufgabe des Strafverteidigers ist einfacher. Nur wenn er sie richtig macht, geht es gerechter zu. Natürlich ist es scheußlich, so einen Prozess zu gewinnen, aber es ist ein Dilemma, aus dem es keinen Ausweg gibt. Es ist für den Anwalt schwer auszuhalten, es ist für die Gesellschaft schwer auszuhalten. Aber die Gesellschaft, unsere Demokratie, ist darauf angewiesen, dass der Anwalt genau das tut: seinen Beruf ordentlich machen.

Wenn ich jetzt mal frech sein darf …

Jetzt? Das sind Sie doch schon die ganze Zeit.

Ihr Opa, Baldur von Schirach …

... irgendwann musste das kommen ...

… der als Hitlers Helfershelfer und als Gauleiter von Wien Zehntausende von Juden in die KZs und damit in den Tod deportieren ließ, hat seinen Job auch einfach nur gut gemacht, ohne moralische Skrupel.

Entschuldigen Sie bitte, aber der Vergleich ist nun wirklich absurder Blödsinn. Baldur von Schirach war Teil eines verbrecherischen Systems, er wurde in Nürnberg verurteilt wegen Verbrechen gegen die Menschlichkeit. Das hat doch nichts mit einem Strafverteidiger in einem demokratischen Rechtsstaat zu tun.

Er machte das Böse im Auftrag des Staates, Sie verteidigen das Böse gegen den Staat.

Das war jetzt ein Übergang, wie er nur Ihnen einfallen kann. Ich verteidige nicht das Böse gegen den Staat. Ich verteidige Menschen, denen ein Verbrechen vorgeworfen wird. Wie stellen Sie sich das eigentlich vor? Prozesse ohne Verteidigung? Strafverteidigung ist eine Aufgabe, ohne die kein Rechtsstaat existieren könnte. Sie denken, meine Berufswahl habe etwas mit der Schuld meines Großvaters zu tun. Seine Schuld ist – wie jede menschliche Schuld – das, was man ihm persönlich vorwerfen kann. Sie ist individuell. Es geht um ihn. Seine Schuld hat nichts mit mir zu tun, weder mit meiner Berufswahl noch mit meinen Ansichten.

Der Name von Schirach, der …

Ja was denn? Ich trage mit meinem Namen Verantwortung, aber ich trage keine Schuld. Vielleicht gibt es ja etwas anderes, was meinen Großvater mit meinem Beruf verbindet: Ich sehe als Strafverteidiger dauernd Menschen, die schuldig wurden. Vermutlich gibt es nicht mehr viel, was mich bei einem Menschen überraschen könnte. Ich habe viel über Schuld nachgedacht, ich habe in Hunderten von Fällen gesehen, wie es zu Verbrechen kommt. Und natürlich habe ich dabei auch versucht, meinen Großvater zu begreifen. Im Übrigen kenne ich ihn ja kaum, ich hab ihn das letzte Mal gesehen, als ich sechs Jahre alt war.

Er war sicherlich ein netter Opa.

Sieht man von Ihren freundlich unterschwelligen Provokationen einmal ab, lieber Herr Luik, stimmt das. Ich habe an ihn die gleichen Erinnerungen, die Kinder mit sechs Jahren an ihren Großvater haben. Er war mit uns Kindern freundlich, aber das bedeutet natürlich rein gar nichts für seine Taten im »Dritten Reich«. Baldur von Schirach hat sich an den schlimmsten aller Verbrechen, den staatlichen Verbrechen beteiligt. Wenn der Staat zum Verbrecher wird, wird das Böse für alle auf fürchterliche Weise leichter möglich. Denken Sie an die Akademiker-Korps im »Dritten Reich«. Sie haben die schrecklichsten, die widerlichsten Morde begangen. Bildung und Bürgerlichkeit schützen vor nichts. Sie haben auch meinen Großvater vor nichts bewahrt.

»Nichts ist schneller«, heißt es in Lessings *Faustfragment*, »als der Übergang vom Guten zum Bösen.«

Ein schönes Zitat. Mein Beruf führt oft an die Abgründe der menschlichen Existenz. Gerade das »Dritte Reich« zeigt, dass all unsere Gesetze, unsere Kultur, alles, was wir erschaffen haben, alles, worauf wir stolz sind – uns doch nur einen Wimpernschlag vom Chaos trennen. Wir stehen immer an der Schwelle des Untergangs. Wir bewegen uns auf einer dünnen Eisschicht. Wir feiern Feste auf ihr, wir tanzen, aber das Eis kann brechen – und darunter ist es kalt, und man stirbt schnell.

Im Klartext: Jeder kann zum Mörder werden.

Ja.

Nein.

Es ist schön, dass Sie das noch glauben, aber leider stimmt es nicht. Verbrechen ist Teil unseres Menschseins. Wenn man Sie zur Raserei bringt, wenn man Sie am verletzlichsten Punkt herausfordert, wird alles plötzlich anders. Stellen Sie sich vor, Ihr Kind wird von drei Leuten vergewaltigt, es wird umgebracht – und Sie haben die Chance, einen von denen zu erwischen, dann ...

Sie plädieren nun für Selbstjustiz.

Wie kommen Sie darauf? Ich versuche Ihnen nur zu erklären, dass Sie unrecht haben. Ziemlich übergangslos, ganz plötzlich kann Ihr hübsches bürgerliches Leben sich in einer monströsen Straftat auflösen.

Und so entwickelt ein Feingeist wie Martin Walser ...

... ein wunderbar alemannischer Freigeist ...

... primitive Rachegedanken: Als der Literaturkritiker Reich-Ranicki ein Buch von ihm verreißt, notiert Walser in seinem »Tagebuch«, dass er ihm, wenn er »in Reichweite« kommt, »ins Gesicht schlagen werde«.

Es stimmt. Alles kann jederzeit und bei jedem reißen. Der französische Philosoph Althusser war über 60, als er seine Frau erwürgte. Der Firnis der Zivilisation ist seltsam dünn. Warum sollte Martin Walser, sollten Sie oder ich vor solchen Taten sicher sein?

Geschockt war die Nation, als am 11. März 2009 der 17-jährige Tim Kretschmer in seine Schule in Winnenden ging und 15 Menschen erschoss.

Die Jugendlichen, die hier oder in den USA diese Massaker machen, haben schwerste Defekte. Sie haben Tausende von Leichen im Fernsehen gesehen, sie haben unglaublich brutale Videospiele gespielt. Wieder und wieder. Sie verrohen. Ich kenne die Studien, natürlich kenne ich sie, die sagen, dass Fernsehen keine Gewalt produziert. Ich glaube ihnen nicht. Schauen Sie sich Kinder an. Wir Menschen ahmen nach, was wir sehen. Das war schon immer so.

Die Zahl der Gewalttaten nimmt seit Jahren ab.

Es geschehen überraschend wenige Verbrechen, wir leben trotz allem ziemlich zivilisiert miteinander. Es gibt auch – Gott sei Dank – nur selten Menschen, die morgens aufstehen und sagen: Heute begehe ich eine schwere Straftat. Die meisten Taten sind etwas ganz Kurzes, sie geschehen schnell, unvermittelt – ein Blick zwischen Eheleuten kann zu viel gewesen sein.

Es gibt ein Wort, das ich hasse: Familiendrama. Im Normalfall heißt es, der Mann hat alle anderen umgebracht.

Fast 80 Prozent der Tötungsdelikte geschehen in der Familie und im nächsten Freundeskreis. Besonders gefährlich sind die Tage der Freude: Weihnachten, Ostern, die Sonntage. Die meisten Ehepaare reden nur neun Minuten am Tag miteinander. An Festtagen oder im Urlaub sind sie plötzlich tagelang zusammen, sie sollen glücklich sein – aber sie können nichts miteinander anfangen, sie beginnen sich zu streiten, und irgendwann beginnt der Horror. Und da der Mann stärker ist, ist er im Vorteil.

Frauen töten nicht so häufig wie Männer.

Sie begehen allgemein viel weniger Straftaten. Aber bei Tötungsdelikten werden sie oft härter bestraft, denn sie haben ein Problem: Frauen können einem Mann kaum offen im Kampf gegenübertreten. Sie wären ihm unterlegen. Also töten sie mit Mitteln, die nicht sofort auffallen, zum Beispiel mit Gift. Oder sie erschlagen den Mann von hinten mit einer Eisenstange. Das Gesetz nennt so einen heimlichen Angriff »heimtückisch«. Das ist ein Mordmerkmal, also etwas, was den einfachen Totschlag zum Mord macht. Ihre körperliche Schwäche führt also dazu, dass sie eine höhere Strafe bekommen. Das ist ungerecht.

Die Polizei ist sehr stolz auf sich: So gut wie jeder Mord, sagt sie, wird hierzulande aufgeklärt. Der perfekte Mord ist also ein Mythos.

Meinen Sie? Ich würde eher sagen: Die Mörder, die verurteilt werden, sind Dilettanten, die alles falsch gemacht haben. Verbrecher lassen sich oft helfen von Leuten, die sie im Gefängnis kennengelernt haben. Das ist nicht sehr klug. Aber es gibt dauernd perfekte Morde. Auf jeden entdeckten Totschlag kommt ein unentdeckter. In den Haushalten passieren ständig tödliche »Unfälle« – warum bloß?

Wenn man Ihnen zuhört, kann man nur sagen: Es ist höchste Zeit, die Familie abzuschaffen.

Auf was für Ideen Sie kommen.

Oder in Schlafzimmern statt in U-Bahnen Überwachungskameras zu installieren!

Das wäre schon sehr komisch. Aber im Ernst: Kameras schützen nicht vor Verbrechen. Das Verbrechen, um es ganz deutlich zu sagen, ist ein Teil der Gesellschaft. Es gibt keine Gesellschaft ohne Verbrechen. Und es wird sie nie geben. Punkt.

Aber die Verbrechen, so scheint es, werden immer brutaler.

Ja, das kommt mir auch so vor. Wenn Jugendliche heute zuschlagen, schlagen sie härter zu, sie schlagen, bis der Kopf aufplatzt, sie schlagen auf jene ein, die schon am Boden liegen. Da scheinen die Hemmschwellen gesunken zu sein. In meiner Schulzeit war beim Schwitzkasten Schluss, heute geht es oft mit dem Baseballschläger weiter. Für mich ist das – nochmals – ein Ergebnis der Filme, des Fernsehens und der Videospiele. Aber ich mag die Politiker nicht, die rufen, es soll alles verboten werden. Das funktioniert nicht. Es reicht, wenn sich die Eltern ein wenig mehr um solche gefährdeten Kinder kümmern, beim Fernsehen mal die Austaste finden.

Sie leiden an der Moderne.

Das tue ich nicht. Ich beobachte nur, wie in der Gesellschaft das Ernsthafte abhandengekommen ist. Wenn Sie den Fernseher anmachen, sehen Sie, wie Frauen die Brüste operiert werden, wie verblödete Leute in Talkshows über die banalsten Dinge reden, wie sich Menschen freiwillig in ein Haus einsperren lassen, um dort den ganzen Tag zu duschen ...

Was ist denn Leben für Sie?

Ich lebe gern, aber man muss sich klarmachen, dass alles unbedeutend ist, was wir tun. Die Erkenntnis ist ja nicht gerade neu, aber man muss sich manchmal einen Moment zurücklehnen und darüber nachdenken. Somerset Maugham hat gesagt, es sei aus der Perspektive der Ewigkeit völlig gleichgültig, ob wir tausend Bücher lesen oder eine Million Ackerfurchen ziehen. Das stimmt. Es werden Filme gedreht, Bücher geschrieben, es wird geliebt, gehasst, gelebt und gestorben. Und obwohl alles ohne Sinn ist, kommt es am Ende doch nur darauf an, dass wir uns anständig benehmen. Mehr kann man dazu nicht sagen. Die Dinge sind, wie sie sind. Und manchmal begehen Menschen Dinge, die sie nicht tun sollten – Verbrechen.

Am Anfang waren es Einzelfälle, dann brachen immer mehr Opfer ihr Schweigen: Systematisch haben in der katholischen Kirche – aber auch in evangelischen oder weltlichen Internaten – Lehrer und Priester sich an Kindern vergangen.

Die Taten sind verjährt, niemand kann mehr strafrechtlich verfolgt werden. Daran lässt sich nichts ändern. Mich ärgert die Situation trotzdem. Es ist ein Witz, wenn die Kirche sagt, wir wollen alles aufklären. Solche Sätze kosten nichts. Wenn die Kirche es ernst meint, muss sie mehr tun.

Was denn – sagen Sie es!

Es gibt einen Unterschied zwischen Zivilrecht und Strafrecht. Beim Strafrecht geht es um Strafen, beim Zivilrecht geht es um Geld. Natürlich sind auch die zivilrechtlichen Ansprüche der Kinder gegen die Kirche verjährt. Aber trotzdem könnte man die Kirche verklagen – und sie zur Rechenschaft ziehen.

Wie soll das denn möglich sein?

Stellen Sie sich vor, dass Sie mir 100 Euro schulden. Ich hab Ihnen das Geld vor zehn Jahren geliehen. Jetzt will ich es zurück, aber Sie sagen: »Schirach, das ist viel zu lange her, die Sache ist verjährt, du bekommst nichts mehr!« Das Gericht gibt Ihnen recht, wenn Sie das sagen. Das, was Sie da sagen, nennt man »Einrede der Verjährung«. Der Witz ist nun, dass meine Ansprüche anders als im Strafrecht – nicht automatisch verjähren. Sie als mein Schuldner müssen sich erst darauf berufen. Tun Sie das nicht, darf das Gericht die Verjährung nicht beachten. Sehr gute Kaufleute, die langjährige Geschäftsbeziehungen haben, erheben diese Einrede nie. Es ist ihnen egal, ob etwas verjährt ist. Sie wollen, dass die Sache selbst entschieden wird. Sie wollen die Frage klären, ob der eine dem anderen wirklich Geld schuldet.

Wenn ich Sie richtig verstehe, müsste die Kirche also nur sagen: Wir berufen uns nicht auf die Verjährung.

Genau. Die Kirche muss öffentlich erklären, dass sie gegen keine zivilrechtliche Klage auf Schadensersatz und Schmerzensgeld, die aufgrund sexuellen Missbrauchs angestrengt wird, die Einrede der Verjährung erhebt. Dann wären, verkürzt gesagt, die Taten eben nicht verjährt. So einfach ist das. Die verletzten und vergewaltigten

Kinder, die heute erwachsen sind, könnten klagen. Ein Richter würde die Klagen prüfen. Es gäbe Urteile. Und nach meinen Erfahrungen helfen Urteile den Opfern. Das wäre endlich eine ehrliche Aufarbeitung: Aufklärung durch ein unabhängiges Gerichtsverfahren.

Warum sollte die Kirche sich darauf einlassen?

Weil es um Vertrauen geht. Um den Ruf. Die meisten Kirchenmitglieder sind aufrechte Menschen. Sie ekeln sich vor den Missbrauchsfällen. Sie leiden an ihrer Kirche. Wenn die Kirche und die Priester sich im Zivilrecht nun auf Verjährung berufen, würde das niemand mehr verstehen – am wenigsten die gläubigen Christen. Man könnte sogar noch einen Schritt weitergehen: Die Opfer könnten ihre Ansprüche an gemeinnützige Organisationen abtreten, sodass klar wird, dass es nur um die Urteile geht.

Oder um mal wieder ein großes Wort zu benutzen: um Gerechtigkeit.

Die Priester, die sich an den Kindern vergangen haben, müssten zwar nicht ins Gefängnis, aber sie wären Zeugen in den zivilrechtlichen Prozessen. Sie stünden unter Wahrheitspflicht, und sie müssten öffentlich aussagen.

Und das wären viele schöne Fälle für Sie: großer Auftritt. Große Bühne.

Sie irren sich. Ich bin Strafverteidiger und kein Zivilanwalt. Ich kann solche Fälle nicht übernehmen. Ich nehme aber an, dass nach unserem Gespräch solche Klagen gegen die Kirche erhoben werden. Beruft sie sich dann in den Verfahren auf Verjährung, wäre genau das der Skandal. Die einzelnen Anwälte müssen das öffentlich machen. Dann werden wir ja sehen, wie es mit den Aufklärungsbemühungen der Kirche wirklich steht. Das jetzt noch folgenlose Gequatsche würde plötzlich an Substanz gewinnen. In den USA war das so, in Boston haben die Opfer über eine Milliarde Dollar Entschädigung von der katholischen Kirche bekommen.

Herr von Schirach, Sie sind ein erfolgreicher Anwalt, und seit Kurzem auch noch das: ein erfolgreicher Schriftsteller. Ich nehme an, Sie sind stolz und sehr zufrieden.

Ich bin zufrieden, ich bin gern Anwalt, und ich schreibe gern.

Und als Anwalt bekommen Sie immer neuen Stoff für neue, gruslig-faszinierende Geschichten.
Dafür ist die Kanzlei herrlich, ja. Es war ein Zufall, dass ich zum Schreiben kam. Ich schlafe wenig, und irgendwann habe ich angefangen zu schreiben, nachts so zwischen vier und acht Uhr. Ich mag die Stille nachts, das Leuchten des Laptops, die Zigaretten, den Kaffee, dazu höre ich Bach, und ich schaue raus auf die S-Bahn. Und dann schreibe ich einfach.

Ferdinand von Schirach kommt aus einer Familie, die in der deutschen Geschichte Spuren hinterlassen hat: Einer seiner Vorfahren brachte 1781 das *Politische Journal* heraus, eine der ersten Zeitschriften Deutschlands. Sein Großvater Baldur von Schirach war Reichsjugendführer und als Gauleiter von Wien verantwortlich für die Deportation von Zehntausenden von Juden. Ferdinand von Schirach arbeitet seit 1994 als Strafverteidiger in Berlin, einer seiner ersten Mandanten: Politbüro-Mitglied Günter Schabowski. Seine spektakulärsten Kriminalfälle verarbeitet der Anwalt und »großartige Erzähler« *SPIEGEL* zu beklemmend-faszinierenden Kurzgeschichten. Viele Erzählungsbände »des außergewöhnlichen Stilisten« (*New York Times*) wie etwa *Verbrechen*, *Schuld*, die Romane *Der Fall Collini* und *Tabu* wurden internationale Bestseller. Sein Theaterstück »Terror« zählt zu den weltweit erfolgreichsten Dramen. Der vom Erfolg Verwöhnte wurde vielfach mit Literaturpreisen ausgezeichnet. Ferdinand von Schirach, 1964 in München geboren, lebt heute in Berlin. Zuletzt erschienen von ihm bei Luchterhand *Jeder Mensch* – ein Plädoyer, die Charta der europäischen Grundrechte zu erweitern.

Thomas Buergenthal

»Ich habe nur einmal an Rache gedacht, das war in Göttingen kurz nach dem Krieg. Ich stand auf dem Balkon unserer Wohnung, ich sah die Deutschen, wie sie am Sonntag fröhlich und lachend auf den Bürgersteigen flanierten. Ich dachte, da unten sind die Mörder meiner Familie! Sie lachen, sind fröhlich! Ist das gerecht? Ich hatte Sehnsucht nach einem MG.«

*»Ich spielte gegen Hitler,
die SS und die Krematorien.
Ich wollte gewinnen«*
(Den Haag, 2007)

Er war zehn Jahre alt, da hatte Thomas Buergenthal zwei Gettos, Auschwitz und den Todesmarsch in das KZ Sachsenhausen überlebt. Bei unserem Treffen im März 2007 ist Buergenthal Richter am Internationalen Gerichtshof in Den Haag, einer der angesehensten Juristen weltweit. »Ich bin ein Glückskind«, sagt er.

Herr Buergenthal, Sie waren zehn Jahre alt, da hätten Sie – wenn alles nach Plan gelaufen wäre – schon längst tot sein müssen: verhungert, erfroren, erschlagen, vergast, verbrannt hätten Sie sein sollen.

Das ist wahr. Ich bin immer noch erstaunt, dass ich lebe und hier in Den Haag als Richter am Internationalen Gerichtshof arbeiten kann, dass ich das Ghetto von Kielce, in dem fast täglich Menschen erschossen wurden, überlebt habe und ...

Im August 1942 wurde dieses Ghetto in Polen liquidiert, fast alle seiner 25 000 Juden kamen später in Treblinka um.

... danach mehrere Arbeitslager, Auschwitz-Birkenau und schließlich, das Schlimmste, im Januar '45 den Todesmarsch ins KZ Sachsenhausen. Ich habe überlebt, glaube ich, weil ich in dieser Hölle von meinen Eltern geschützt wurde und weil der Abstieg in diese Hölle ein paar Jahre dauerte. Ich wurde abgehärtet.

Sie waren ein Kind.

Vielleicht war das mein Glück. Kinder denken nicht so viel nach, sie akzeptieren die Situation. Das Leben mit Tod, Erschießungen, Erhängungen, Hunger, immer Hunger, Folter war für mich normal. Ich kannte nichts anderes. Ich vergleiche mich oft mit den Straßenkindern in Lateinamerika. Kinder sind schlau, sehr gerissen, sie haben einen ausgeprägten Überlebensinstinkt. Ich hatte gelernt, mich zu verstecken, nicht aufzufallen, mich unsichtbar zu machen – auch vor Mengele. Wenn Mengele in Auschwitz zur Selektion kam, ging das rum wie ein Lauffeuer. Er war der Tod, das wussten wir. Sein Name ließ mich erzittern, »Todesengel« nannten wir ihn. Ich wollte am Leben bleiben. Das Überleben war irgendwann ein Spiel für mich geworden, das ich gegen Hitler, die SS und die Krematorien spielte. Ich wollte gewinnen.

Sie haben gewonnen. Sie sind einer der angesehensten Richter – weltweit.

Und meine Arbeit macht mich sehr glücklich, dass ich mich für die Menschen- und Völkerrechte einsetzen kann – in Honduras, Salvador, Guatemala, und jetzt bei einem Grenzstreit zwischen Uganda und dem Kongo.

Sie sehen sich – trotz Ihrer Kindheit in Ghettos und Auschwitz –, wie der Titel Ihrer soeben erschienenen Autobiografie heißt, als *Glückskind*.

Ja. Mit zwölf konnte ich weder lesen noch schreiben. Ich war ein kleiner Junge, der nach seiner Befreiung mit polnischen Soldaten wie ein Erwachsener Wodka trinken konnte, ein Junge mit einer kleinen, blau eintätowierten Häftlingsnummer im linken Unterarm. Es ist ein Wunder, was ich in meinem zweiten Leben erreicht habe.

Dass Sie sich als Richter für Menschenrechte einsetzen, machen Sie das wegen Auschwitz?

Lange habe ich gedacht, dass meine Arbeit mit dem Holocaust nichts zu tun hat. Erst in den letzten Jahren fühle ich, dass meine Berufswahl wohl doch kein Zufall war. Auschwitz – obwohl ich nicht täglich daran denke – ist in mir. Ich hätte als Anwalt viel Geld verdienen können. Mich hat das nie interessiert.

Als Richter können Sie mehr, Sie können Opfer rächen.

Ich habe nur einmal an Rache gedacht, das war in Göttingen kurz nach dem Krieg. Ich stand auf dem Balkon unserer Wohnung, ich sah die Deutschen, wie sie am Sonntag fröhlich und lachend auf den Bürgersteigen flanierten. Ich dachte, da unten sind die Mörder meiner Familie! Sie lachen, sind fröhlich! Ist das gerecht? Ich hatte Sehnsucht nach einem MG. Heute schäme ich mich für diesen Gedanken. Rache hilft nicht. Recht hilft. Meine Arbeit hier sehe ich als einen Beitrag für eine gerechtere Welt. Ich mache sie aus Dankbarkeit heraus. Meine Menschenrechtsarbeit bin ich meinem verschwundenen Vater, meiner ermordeten Familie schuldig.

Sie selbst waren ein Opfer.

Und daher kann ich Opfer, nicht nur intellektuell, sondern auch gefühlsmäßig sehr gut verstehen, ich kann mich für die Opfer unserer Zeit besser einsetzen. Als ich vor ein paar Jahren die Flüchtlingskinder in Jugoslawien sah, sah ich mich auf den Straßen 1939 vor den deutschen Panzern, die Kinder sahen aus wie ich damals. Ich kannte ihre Angst. Manchmal frage ich mich bei all dem Leid: War der Holocaust nur ein Trainingslauf für andere Verbrechen?

Manchmal denke ich, dass aus dem Ruf »Nie wieder!« ein: »Nie wieder – bis zum nächsten Mal!« geworden ist.

Sie reden nun, als ob es seit Auschwitz keinen moralischen Fortschritt gegeben hat.

Doch, doch, ihn gibt es. Als Präsident des Inter-amerikanischen Gerichtshofs für Menschenrechte habe ich erreicht, dass die Regierung von Honduras Geld an Angehörige von Verschwundenen und Ermordeten, Opfer des Militärs, zahlen musste. Das macht Mut. Dennoch gibt es viele Gründe, die einen verzweifeln lassen könnten. Die Bilder vom Balkankrieg, diese Menschen, die da in Lager marschiert sind – sie erinnerten mich an den Todesmarsch von Auschwitz. Die Bilder von Abu Ghraib, die Bilder aus Guantanamo – sie wecken in mir Erinnerungen, ich sehe Ähnlichkeiten. Es ist bedrückend. Ich habe mit Überlebenden des El-Mozote Massakers in Salvador geredet – ich fühlte mich an die Liquidierung des Ghettos von Kielce zurückversetzt. Die Firnis der Zivilisation ist sehr dünn.

Ihr Land, die USA, ein demokratischer Staat, lässt plötzlich foltern, CIA-Greiftrupps eilen um die Welt, verhaften Terrorismus-Verdächtige, verschleppen sie und …

Nach den Anschlägen vom 11. September 2001 hat sich eine Hysterie entwickelt. Angst, wirklich große Angst macht mir diese enge Zusammenarbeit rechtsradikaler Religionen mit der konservativen Politik, so etwas hat es noch nie gegeben, ihr Einfluss ist enorm. Auch die Fahnen, die plötzlich überall aufgetaucht sind, diese Fähnchen an den Revers der Sakkos ärgern mich – sie zeigen eine gefährliche Verengung des Denkens. Aber ich bleibe optimistisch – das gute Amerika kommt wieder raus. Man darf nicht verzweifeln, eine bessere Welt ist möglich.

Kennen Sie den Schwur der KZ-Häftlinge von Buchenwald?

Nein.

»Der Aufbau einer neuen Welt«, schworen sich die Überlebenden, »des Friedens und der Freiheit ist unser Ziel. Das sind wir unseren Kameraden und ihren Angehörigen schuldig.«

So empfinde ich das auch. Meine Auschwitz-Nummer hier im Arm ist für mich eine Verpflichtung, sich für Menschenrechte einzusetzen. Diese bläulich verwaschene Nummer hier.

B 2930. Wie war das, als diese Nummer in Ihren Unterarm eingestempelt wurde?
Das ging unheimlich schnell. Da stand ein Mensch, der hatte eine Nadel in der Hand – fertig. Ich kann diese Nummer nicht abwaschen, manchmal benutze ich sie als Passwort für meinen Computer.
Sie klingen verblüffend entspannt. Sie lachen sogar.
Ich bin stolz auf diese Nummer. Sie ist mein Leben. Sie wird immer da sein, wenn sie nun auch etwas verblasst ist, wie meine eigenen Holocaust-Erinnerungen. Manchmal denke ich, das ist auch gut so, dass diese Erinnerungen verblassen. Vielleicht war dies sogar meine Rettung, denn hätte ich all meine Ängste, meine Albträume, das Schreien der Menschen, die in die Gaskammern getrieben wurden, immer mit mir herumgetragen, hätte ich kaum ohne seelische Verstümmelungen überlebt.
Wie? Sie sagen: Man soll Auschwitz vergessen?
Nein, natürlich nicht. 6 Millionen Menschen wurden umgebracht, eine unbegreifbare Zahl. Wie kann man etwas vermitteln, was die Vorstellungskraft sprengt? Verständlich wird sie nur in Einzelschicksalen, deswegen habe ich mein Buch geschrieben. Ich habe es vor allem für meine Kinder getan, ich habe es ja nie geschafft, ihnen alles zu erzählen und, und, und ...
Und?
Ich bin enttäuscht. Sie haben es nicht gelesen. Meine Frau meint, es sei für sie zu schwer zu sehen, was ihre Familie mitgemacht hat. Vielleicht lesen sie es nach meinem Tod.
Warum haben Sie mit diesem Buch über 60 Jahre gewartet?
Ich war vorher nicht bereit. Ich habe in den 50ern etwas über den Todesmarsch geschrieben, meine Kommilitonen in Amerika ...
... Sie waren 1951 nach New York ausgewandert ...
... ja, weil ich mich in Deutschland fremd fühlte. Meine Kommilitonen hielten mein Erlebtes für eine Fiktion, eine makabre Erfindung. Sie konnten sich nicht vorstellen, dass Menschen tagelang in Viehwaggons vegetierten, verhungerten, durchdrehten, die Köpfe an den Wänden kaputtschlugen, völlig irre wurden, qualvoll krepierten. Niemand – das war wie in Deutschland – wollte damals

etwas über Auschwitz wissen, doch ich wusste immer: Eines Tages werde ich alles aufschreiben. Es wäre eine Schande, wenn ich ohne dieses Buch gestorben wäre.

Denn Ihr Leiden hätte für Sie keinen Sinn ergeben?

Ja, der Sinn ist: erinnern. Hoffen, für die Zukunft solches Leid zu verhindern. Jetzt ist das Buch aus mir rausgeflossen, einfach so – obwohl ich so vieles nicht in Worte fassen konnte. Manchmal hätte ich mir die Poesie und die Kraft eines Dichters gewünscht. Aber ich bin zufrieden.

Ihr Leben erinnert an Roberto Beninis KZ-Komödie »Das Leben ist schön«.

Tatsächlich? Freunde von mir sagten, das sei ein »schöner Film«, ich solle ihn anschauen. Ich ging ins Kino, und ich wusste nicht, was auf mich zukommt. Plötzlich sah ich Uniformen, die Transporte, die Züge. Ich sagte zu meiner Frau: »Ich muss raus. Ich kann das nicht ansehen!«

Sie können über Auschwitz reden, aber …

… ich habe noch keinen Film gesehen, keine Dokumentation, kein Buch, nichts über Auschwitz gelesen, nichts. Ich kann es nicht. Ich war Vorsitzender der von Präsident Carter einberufenen Holocaust-Kommission, ich war im Kuratorium für das Holocaust-Museum in Washington. Aber als eine Journalistin mich bat, allein mit ihr durch das Holocaust-Museum zu gehen, habe ich es abgelehnt. Ich habe das Museum noch nie betreten.

Aber nach Auschwitz sind Sie zurückgekehrt?

Es hat über 50 Jahre gedauert. Und das heutige Auschwitz ist nicht mein Auschwitz. Man erkennt das Leid nicht, kann nicht erahnen, wie furchtbar es damals war, man hört nicht die Schreie aus den Gaskammern, das Bellen der Hunde, die Kommandos. Heute blühen dort Blumen, es singen Vögel – ich habe in Auschwitz nie Vögel gehört, die gab es nicht, die flohen vor dem Geruch. Wenn die Transporte kamen, hing rötlich-brauner Rauch über dem Lager, der aus den Schornsteinen der Krematorien quoll. Es stank nach verbranntem Fleisch.

Wie war das, als Sie ins Lager kamen?

Es war der 1. August 1944, ein warmer sonniger Morgen. Der Zug fuhr langsam, er brauchte lange, bis er zur Rampe hinkam. Draußen waren Sträflinge, die Ziegelsteine hin- und herschleppten, die Sträflinge waren erschreckend dürr, aber wir riefen ganz glücklich: »Da leben ja Menschen! Die bringen uns nicht um!« Ein Selbstbetrug.

Einmal überlebten Sie, weil es für die Deutschen zu teuer war, wegen Ihnen die Öfen anzumachen.

Es war der Tag, an dem ich meinen Vater zum letzten Mal sah. Ein Arzt winkte ihn zur linken, mich zu rechten Seite, mit einem Tritt warf er meinen Vater aus der Baracke hinaus. Ich kam in die Krankenbaracke zu den »Muselmännern«, also den Schwachen, den Kranken, den Alten. Es waren so 20, 30 Leute. Die hatten alle mit dem Leben abgeschlossen, sich ihrem Schicksal ergeben, ich aber nicht. Wir wussten, dass jetzt die Gaskammer auf uns wartete. Ich wollte zu meinem Vater zurück, ich musste also entkommen, und ich sah, dass in der Baracke ein Schlupfloch war, ich musste nur einen Draht aufbiegen. Das schaffte ich. Mit einem Satz war ich draußen, hinter mir schrien die anderen Häftlinge, dass ich geflohen sei. Ich wurde geschnappt, geschlagen. Ich floh noch zweimal, wieder schrien einige Häftlinge, und ich wurde wieder geschnappt, wieder geschlagen.

Und Sie wussten, dass Sie nun sterben würden?

Ja. Ich hatte erst eine schrecklich Wut auf meine Mithäftlinge. Aber plötzlich wurde ich ganz ruhig, plötzlich hatte ich auch keine Angst mehr. Auf einmal war eine wunderbare Wärme – ich spüre sie jetzt wieder, wenn ich mit Ihnen darüber rede – in meinem Körper, ein schönes Gefühl. Ich war zehn Jahre alt, und ich hatte keine Angst mehr zu sterben. Ich starb an jenem Tag nicht, weil unsere Gruppe so klein war, und die SS es für eine Energieverschwendung hielt, einen der Öfen für uns anzuheizen.

War das ein SS-Mann gewesen, der Sie bei Ihrem Fluchtversuch eingefangen hatte?

Es waren Mithäftlinge. Das sagt auch etwas über die Menschheit aus.

Ein Überlebender des KZ Dachau sagte zu mir: »Sie haben uns zu Ratten gemacht.«

Um sich zu retten, um ein Stück Brot zu bekommen, machen die Menschen Unfassbares. Die Not bringt im Menschen oft das Schlechteste hervor.

Der italienische Schriftsteller Primo Levi, der deshalb auch von der Scham der Überlebenden sprach, brachte eine düstere Erkenntnis aus Auschwitz mit: »Jeder ist der Kain seines Bruder, jeder von uns hat seinen nächsten verdrängt und lebt an seiner statt.«

Nein. Ich habe mich nie für mein Überleben geschämt. Ich verurteile niemand – auch wenn mir Brot gestohlen wurde. Das erwartete ich. Man wollte überleben, verzweifelt überleben. Im KZ wurden deshalb viele üble Dinge von Häftlingen selbst erledigt.

Der polnische Student Tadeusz Borowski war im Untergrund verhaftet worden, er war einer der ersten, der über sein Auschwitz-Überleben schrieb – er schildert ein Gespräch zwischen Häftlingen eines Sonderkommandos am Krematorium: »Wir haben uns eine neue Methode der Verbrennung im Kamin ausgedacht. Weißt du wie? Es geht so: Wir nehmen vier Kinder, binden sie an den Haaren zusammen und stecken die Haare an. Das geht dann von selbst und ist gemacht.«

Der Mensch ist zu allem fähig – auch heute noch, trotz Auschwitz. Mich erstaunt da nichts. Die Menschlichkeit ist immer gefährdet. Helden gibt es selten.

Aber es gibt sie?

Ja. Aus der Krankenbaracke hat mich ein polnischer Arzt gerettet, indem er meine Kennkarte zerrissen hat und mir eine neue ausstellte. Das war tapfer. Warum haben manche Menschen die moralische Kraft, ihren Anstand und Würde zu bewahren, egal, was es kostet? Warum werden andere zu Gewalttätern? Als Richter frage ich mich, was treibt uns Menschen, so grausam zu handeln?

Ich weiß es nicht.

Ich habe auch keine Antwort. Erschreckend ist, dass wir Menschen so einfach das Blut unserer Mitmenschen von den Händen waschen können. Das Erschreckende ist auch, dass es meist keine Sadisten sind, die die furchtbarsten Taten begehen.

Hannah Arendt sprach von der »Banalität des Bösen«, dass etwa Karl Adolf Eichmann, der den Mord an Millionen organisiert hatte, »kein MacBeth« gewesen sei.

Sie hat wohl recht. Was in Deutschland geschehen ist, später in Kambodscha, in Ruanda – Mord und Totschlag, Völkermord, begehen oft ganz gewöhnliche Menschen, Familienväter, die abends nach Hause eilen zu ihren Lieben, sich die Hände waschen, sich zu ihren Kindern zum Abendessen an den Tisch setzen, als ob ihr Schlachten ein Job wie jeder andere sei. In Auschwitz gab es Leute, die haben die Todeslisten wie Buchhalter ausgefüllt, Tag für Tag, Ziffern, Nummern, Namen – für sie eine normale Arbeit, die sie akribisch erfüllten, aber hinter diesen Zahlen waren Menschen, die ermordet wurden.

Tadeuzs Borowski beschrieb Auschwitz als eine ins Absurde gekippte Normalität. Er spielte Fußball und »zwischen zwei Eckbällen hatte man hinter meinem Rücken 3 000 Menschen vergast«.

Ja, so war es, und man kann es nicht erklären. Ein paar organisieren die Tat, viele machen mit aus Angst, aus Ehrgeiz, weil sie sich eine bessere Position versprechen. Aber gleichzeitig gibt es immer Menschen, die nicht so tief sinken – das schafft Hoffnung.

Glaube – hat er Ihnen in Augenblicken der Verzweiflung geholfen?

Nein, denn ich glaube nicht. Zwar habe ich manchmal in Auschwitz aufgestöhnt: »Mein Gott!« Aber in mir war immer die Frage, und darüber habe ich später viel nachgedacht: Wie konnte ein liebender Gott das zulassen? Ein liebender Gott hätte Auschwitz nicht zugelassen. Der Glaube hat meiner Familie nicht geholfen, nicht meinem Vater, nicht meiner Großmutter, nicht meinem Großvater.

In allem Schmerz – was war für Sie das Bewegendste in Ihrem Leben?

Der 29. 12. 1946, der Tag, an dem ich nach Göttingen kam. Meine Mutter war in Auschwitz von mir getrennt worden, ich hatte immer gehofft, sie einmal wiederzusehen, aber ich hatte natürlich befürchtet, dass sie ermordet worden war. Nach dem Krieg war ich in einem Waisenhaus in Warschau, durch Zufall und Glück erfuhr meine Mutter von meinem Überleben, sie schrieb nach Warschau. Ich kam mit dem Zug nach Göttingen. Meine Mutter stand auf dem

Bahnsteig, sie suchte nervös, aufgeregt den einlaufenden Zug nach mir ab. Ich kann nicht weiterreden, Sie sehen, mir kommen die Tränen, ich muss heulen ... meine Mutter stand da, Mutti, ich sprang aus dem noch fahrenden Zug, wir umarmten uns, immer wieder. Der Krieg war nun für uns vorbei. Ich durfte jetzt Kind sein – zum ersten Mal. »Und Papa?«, fragte ich. Sie schüttelte den Kopf und weinte.

Thomas Buergenthal wurde 1934 im slowakischen L'ubochna geboren, wohin seine Eltern 1933 aus Berlin kurz vor Hitlers Ernennung zum Reichskanzler geflohen waren. 1945, sein Vater war in Auschwitz ermordet worden, wurde er von polnischen Soldaten aus dem KZ Sachsenhausen befreit. Als ihn seine Mutter nach dem Krieg durch einen Zufall wiederfand, konnte er weder lesen noch schreiben. Buergenthal ging in Göttingen zur Schule, aber er hielt es im Land der Täter und Mitläufer nicht aus, er wanderte in die USA aus, studierte und promovierte in Harvard. In den 50ern beschrieb Buergenthal in einer kurzen Geschichte seinen fürchterlichen Hungermarsch ins KZ-Sachsenhausen – er fand in den USA keinen Verleger, keine Zeitung, die sie druckte, niemand interessierte im Kalten Krieg diese jüdische Leidensgeschichte des Zeitzeugen. Buergenthal war von 2000 bis 2010 Richter am Internationalen Gerichtshof in Den Haag, danach lehrte er an der Universität von Washington. Buergenthal ist dann doch noch vielfach ausgezeichnet worden, u.a. mit der Ehrendoktorwürde von Heidelberg, Göttingens Stadtbibliothek trägt seinen Namen.

Ina Müller

»Wir hatten immer drei Schweinchen, und auch die hatten ihre Namen, wir spielten immer mit denen, wir mochten sie sehr, sie waren unsere Freunde. Aber es war auch klar, dass wir sie töten und essen werden. Das war einfach so. Dann hing das Schwein da, der Hals wurde aufgeschnitten, dann kam es in den Trog, die Borsten wurden abgeschabt – chchchchch, dieses Schabgeräusch habe ich noch immer im Ohr. Dann kamen die Tanten, die Nachbarsfrauen, die Kessel dampften und ...«

Nach dem Gespräch: Ina Müller und Arno Luik.

»Früher wollten alle
Sex mit mir.
Jetzt wollen sie nur noch
in meine Sendung«
(Sylt, 2014)

Schnodderschnauze. Rampensau. Ina Müller bringt Männer und Frauen in Wallung, oft mit derben Scherzen und frechen Sprüchen. Aber sie kann auch anders, wie ich bei diesem Gespräch erfuhr: zum Beispiel sehr ernsthaft über das Sterben reden.

Nackig in der Nordsee könnte ich jetzt schwimmen, drüben am Strand sein, vier, fünf Stunden unterm Schirm in den Dünen liegen, Eis essen, aber nun sitze ich hier, ich opfere Ihnen jetzt diesen herrlichen Tag, ist Ihnen das eigentlich klar, dass ich Ihnen einen Strandtag schenke? Also kurzer Applaus für mich, bitte.

Applaus!

Danke, danke! Ich hab schon lange keine Interviews mehr gemacht, ich habe, ehrlich gesagt, auch wenig Lust dazu, eigentlich immer weniger. Je mehr man sich aus allem heraushält, umso ungestörter ...

Frau Müller, Sie ...

Gestern war ich mit Freunden essen, und es liefen Urlauber an mir vorbei, und plötzlich fingen sie an, mit ihren Handys auf mich draufzuhalten, als wäre ich Knut, der Eisbär. Ich sag nur: »Knut ist auch totfotografiert worden.« Das weiß nur keiner. Die Zeit, als es keine Handys gab, war schön. Wenn ich meine Privatsphäre haben will, muss ich die mir bewusst suchen, wie jetzt hier im Garten hinter Hecken.

Sie, Frau Müller, haben sich doch mächtig angestrengt, um berühmt und bekannt zu werden, Sie sind auf die Bühne – jahrelang sind Sie an 200 Tagen im Jahr aufgetreten.

Zehn Jahre lang. Das war die sogenannte Milchkannentour. Aber ich habe doch nie Musik gemacht oder bin ins Fernsehen, um bekannt zu werden. Ich hab einfach meiner Leidenschaft nachgegeben. Ich singe einfach gern. Es war für mich auch die Alternative zu meiner Arbeit in der Apotheke. Und dass ich jetzt mit meinen Konzerten eine Größe bespiele, die ich nie und nimmer erwartet hätte – das ist einfach schön.

Ich habe Ihnen eine Fotografie mitgebracht. Sie zeigt ein kleines Mädchen, das mit seinem Chor singen soll.

Lassen Sie mich mal sehen. Oh, mein Gott! Das arme Ding!

Sie will auf der Bühne alles geben – und übergibt sich dort.

Das arme Ding! Diesen Augenblick wird es nie vergessen. Die Bühne macht Angst. Schweißausbrüche. Aufregung. Lampenfieber. Ich kenn das alles. Aber ich habe noch nie auf die Bühne gekotzt. Ich habe immer Angst, dass mir die Konzentration flöten geht. Ich bin da traumatisiert. Ich weiß, was ein »Hänger« ist. Als Kind, ich war sieben, musste ich bei einem Richtfest ein Gedicht aufsagen. Mein Vater stand oben auf dem Richtfest-Dach, ich stand unten, und mir fiel nix mehr ein. Blackout. Mein Vater schrie: »Nimm doch den Zettel! Nimm den Zettel, du dummes Ding!« Nur, ich hatte auch den Zettel vergessen. Seitdem habe ich Versagensängste. Deswegen bin ich sehr penibel im Üben geworden, ich gehe nur gut vorbereitet vor die Kamera oder auf die Bühne, ich habe überall so kleine Hilfen dabei. Das muss ich haben, sonst könnte ich vor Aufregung nicht schlafen.

Den Drang zur Bühne hat der verstorbene Günter Thews von der Kabarettgruppe »Die drei Tornados« ...

Die waren gut!

... mit »dieser elendigen Eitelkeit« erklärt und auch deswegen, »weil ich geliebt werden wollte«.

Nein.

»Deswegen bin ich immer wieder auf die Bühne«, sagt Thews, »ich wollte diesen Beifall, verzehrte mich nach den Streicheleinheiten«. Dieses Gefühl sei »so groß, dass dir die eigene Frau, der eigene Freund nicht mehr ausreicht«.

Das trifft für mich nicht zu. Irgendjemand hat mal sinngemäß gesagt: »Wer sich einen Beruf sucht, der wirklich Spaß macht, muss nie wieder arbeiten.« Ich habe einen Beruf, der mir richtig Spaß macht!

Und Sie haben gleichzeitig eine Wahnsinnsangst.

Nämlich?

Sie haben, sagten Sie mal, »immer die Wahnsinnsangst, plötzlich tot auf der Bühne umzufallen«.

Das stimmt, denn das wäre sehr unschön. Sterben ist ein sehr intimer Moment. Ich beschäftige mich viel mit dem Tod. Früher dachte ich, man stirbt, wenn man alt ist. Aber das stimmt leider nicht. Es kann einen jederzeit treffen, in der Dusche. Das Wasser läuft weiter, man liegt da, kann den Bauch nicht mehr einziehen und sich nicht mehr selber richtig in Form bringen und präparieren für den Moment des Abtransports, oh Gott.

Mir fällt gerade eine Grabinschrift für Sie ein.
Sie! Eine für mich! Unverschämt!
Ich finde, das würde für Sie doch passen: »Irgendwo sabbelt sie weiter«.
Glauben Sie etwa an ein Leben nach dem Tod? Ich würde draufschreiben: »Endlich Ruhe«.
Sie sind auf eine besondere Weise unsterblich, Sie werden weiterleben als endlose TV-Wiederholung.
Ich denke zwei, drei Tage nach meinem Tod, und dann so nachts um zwölf, würde mich der NDR weitersabbeln lassen, sie würden nochmals das Beste von mir zeigen, ein bisschen schade, dass ich das dann nicht mehr mitkriege. Diese ganze Sache mit dem Altern, dem Zerfall – das ist nicht gut geregelt. Aber den Tod an sich finde ich spannend, und ich wünsche mir, dass das Thema endlich aus der Tabukiste geholt wird.
Was meinen Sie damit?
Ich wünsche mir, dass in Deutschland endlich jeder Mensch das Recht haben sollte, selber zu bestimmen, wann für ihn Schluss ist. Ich finde, man muss über Sterbehilfe reden. Jeder Mensch sollte das Recht haben zu sterben, wann er will.
Ja?
Ja! Vielleicht müsste jeder Mensch bei der Geburt als Geschenk so eine kleine Halskette mit einer Zyankalikapsel bekommen? Wenn er sie braucht, soll er sie einsetzen.
Vielleicht würden dann zu oft die Falschen sterben?
Wahrscheinlich. Ich selbst würde meine Kapseln ja auch anderen unterschieben. Man trifft ja immer so ein, zwei Arschlöcher, denen man gerne eine Zyankalikapsel zwischen die Zähne klemmen möchte. Ich gebe zu, ich habe das alles auch noch nicht so richtig zu Ende gedacht. Auf jeden Fall gäbe es ganz neue Dialoge in deutschen Wohnzimmern: »Hildegard, dein Kuchen ist vorzüglich, aber hast du vielleicht irgendwo meine Kette geseh…, röchel, röchel.«

Ich brauche die Illusion, sagt der Regisseur Claus Peymann, »mit dem, was ich tue, zur Veränderung der Gesellschaft in einem moralischen Sinne beizutragen«.
Ein Satz für eine Kapsel, aber subito. Ich kann mit solch hehrem Anspruch nix anfangen. Wenn mir jemand erklären will, wie die Welt zu sein hat, werde ich zum Tier. Ich habe eine andere Aufgabe: Ich bin der Clown, und ich unterhalte Menschen. Und ich möchte, dass sie sich bei mir nicht langweilen. Punkt.
Und so diskutieren Sie in »Inas Nacht« mit Hellmuth Karasek über den Zusammenhang zwischen Penis- und Nasenlänge.
Ja, ist doch lustig. Hat er ganz gerne gemacht, glaube ich.
Der alte Professor wurde ganz rot hinter den Ohren, wirkte verwirrt.
Quatsch, nee.
Und dann sangen Sie mit ihm »Unforgetable« – wer das hörte, wird nie mehr vergessen, wie Karasek sich da schwäbelnd-irgendwie-englisch brummend abmühte.
Mir gefiel das. Er kann nicht singen, das wusste und sagte er auch. Es war für uns alle ein wunderbarer Abend – und Karasek roch so gut.
Er roch so gut?
Ja. Alten Männern wirft man oft vor, dass sie nach altem Hund riechen. Aber Karasek hat mich eines Besseren belehrt.
Sind Sie eigentlich froh, dass Sie keine Kinder haben?
Wie kommen Sie darauf? Weil die dann eine schlimme Mutter hätten, die so schlimme Dinge im Fernsehen macht?
Nein. Bei der Fußball-Europameisterschaft 2012 sagten Sie, es habe Vorteile, keine Kinder zu haben, sonst müssten Sie jetzt womöglich auch »diese blöden Fahnen raushängen«, dieses Schwarz-Rot-Gold.
Also die Vorstellung, dass ich als Mutti, um kein Spielverderber zu sein, mit der Deutschlandfahne am Auto rumfahren müsste, finde ich sehr unangenehm. Meinen Körper stößt das ab, wenn Menschen ihr Land feiern, wenn die Fahne geschwungen wird, egal warum.

Das müssen Sie erklären.
Ich kann das rational nicht richtig erklären, aber das Gefühl, das dann in mir hochkommt, ist kurz vor Kotzen.
Hoppala. Fast alle sind begeistert über diese Fähnchen überall, diesen neuen – wie es heißt – entspannten Nationalstolz.
Ich nicht. Man kann seine Heimat lieben. Aber ich kann doch nicht stolz sein, ein Deutscher zu sein! Zufällig hatten die Eltern Sex, und man wurde zufällig in dieses Land geboren, darauf kann man doch nicht stolz sein. Und wir haben dazu noch eine besondere Geschichte, eine Verantwortung, die man noch an Generationen weitergeben muss.
Der Clown wird nun ernst.
Ja, da wird der Clown sehr ernst. Und wenn der Clown dann noch den Gaucho-Tanz sieht …
Sie meinen, wie die deutschen Nationalspieler neulich in Berlin ihren WM-Sieg feierten – gebückt gehen die Argentinier, aber aufrecht die Deutschen.
… dann muss der Clown den Fernseher ausmachen. Ich habe mich geschämt. Ich habe mich auch über dieses »die Deutschen« geärgert. Ich bin auch eine Deutsche, aber so gehe ich nicht, so verhalte ich mich nicht, und so denke ich nicht.
Vorgestern habe ich mir Köhlen angeschaut, Ihren Geburtsort.
Sind Sie bescheuert?
Ja, klar. Köhlen ist wirklich ein Kaff, ein paar Hundert Einwohner, ödes Flachland, das Spannendste sind Windräder und Kühe, die mürrisch im Morast versinken.
Entschuldigung, ich darf das so sagen, aber Sie dürfen nicht so über mein Dorf reden!
Warum denn nicht?
Das tut mir weh.
Oh.
Ja. Die Gegend dort ist nun mal hart, dieses Marschland. Ich glaube, dass das ganze Gebiet nur zum Durchreisen gedacht war. Aber als die Ureinwohner bei ihrer Durchreise dann mit ihren Kutschen im Matsch stecken blieben und weil es ihnen bald langweilig auf ihren Kutschen wurde, es außerdem kalt und windig war und es auch

noch keinen ADAC gab, der ihnen weiterhalf, hatten sie viel Zeit, und dann machten sie halt Sex und – schwups! – war da ein Dorf.

Das sagt die Ehrenbürgerin von Köhlen.

Die Köhlener würden mir recht geben, und sie wissen ja auch, dass ich vieles dort sehr mag. Die Heimat ist in mir. Gerade auch die Sprache. Plattdeutsch. Und ganz am Anfang meiner Karriere war es mir sehr wichtig, was mein Dorf über mich denkt. Sie sollten das ganz toll finden, was ich mache, und stolz auf mich sein.

Könnten Sie zurück in Ihr Dorf?

Nein. Das Landleben ist für mich zu reizarm. Ich brauche die Stadt. So wie ich aufgewachsen bin, können Sie das Land auch nicht verklären. Ich hatte dort zu wenig Eindrücke.

Eindrücke? Was meinen Sie damit?

Es war einfach nichts los im Dorf. Da gab es nix, was die Synapsen erregt hätte. Es gab ein paar Trecker und einige Kühe, ein paar Jungs, die einen im Dunkeln erschreckten, sonst nichts. Nachts lag ich in meinem Bett, das ich mit einer meiner Schwestern teilte, und bin hin- und hergeschaukelt, auch mit dem Kopf. Ich hatte das Gefühl, wenn ich das Gehirn ein bisschen rhythmisch gegen die Schädeldecke schlage, dann ist das entspannend.

Das klingt nach Hospitalismus.

Das ist ein schreckliches Wort. Es tat ja nicht weh, und es war auch nicht schädlich. Ich war einfach süchtig nach diesem Schaukeln. Es entspannte mich und regte mein Gehirn an. Ein befreiendes Gefühl. Von meinem 3. bis zum 14. Lebensjahr bin ich im Bett so hin- und hergewüppelt.

Nach welchen Werten sind Sie erzogen worden?

Bei uns auf dem Bauernhof sind wir wenig erzogen worden. Man lief mit, und man überlebte. Wenn ich heute am Strand mitkriege, wie die Kinder betütert werden, wie wenig Grenzen sie haben, staune ich. Mit ihren Hunden machen die Eltern es richtig, sie sagen »stopp«, sie sagen »halt«, da sind klare Regeln. Heute wird das vierjährige Kind vorsichtig gefragt: »Was möchtest du essen, Schatz?« Setzt dem doch einfach mal Spinat mit Rührei vor, verdammt.

Sie hatten als Kind Pflichten.

Im Sommer sind wir vor der Schule, morgens um halb sechs, mit dem Trecker, einem Deutz, auf die Wiesen zum Melken gefahren. Meine Schwestern, der Hund und ich saßen auf dem Melkwagen und ...

Ein idyllisches Bild.

Na ja, sooo romantisch ist das nicht. Wir trieben dann die Kühe an die Melkmaschine. Ich kann super melken – mit der Hand, mit der Maschine, mir macht da keiner etwas vor. Es war oft hart, ein ständiges Arbeiten, ein 60-Hektar-Hof, Kartoffeln, Getreide, alles, Katzen, Kühe, und die hatten alle ihre Namen. Wenn heute eine Mutter ihrem Kind zuruft: »Lena, komm her!« – da habe ich sofort unsere Kuh vor Augen.

Bei uns auf dem Land, einem Dorf auf der Schwäbischen Alb ...

Darf ich Ihnen sagen, dass ich Sächsisch und Schwäbisch überhaupt nicht sexy finde!

Sächsisch isch blöd, do hennd Se scho recht, aber Schwäbisch isch doch schön!

Nein.

Doch.

Nein!

Egal, bei uns im Dorf war die Hausschlachtung immer ein Fest.

Für uns sogar der Blockbuster! Wir hatten immer drei Schweinchen, auch die hatten ihre Namen, wir spielten immer mit denen, wir mochten sie sehr, sie waren unsere Freunde. Aber es war auch klar, dass wir sie töten und essen werden. Das war einfach so. Dann hing das Schwein da, der Hals wurde aufgeschnitten, dann kam es in den Trog, die Borsten wurden abgeschabt – chchchchch, dieses Schabgeräusch habe ich noch immer im Ohr. Dann kamen die Tanten, die Nachbarsfrauen, die Kessel dampften, und einen ganzen Tag lang wurde Wurst gemacht, von morgens bis abends, das Blut wurde gerührt, dass es nicht verklumpt, alles wurde verwertet. Abends gab es dann das frisch geschlachtete Fleisch und die Blutsuppe. Es gab so Rituale, der Chef, also mein Vater, bekam das Begehrteste, die Innereien: Herz, Hirn, Leber.

Und heute ist dieses Landleben ganz weit weg.

Es ist weit weg, ja.

Heute stehen Sie als Star ...

Sie wollen mich jetzt provozieren! Was soll das?

Wieso provoziere ich Sie denn? Sie sind doch ein Star.

Ich bin kein Star, dieses Wort ist albern!

Ob Star oder nicht, Sie stehen immer wieder auf dem roten Teppich, werfen sich in Positur – und die Fotografen brüllen und rangeln. Das hat den Charme einer Viehauktion.

Mein Landleben ist zwar weit weg, aber die Vergangenheit sitzt tief in mir. Und eines bin ich ganz gewiss nicht: roter Teppich. Mit der Viehauktion haben Sie recht, obwohl auf der Viehauktion vor allem Leistung gefragt ist: Wie viel Milch gibt die Kuh? Ist der Knochenbau robust? Andererseits: Ist es auf diesem roten Teppich so sehr anders? Ich bekomme ja ständig Einladungen, Anfragen für Werbung, für dies und das, aber ich sag fast alles ab. Ich gehe nur dahin, wo ich wirklich sein will. Ich lasse mich nicht von der Kohle verführen.

Natürlich nicht.

Nein.

Aber Geld hat doch auch für Sie eine Verführungskraft?

Ich sage ja nicht, Geld interessiert mich nicht. Geld verdienen macht Spaß. Ich will ja auch leben, reisen, schöne Dinge kaufen. Und ich weiß ja nicht, wie lange ich noch singen kann oder wie lange man mich noch im Fernsehen sehen will. Vielleicht kommt plötzlich der NDR und sagt: »Wir haben jetzt jemand anderen für deine Sendung!« Manchmal moderiere ich, was sogar Spaß macht, also auch Galas und ...

... kriege dafür 20000 Euro?

Sind Sie wahnsinnig? Glauben Sie, dass ich so blöd bin und darauf jetzt antworte?

Anke Engelke hatte am Anfang ihrer Karriere, wie sie mir mal sagte, »permanent ein schlechtes Gewissen«, denn »meine Eltern sind

fleißige Leute. Und plötzlich verdiene ich mehr als sie. Das bedrückt mich sehr«.

Ich weiß gar nicht, wie viel meine Eltern verdient haben. Meine Mutter lebt von einer Minirente, und da die alten Strukturen einer Bauernfamilie, »die Jungen ernähren die Alten«, heute nicht mehr funktionieren, schenke ich ihr praktische Dinge. Ich lasse ihr ein neues Dach auf dem Bauernhof decken, kaufe ihr ein neues Auto und so. Ich hab vielleicht das Glück, dass mich Eigentum nicht interessiert. Ich brauche kein Haus, will so einen Besitz nicht an der Backe haben, das Auto, das ich fahre, ist zwölf Jahre alt, rechts und links verbeult, und ich fahr es, bis der TÜV uns scheidet.

Und Sie genießen Ihr Leben in Hamburg.

Ja! Unter meinem Fenster tobt das Leben, und ich verbringe Stunden damit, aus dem Fenster zu gucken. Ich lege Kissen auf die Fensterbänke wie Käthe Klönschnack und gucke. Ich mach das sogar nachts, niemand sieht mich, stundenlang beobachte ich Menschen, da kommt einer aus dem Haus, schleppt ein riesiges Plastikding mit sich. Ich denk mir dazu Geschichten aus: Was ist das für ein Plastikding? Zieht er gerade aus? Ist er rausgeworfen worden? Warum nimmt er bloß dieses eine Ding mit, wenn ihn die Frau rausgeschmissen hat? Oder ist das sogar seine Frau? In Plastik gewickelt? Da läuft eine Geschichte in meinem Kopf ab, das ist spannend.

Es gibt zwei Tragödien im Leben eines Menschen, heißt es bei Nietzsche, »die eine ist, sein Ziel nicht zu erreichen, aber die schlimmere ist, sein Ziel erreicht zu haben«.

Ich glaube nicht, dass es das eine Ziel gibt. Ich kann meine Ziele gar nicht definieren. Wir sitzen jetzt hier unter einem schönen Baum, ich habe einige Platten gemacht, ich liebe meine Sendung, sie hat sämtliche Preise bekommen, und ich sage von mir: Ich bin grad glücklich. Da ist keine Tragödie, werter Herr Nietzsche! Egal, was mit mir noch passiert, wenn schon morgen etwas schiefliefe, ich kann immer sagen: »Ich hab was erreicht.«

Sie haben also Ihr Ziel erreicht?
Dann wäre wohl ein wahnsinniges Gefühl von Ödnis und Langeweile in mir. Die Preise waren toll, aber das Leben nach den Preisen fühlt sich an, als ob man gar nicht mehr da ist.
Was wollen Sie damit sagen?
Dass sich das Leben verändert hat. Früher wollten alle Sex mit mir, jetzt wollen sie nur noch in meine Sendung.
Es gibt ein Leben vor den Preisen und ein Leben nach den Preisen.
Vielleicht ist es nach den Preisen schwieriger? Das Schulterklopfen und die Euphorie bei denen, die professionell im Fernsehen arbeiten, lässt jedenfalls irgendwie nach.
Beunruhigt Sie das?
Manchmal klopfe ich mit den Fingern auf den Tisch und denke: »Ich muss was Neues machen, irgendwas muss mal wieder her!« Aber diese Unruhe geht auch wieder schnell vorbei, denn: Ich bin mit dem, was ich mache, sehr zufrieden.
Und außerdem, Frau Müller, können Sie Dinge, die wohl nur wenige Frauen beherrschen.
Oh Gott, was kommt jetzt noch?
Sie können Bullen kastrieren.
Ich hab das als Kind gemacht, es war für mich das Normalste auf der ganzen Welt. Wir hatten Kälbchen, und diese Kälbchen sollten keine Bullen, sondern Ochsen werden. Ochsen kann man schneller verkaufen, die werden nicht so fett. Wir haben die Rinder eingefangen, stramm gebunden, und dann muss man den Schwanz nach oben drücken, die Tiere stehen dann wie gelähmt da. Und dann nahm ich die beiden Klöten, Eier, wie soll ich sagen, Hoden, es war für mich nichts Sexuelles, es waren einfach so Dinger vom Rind, so ganz süß fühlten die sich an, schön warm, da wurde eine Hälfte aufs Knie gelegt und dann wurde mit einer Kneifzange – zipp! – gedrückt. Sieben Minuten lang drückte ich, mein Vater stoppte das mit der Uhr ab, dann öffnen sich die Stränge nämlich nicht mehr.
Aua.
Ich weiß nicht, ob ich den Bullen wehgetan habe. Falls ja, dann hoffe ich sehr, dass sie mir inzwischen alles verziehen haben.

Die Frau, die es mit »sabbeln und saufen« (O-Ton Müller) ins ARD-Nachtprogramm schaffte, ist Ehrenbürgerin ihres Geburtsorts Köhlen, Stadt Geestland, wo sie in der Fußball-Landesliga beim SV Rot-Weiß kickte. Mehrere Jahre lang arbeitete Ina Müller in einer Apotheke auf Sylt; 1994 gründete sie mit Edda Schnittgart das Kabarett-Duo Queen Bee. Ihr plattdeutsches Lese- und Gesangsprogramm machte sie in Norddeutschland bekannt, seit 2007 moderiert Müller ihre Show »Inas Nacht!« – längst eine Kultsendung. Ihre Lieblingsbeschäftigung: nachts zum Fenster rausgucken. Die heute 56jährige, die für ihre künstlerische Arbeit mit so gut wie allen Preisen ausgezeichnet wurde, lebt in Hamburg, und sie ist seit Jahren mit dem Sänger Johannes Oerding liiert.

Inge und Walter Jens

»Er ist nicht mehr mein Mann. Die Krankheit hat ihn zu einem anderen Menschen gemacht. Damit muss ich umgehen. Manchmal erinnert er mich noch an meinen Mann, in manchen Gesten erkenne ich ihn wieder, manchmal ist er so anders, dass ich sage: ›Gott sei Dank, er ist es nicht!‹ Er ist in einer Welt, zu der ich wenig oder gar keinen Zugang habe.«

»Ich sehe seinem Entschwinden zu«

(Tübingen, 2003/2008)

Am Esstisch in seiner Wohnung sitzt Walter Jens, er trägt einen farbigen Ringelpulver und Blue Jeans. Überall stehen Blumen, vor zwei Wochen ist Jens 85 Jahre alt geworden, die Spitzen des Staates gratulierten ihm, sie feierten ihn als »sprachmächtigen Aufklärer«, als »letzten großen Intellektuellen der Republik«. Etwas zusammengesunken sitzt er jetzt da, er schaut auf seine Hände. Inge, seine Frau, sagt zu ihm: »Es sind Gäste hier. Kennst du noch Herrn Luik?« Walter Jens blickt auf, lächelt freundlich, sagt mit merkwürdig heller, fast kindlich-fröhlicher Stimme: »Ja, ja!« Dann blickt er wieder auf den Tisch, auf die Hände. Plötzlich weint er. Willi Winkler in der *Süddeutschen Zeitung*: »Das Gespräch ist so erschütternd, wie es die Krankengeschichte eines Intellektuellen nur sein kann«.

Frau Jens, Sie sind die Witwe eines Mannes, der noch lebt.

Nein, das bin ich nicht, aber ich bin jemand, der seinen Partner verloren hat. Den Mann, den ich liebte, gibt es nicht mehr. Dass ich seine Frau bin, das sagt ihm nichts. Ich bin ihm irgendwie vertraut, das spüre ich, so vertraut wie ein altes Möbelstück. Die wirklich harte, unendlich traurige, schmerzvolle Zeit habe ich allerdings hinter mir.

Sie haben Abschied genommen von Ihrem Mann?

Ja. Was Sie wahrscheinlich kaum realisieren können, ist, was es heißt, dass der Mann, der aussieht, als wenn er der Ihre wäre, der Ihre nicht mehr ist.

Was meinen Sie damit?

Er ist nicht mehr mein Mann. Die Krankheit hat ihn zu einem anderen Menschen gemacht. Damit muss ich umgehen. Manchmal erinnert er mich noch an meinen Mann, in manchen Gesten erkenne ich ihn wieder, manchmal ist er so anders, dass ich sage: »Gott sei Dank, er ist es nicht!« Er ist in einer Welt, zu der ich wenig oder gar keinen Zugang habe.

Sie sind seit über 50 Jahren zusammen.

Wir waren jetzt 57 Jahre verheiratet, und unser Fundament war das gleichberechtigte, das fortlaufende Gespräch. Aber er kann nicht mehr reden. Er hat keine Gedanken mehr. Wenn er im Rollstuhl säße, körperliche Schmerzen hätte, wäre ich auch traurig, aber es wäre sicherlich einfacher, weil ich ihn noch durch Worte erreichen könnte. Ich würde ihn aber nie verlassen.

Sie schauen dem langsamen Sterben Ihres Mannes zu.

Nein, nein, das Sterben ist nicht aktuell. Ich sehe seinem Entschwinden zu.

Ihr Mann ist abgetaucht in eine Welt jenseits der Sprache, jenseits der Gedanken.

Mein Mann ist mir in den vergangenen Jahren nach und nach entglitten. Und als er verschwand, erst unmerklich, dann so unaufhaltsam – unabwendbar, das war fürchterlich. Ich habe nur gefühlt, wie er mir entgleitet, ohne dass ich wusste, wohin er geht, ohne dass ich ihm hätte folgen, ohne dass ich ihn hätte auffangen können. Heute weiß er nicht mehr, dass ihm eine Welt zusammengebrochen ist.

Aber der Weg bis dahin war lang. Er – auch ich –, wir haben eine schlimme Zeit hinter uns, als ...

... er merkte, dass eine Krankheit beginnt, die den Verstand rückwärts laufen lässt, eine Krankheit, die alles Wissen auffrisst?

Vor vier Jahren begann es, Tag für Tag ließen seine Arbeitskonzentration und seine kommunikativen Fähigkeiten nach, er spürte, sein Geist verlässt ihn, ohne zu wissen, was mit ihm geschieht. Er war von Anfang an verzweifelt, aber hat nicht gewusst, was auf ihn zukommt. Die Welt war ihm, er war sich wohl selbst zu einem Rätsel geworden. Da war plötzlich Angst in ihm. Fragen, Entsetzen, ungeheure Aggressionen. Er schlug um sich vor Verzweiflung. Mein Mann, der nie im Leben irgendwie, irgendwas, irgendwen geschlagen hat! Dann überkam ihn große Traurigkeit. Eines Morgens stand er vor diesem Bild dort an der Wand, sein Gott Fontane, den er liebt und in- und auswendig kennt – oder muss ich sagen: kannte? Er stand davor, blickte auf den Mann mit dem Schnauzer und fragte: »Wer war das noch mal?«

Das tat weh.

Es ist grauenhaft. Er fühlte, etwas Unfassbares passiert mit mir, er konnte noch gehen, reden, er hatte keine Schmerzen – aber im Kopf passierte etwas, das ihm seine Fähigkeiten raubte, klar zu denken. Was ihn sein ganzes Leben ausgezeichnet hatte, dieses zielsichere Denken – es verschwand. Am Anfang fiel mir das gar nicht so richtig auf, ich hielt es für einen depressiven Schub.

Sie haben ja noch vor wenigen Jahren gemeinsam mit Ihrem Mann zwei Bestseller geschrieben, *Frau Thomas Mann* und ...

... dass uns das gelungen ist, war eine späte Gnade. Es war eine gemeinsame Freude mit segensreichen Folgen: Ohne diesen kommerziellen Erfolg könnte ich die gute Pflege – und da haben wir es besser als viele andere in ähnlicher Lage – gar nicht bezahlen, wäre mein Mann vielleicht schon im Heim, vielleicht schon tot. Allerdings muss ich sagen, bei unserem zweiten Buch, *Katias Mutter*, das wir vor drei Jahren beendet haben, war es schon ein bisschen schwierig. Er gab mir Dinge zu lesen, die gingen an den Problemen vorbei. Er fing an, Zeitsprünge zu machen, schrieb über Nebensachen 10, 15 Seiten. Ich versuchte mit ihm darüber zu reden, er wurde dann schnell aggressiv. Nein, nein, wir haben uns nicht angeschrien – aber es klappte einfach nicht mehr.

Und nachts lagen Sie im Bett und grübelten und …

… ich war zunächst einmal nur verzweifelt. Und wenn Sie verzweifelt sind, haben Sie nur die Wahl, wütend oder traurig zu werden. Und Trauer ist noch anstrengender als Wut, nein, so wurde ich zornig, Zorn, gepaart mit Unverständnis. Ich habe mich gefragt: Warum tut er mir das jetzt an? Warum ist er so stur, der Mensch? Warum begreift er nicht, dass er die ganze Sache gefährdet? In mir wuchs eine riesige Hilflosigkeit.

Aber eines Tages war Ihnen klar: Mit meinem Mann passiert etwas Schreckliches!

Ja. Langsam sah ich es. Allmählich nahm seine Desorientierung auf allen Gebieten zu. Beim Essen stellte er plötzlich sein Glas in den Spinat. Eines Morgens stand er im Wohnzimmer und sagte: »Wo bin ich? Hier ist alles so schrecklich! Ich will weg!« Nach einer Stunde war er wieder voll da. Dann fielen ihm die Worte nicht mehr ein, er fing an zu stottern. Es war furchtbar für ihn. Er verstummte dann einfach. Oder er ging zum Angriff über: »Warum tust du nichts? Du bist nie da!« Später hat er dann viel geweint. Was in ihm ablief, das konnte er nicht mehr artikulieren.

Mein Vater, der an einer Variation von Parkinson erkrankt war, stellte beim Scrabblespielen plötzlich die Buchstaben auf den Kopf – er hat es nicht gemerkt.

Ja, ich kenne das. Mein Mann hat noch eine Zeit lang Normalität und Arbeit simuliert. Er ging hoch in seine Bibliothek, holte Bücher raus, stellte sie wieder rein, brachte, ohne dass er es merkte, alles durcheinander, er saß dann vor einem Stapel Bücher, studierte aufmerksam ein Buch – aber er konnte es gar nicht lesen, denn er hielt es verkehrt herum.

Bis vor zwei Jahren sind Sie ja noch zusammen öffentlich aufgetreten.

Aber es wurde zunehmend schwieriger. Ich habe am Schluss zu Hause die zwei, drei Texte, die er noch lesen wollte, mit ihm geübt. Die Auftritte, das Publikum taten ihm gut. Er war da nochmals das Zirkuspferd, das in der Arena aufwacht. Ich habe mit ihm über

Händedruck kommuniziert, ich spürte sofort, wenn er Schwierigkeiten hatte, dann übernahm ich seinen Text. Seine letzte Lesung, sie war hier in der Gegend in einer kleinen Bücherei, war ungeheuer beeindruckend: Er las aus unserem Buch die Passage, in der das alte Ehepaar Pringsheim aus Nazi-Deutschland flieht. Plötzlich war da eine seltsame Übereinstimmung: Ein alter Mann liest von einem alten Ehepaar – es war ungemein anrührend.

***

*Walter Jens, 2003/2004: »Es gibt keinen Tag, an dem ich nicht lese. An manchen Tagen schreibe ich nicht, aber ich vermisse es dann sehr. Schreiben – und Reden ohnehin – heißt für mich: Leben. Nicht mehr schreiben zu können, heißt für mich: nicht mehr atmen zu können. Dann ist es Zeit zu sterben. Dann möchte ich tot sein.«**

***

Frau Jens, Ihr Mann hat mal beklagt, Tiere schläfert man ein, Menschen nicht.

Ja, er wollte, das hat er über viele Jahre für sich reklamiert, immer eine freie Entscheidung über sein Lebensende. Aber den Zeitpunkt, seinem Leben ein Ende machen zu können, den hat er im wahrsten Sinne des Wortes verpasst. Er, wir alle wussten nicht, dass die letzte Chance zu diesem bewussten Schritt verstrich. Könnte ich ihm jetzt vom Leben zum Tode verhelfen?

Könnten Sie es?

Ich habe diese Frage sehr ernsthaft erwogen, mein Mann und ich haben früher intensiv darüber geredet. Ich habe auch mit Hans Küng …

---

* Die kursiv gesetzten Zitate stammen aus einem unveröffentlichten Interview, das Arno Luik mit Walter Jens im Winter 2003/2004 führte.

Ihr Mann hat mit dem Theologieprofessor Hans Küng 1995 in dem Buch *Menschenwürdig sterben* für die aktive Sterbehilfe plädiert.

... darüber geredet. Er ist fassungslos über den Zustand seines Freundes, ich habe ihn gefragt: »Könntest du ihm jetzt ein Ende machen?« Er sagte: »Nein, das kann man nicht.« Er war ganz eindeutig. Er ist ein Mensch, der vor Ihnen steht. Der Geist ist weg, aber das Gefühl ist da.

Gewindelt werden, gewickelt, gewaschen, nicht reden, nicht denken – führt Ihr Mann noch ein Leben in Würde?

Was heißt Würde? Er weiß es nicht mehr. Aber er spürt, da bin ich mir ganz sicher, die Achtung und den Respekt, den man ihm entgegenbringt. Und es ist nichts Ehrenrühriges, ihm Windelhosen anzuziehen, in dem Sinne ist er einfach alt. Und er leidet darunter ja nicht. Er kann Schmerz empfinden, aber er kann sich auch freuen. Er freut sich heute über Dinge, die er früher als primitiv, nicht zu seiner Welt gehörig abgetan hätte.

Seine Welt: Das war Theodor Fontane. Thomas Mann. Antigone.

Ja. Und heute freut er sich, wenn er mit seiner Pflegerin Frau Hespeler in den Supermarkt gehen kann. Er schiebt, mühsam, langsam, den Einkaufswagen. Das macht ihm Spaß. Tübingen hat sich darüber den Mund zerfetzt. Wie kann die Frau ihren Mann nur so bloßstellen! Mir ist das egal. Ich habe gespürt, wie er das Angesprochenwerden genießt, und wenn er am Fleischstand ein Leberkäsweckle kriegt, dann freut ihn das! Mir schneidet das ins Herz. Sein Genuss ist für mich – salopp gesagt – gewöhnungsbedürftig. Ihm aber tut der Leberkäs gut.

Es gibt einen Satz von Karl Marx übers Altwerden: »Der erwachsene Mensch«, sagt er, »kann nicht mehr zum Kind werden, er wird kindisch«.

Nein, er kann zwar nicht mehr denken, aber kindisch ist er nicht, auch wenn er oft wie ein Kind reagiert, manchmal auch wie ein ungezogenes Kind. Man darf ihm nichts durchgehen lassen, er spürt auch sehr genau, ob es einer gut mit ihm meint oder nicht.

Hätten Sie je gedacht, Ihren Mann in so einem Zustand zu erleben? Der intellektuelle Geistesriese, der nur noch brabbelt?

Nein, man kann sich nicht vorstellen, was für ein Zustand das ist. Als ich die Diagnose bekam, habe ich lange nicht begriffen, was sie bedeutet. In unseren alten Lexika wird das Wort Demenz nur kurz erklärt. Mein Sohn Tilman hat mir dann aus dem Internet ausführliche Erklärungen zusammengestellt. Sie kriegen einen furchtbaren Schrecken, aber was dann auf Sie wirklich zukommt, das können Sie sich absolut nicht vorstellen.

Dass man nicht in die Zukunft blicken kann, ist ein Glück.

Es ist eine Gnade. Die Gnade des Nichtwissens. Wie fürchterlich es wird – ich hätte es nicht für möglich gehalten. Ich hätte es auch nicht für möglich gehalten, was man alles aushält. Und ich weiß inzwischen: Ohne Freunde, mit denen man reden kann, geht es nicht.

***

Walter Jens, 2003/2004: »Ein sanftes Ende, erfüllt von menschlicher Würde, und kein erbärmliches Krepieren: Das ist meine Hoffnung. Wir könnten doch alle gelassener sein, wenn uns an diesem Tag ein Arzt mit einer Spritze zur Seite stünde, ein Arzt wie Doktor Max Schur hülfe, der Sigmund Freud zur Seite stand. Kurt Martis großer Wunsch spricht mich an: ›Dass der Tod uns einst treffe, plötzlich und sanft, von einer Sekunde zur anderen. Leichter, behender, wie Gemsen im Fels, wie Fische im Meer, ließe sich leben, wüßten wir diesen Wunsch uns gewährt.‹«

***

Frau Jens, Sie mussten Ihren Mann oft pflegen, er war ja immer wieder sehr krank.

Mein Mann ist schwerer Asthmatiker, vor 20 Jahren litt er monatelang an einer heftigen Depression. In dieser Zeit hat er stundenlang immer wieder einen Satz wiederholt: »Du gehst der Mutter dunklen Weg. Du gehst der Mutter dunklen Weg.« Seine Mutter ist in einer Depression gestorben. Aber dennoch, das Tröstliche an einer

Depression ist, es gibt Wege aus dieser Krankheit. Sie können etwas tun. Sie können reden. Und wir sind damals stundenlang gewandert und haben geredet und geredet.

Aber mit der Demenz ist es nun anders?

Ja. Völlig anders. Negativer. Unausweichlicher. Dumpfer. Stellen Sie sich vor: Da sitzt ein Mensch vor Ihnen, den Sie nur noch durch Berührung, nicht durch Worte, nicht durch Blicke erreichen. Wenn ich ihm sage: »Komm, gib mir die Hand«, dann guckt er mich groß an, deute ich auf die Hand, steckt er sie in die Tasche. Manchmal bekomme ich ein schlechtes Gewissen, weil bei ihm nichts ankommt. Man fragt sich: Mache ich genug?

Sie geben und geben – doch Sie bekommen nichts zurück, keinen Dank, nichts.

Ja. Wenn ich auf ihn zugehe, geht nur selten ein Leuchten über sein Gesicht, meistens schaut er völlig verständnislos. Ich gehöre nicht zu den Menschen, die sich eine Idylle zusammenbauen und sagen: Wenn er mich anschaut, bin ich glücklich. Ich bin nicht glücklich. Er ist in seiner Welt gefangen, ich in meiner Welt. Ich kann ihn nicht erreichen, er mich auch nicht.

Gibt es dennoch Momente, in denen er kurz aufwacht, er ganze Sätze sagt? Sie direkt anspricht?

Manchmal, sehr selten, kommt das vor. Es ist dann, als ob in seinem absterbenden Gehirn plötzlich ein Äderchen wieder mit Blut versorgt wird und ihm das für Sekunden zurückgibt, was ihn früher ausmachte: Worte. Abends sitze ich immer auf seiner Bettkante, vor vier Wochen sagte er plötzlich: »Es ist ein so klägliches Leben.«

***

Walter Jens, 2003/2004: »Ich möchte vor meiner Frau sterben, ich alter Egoist. Wenn sie stürbe, würde ich verstummen. Wir gehen oft rüber zum Stadtfriedhof und schauen unsere Grabstelle an – noch mit einem Gefühl ruhigen Glücks. Nah bei uns liegen Uhland und Ottilie Wildermuth, Isolde, Marie und Hermann Kurz oder Carlo Schmid. Der Friedhofsgestalter bot uns einen repräsentativen Platz bei der Kapelle an. Aber mir war es dort unten zu dunkel. Nun werden wir oben liegen, am Rande des Friedhofs, dort hat man die ganze Kette der Schwäbischen Alb vor sich. Ich liebe dieses Land. Außerdem: ›Man isch bei de Leut‹ – bei den Menschen: Studenten gehen durch den Friedhof zur Universität, Gäste der Stadt besuchen hier Hölderlin und Silcher. Eines Tages werden sie feststellen: Ach, da liegt ja auch der Jens. Ja. Tübingen ist meine Heimat.«

***

Frau Jens, haben Sie sich mal bei dem Gedanken ertappt: Es wäre gut, wenn mein Mann sterben würde!
Natürlich habe ich diesen Gedanken gehabt, sogar sehr stark. Ich weiß, dass das nicht das Leben ist, das er sich erhofft hat. Aber ist er wirklich todunglücklich? Wenn er seinen jetzigen Zustand bewusst erleben würde, empfände er ihn sicherlich nicht als lebenswert. Dass er sich heute über ein Leberkäsweckle freut …
So wie früher über einen gelungenen Text!
Ja, das wäre ihm fürchterlich! Es beherrscht ihn jetzt eine Grundtrauer. Er weint manchmal. Aber Trauer gehört zum Leben, es ist eine menschliche Äußerung. Er ist nicht so unglücklich, so voller Schmerzen, dass man ihm zum Sterben verhelfen sollte. Nein, ich habe gelernt, dass ich gewisse Dinge anheimstellen muss. Ich bete, dass er eines Morgens einfach nicht mehr aufwacht. Wenn ich einen Wunsch äußern darf, dann den, dass er an einem Infarkt, einem Schlag, was immer es ist, schnell sterben mag, ohne es groß zu merken.

***

Walter Jens 2003/2004: »Mit Lessing sage ich: ›Ich glaube nicht, dass ich vor meiner Todesstunde zittere. Ob ich in meiner Todesstunde nicht zittere?‹ Ich denke doch, und halte es im Übrigen mit Ernst Bloch, den ich einmal fragte: ›Was hältst du von der Auferstehung des Leibes?‹ Er antwortete: ›Ich möchte mich auf ein kleines Peut-être zurückziehen‹, ein ›Vielleicht‹ – das ist schon viel. Ich kann nicht sagen, dass ich an die Unsterblichkeit gar des Fleisches glaube. Ich bin ein zaghafter Christ.

Ich glaube nicht daran, Onkel Willi wiederzusehen. Trotzdem: Es wäre schön, Brandt wiederzutreffen, oder Böll – in einem ökumenischen Himmel. Der Tod ist eine Premiere, und man weiß nicht, was nach dem letzten Vorhang kommt. Nur das Eine ist sicher: Es wird alles ganz anders sein in der letzten Stunde. Aber es müsste wunderbar sein, wenn meine Frau und ich die letzte Pforte gemeinsam durchschreiten könnten – so, wie Thomas Mann es sich erträumte: ›Wir werden zusammenbleiben, Hand in Hand, auch im Schattenreich.‹«

***

Frau Jens, Sie sind Christin. Waren Sie mal – wenn es ihn denn gibt – wütend auf Gott, haben Sie ihn gefragt: Warum? Warum ist mein Mann so krank? Warum er?

Nein! Nein! Warum er? So eine Frage wäre für mich Blasphemie. Zu dieser Frage gibt es für mich keinen Grund, im Gegenteil. Wenn ich auf mein Leben zurückschaue, habe ich Anlass zu großer Dankbarkeit. Ich muss mich eher fragen: Warum ist unser ganzes Leben so gut verlaufen? Diese Frage kann ich nicht beantworten, und so nehme ich nun auch die Krankheit ohne große Fragen hin. Wissen Sie, wir sind zusammen alt geworden, und dieser Forderung, »bis dass der Tod euch scheide«, der fühle ich mich schon verpflichtet.

Ihr Mann hat zu mir einmal gesagt: »Ohne meine Frau wäre ich ein Nichts.«

Und ich wäre ohne ihn nichts oder jedenfalls wesentlich weniger. Wir haben ein Leben gehabt, das schön war und das sich zu leben gelohnt hat. Ich bin mir sicher, mein Mann ist lebenssatt. Schade nur, dass er dieses schöne Gefühl nicht mehr denken kann.

Einzigartig unter deutschen Professoren – **Walter Jens**. Zu seinen Vorlesungen, die er bis 1988 in Tübingen hielt, kamen alle: Studenten, Professoren, Angestellte, Hausfrauen, Hausbesitzer und Hausbesetzer. Er schrieb Romane, Hör- und Fernsehspiele. Ein Universalgelehrter, der von Adenauer zu Antigone springen konnte, sich mit Brandt und Böll für die Ostverträge einsetzte, über die Mondlandung philosophierte, über Ronald Reagan schimpfte, gegen die atomare Nachrüstung demonstrierte, der dem Deutschen Fußballbund die Leviten las, während des Golfkriegs amerikanische Deserteure versteckte. Der Rhetorikprofessor war Mahner, Aufklärer – die moralische Instanz der alten Bundesrepublik. Das änderte sich auch nicht, als 2003 bekannt wurde, dass er – wie er sagte: ohne eigenes Zutun – Mitglied der NSDAP war. 2004 begann die Krankheit, die den wortgewaltigen Professor langsam, aber unbarmherzig in eine Welt jenseits der Sprache, jenseits der Gedanken, jenseits der Erinnerungen versinken ließ. Vielleicht waren seine letzten Jahre trotz alledem seine schönsten? Er verbrachte sie oft fröhlich und völlig entspannt und sehr glücklich wirkend auf einem Bauernhof – im Spiel mit Tieren und Kindern. 2013 starb Walter Jens. **Inge Jens** wird 1927 in Hamburg geboren. Nach dem Krieg geht sie zum Studium nach Tübingen und lernt Walter Jens kennen. Die beiden heiraten 1951, sie bekommen zwei Söhne. Als Herausgeberin der Tagebücher Thomas Manns und von Briefen der Geschwister Scholl macht sich Inge Jens einen Namen. Gemeinsam mit ihrem Mann schreibt sie den Bestseller *Frau Thomas Mann*, es folgen weitere Bücher über die Manns: 2009 erscheinen ihre *Unvollständigen Erinnerungen*. Im Juni 2020 begeht ihr Sohn, der TV-Autor Tilman Jens, nach langer Krankheit Selbstmord. Bis zu ihrem Tod am 23. 12. 2021 lebte sie in Tübingen.

Roland Kaiser

»In Frankreich heißt das, was ich mache, Chanson. Die Themen, die ich in meinen Liedern anspreche, das sind Themen der Weltliteratur.«

»Sagten Sie Schlager-Fuzzy? Warum sagen Sie das?«

(Münster, 2016)

Mit einem klaren Bild im Kopf fuhr ich im Herbst 2016 zu Roland Kaiser nach Münster: Schnulzensänger. Nach ein paar Stunden Gespräch hatte ich ein völlig anderes Bild von diesem Mann: nachdenklicher, politisch-engagierter Mensch.

Herr Kaiser, Sie haben mich, ob ich es wollte oder nicht, in meiner Jugend intensiv begleitet.

Und? War das schön? War es schlimm?

Lustig würde ich sagen. Es gab eine Zeit in den späten Siebzigern und frühen Achtzigern, wenn man da den Fernseher anmachte, tauchten Sie früher oder später auf.

Stimmt. Ich war 67-mal bei Dieter Thomas Heck in der ZDF-Hitparade.

In unserer Wohngemeinschaft haben wir über diese Sendung gern gelacht und uns gewundert, wie da junge Menschen, die so alt waren wie wir, so brav, so bieder von ewiger Liebe sangen, so süßliche, klebrige Texte.

Das verstehe ich, dass man sich da wundern kann, und wenn Sie lachten: perfekt. Ich verstehe mich ja als Unterhaltungskünstler. Aber von ewiger Liebe, auf Händen tragen, spazieren gehen sang ich nie. Meine Lieder sind realitätsnah, oft landet man da im Bett.

Ich habe Sie so in Erinnerung: oft im Dreiteiler, meist im Zweiteiler, immer etwas hüftsteif, weiche Stimme und ...

Das mit dem »hüftsteif« stimmt. Ich bin auch heute noch kein Tänzer. Aber trotz dieser Hüftsteifigkeit gibt es mich noch immer im Schlagergeschäft.

Seit 40 Jahren.

Seit 43 Jahren. Ich hab mal versucht, tanzen zu lernen. Und bin kläglich gescheitert. 1979 habe ich in Berlin einen Kurs bei einem Tanzlehrer aus New York belegt, ein Schwarzer, ein toller Tänzer. Da war ich vier Wochen lang, dreimal in der Woche. Und dann rief er mich in sein Büro und sagte: »Pass mal auf, hier hast du dein Geld zurück.« Er schob mir ein Kuvert rüber. »Ich möchte, dass du den Kurs sofort verlässt!« Ich: »Warum denn?« Er: »Weil die anderen Teilnehmer sagen, solange der hier mittanzt, kommen wir nicht weiter, er macht alles falsch!«

Auch Ihr Anzug, in dem Sie immer auftraten. Für uns war der auch falsch.

Dieser Anzug war Notwehr. Das war eine schwierige Zeit damals. Wir Künstler brauchten diese ZDF-Hitparade. Es war ein wirtschaftliches Muss. Wer Platten verkaufen wollte, musste dort auftreten. Und da gab es einen Regisseur, Truck Branss hieß er. Er war der Dompteur. Der Herrscher. Er saß hoch über uns, und dann kam seine große Stimme wie aus dem Jenseits: »Wie siehst du denn aus!« Zu einer jungen Sängerin sagte er: »So kannst du im Zirkus auftreten, aber nicht hier! Geh sofort in die Stadt, kauf dir was Gescheites!« Diese Sängerin war fertig. Es war Willkür pur. Zu Christian Anders, der ein Hemd mit einem Riesendackelkragen anhatte, sagte er: »Siehst aus wie Goethe!«. Antwortet der Christian: »Ich bin Goethe!« Und ging. Großartig. Aber so souverän war sonst niemand. Um meine Ruhe vor diesem Herrn zu haben, habe ich mich an diese Anzüge gewöhnt.

Sie haben uns damals nicht nur zum Lachen gebracht, sondern auch zum Grübeln.

Nun bin ich gespannt.

Einer der wohl merkwürdigsten Sätze ist Teil eines Ihrer größten Erfolge. »Santa Maria, nachts an deinen schneeweißen Stränden, hielt ich ihre Jugend in Händen, Glück für das man keine Namen kennt.«

Das ist doch genial.

Genial?

Genial!

Das ist gaga.

Einfach genial.

Es ist auf jeden Fall ein Ohrwurm. Diese Zeile geht zum einen Ohr rein und kommt nicht mehr raus! Seit Jahrzehnten rauscht sie in meinem Kopf herum!

Großartig! Ich erzähl Ihnen die Geschichte. Es war 1980, zusammen mit einem Kollegen habe ich diesen Text geschrieben, »Santa Maria«, das war die Geschichte des Schiffes von Christopher Columbus. Ich hab es gesungen, wir haben es abgemischt, und damit sind wir zur Plattenfirma gegangen. Die Herren dort sagen: »Um Gottes Willen! So wird das nichts!« Mehr Gefühle wollten die, sie sagten: »Ihr müsst was fürs Herz schreiben, in die Vollen gehen!« Wir sind heim, haben eine Flasche Rotwein aufgemacht …

… und waren voll.
Wir haben angefangen zu schreiben, überdreht zu schreiben, immer ein bisschen zu viel. Jugend in den Händen. Irgendwie eine Frechheit. Der eine denkt dabei dies, der andere das.
Alle denken an das Eine.
Weiß ich nicht, wie auch immer. Wir sind also wieder zur Plattenfirma. »Sensationell!«, sagen die. Ich: »Stopp, das ist ein Scherz!« – »Nein, nein, das ist sensationell. Ein Riesenhit!« Ich war damals 28, unerfahren, dachte, der Mann kennt sich aus, also sing ich das mal. Und bums, es wurde ein großer Hit, hat sich millionenfach verkauft, verkauft sich heute noch.
So kennt man Sie, Herr Kaiser, also seit Jahrzehnten als einen Sänger, bei dem es um Liebesdinge geht. Und dann blickt man heute auf Ihre Facebookseite und dort ist: Hass.
Da toben sich, seitdem ich vor gut einem Jahr bei einer Anti-Pegida-Veranstaltung in Dresden gesprochen habe und um Verständnis für die Flüchtlinge warb, immer wieder Heckenschützen aus.
Als »Volksverräter« werden Sie dort beschimpft, als »Heuchler«, »Hofnarr« verspottet, als …
Es ist mir wirklich wurscht, wenn da Leute meinen, Sie müssten gegen mich pöbeln! Mich interessiert das nicht, das lässt mich kalt. Ich habe, was für mich selbstverständlich ist, bei diesem Auftritt in Dresden für Toleranz und Dialog geworben, mich gegen eine inhumane Flüchtlingspolitik ausgesprochen. Diesen Auftritt war ich der Stadt Dresden, die ich sehr mag, schuldig. Denn Dresden ist viel mehr als Pegida.
Vielleicht regen sich auch deswegen so viele auf, weil Sie als Schlagerfuzzy sich plötzlich politisch äußerten.
Schlagerfuzzy? Sagten Sie Schlagerfuzzy?
Okay, Schnulzensänger.
Warum sagen Sie das? Sie würden niemals von einem Rockfuzzy sprechen. Ich verstehe auch den Zungenschlag mit »Schnulze« nicht. In Frankreich heißt das, was ich mache, Chanson. Die Themen, die ich in meinen Liedern anspreche, das sind Themen der Weltliteratur. In 90 Prozent der Literatur, bei Shakespeare, Goethe,

der Kunst im Allgemeinen, geht es doch darum, wie es zwischen Mann und Frau klappt – und ob es klappt.

Glauben Sie, dass Ihre Rede etwas bewirkt hat?

Ich habe zumindest einige verunsichert. Und manche haben sich so aufgeregt, dass sie hämisch reagierten. Sie mussten sich also plötzlich mit mir und meinen Gedanken auseinandersetzen. Ist doch gut.

Bei Ihren Auftritten in Dresden, vor fast 50 000 Menschen in diesem Sommer, haben Sie nichts gegen Pegida gesagt. Aus Angst, Ihre Fans doch zu sehr zu verschrecken?

Quatsch. Wenn ich auf der Bühne als Sänger auftrete, habe ich mit meinem Publikum eine Vereinbarung: Ich werde jetzt zweieinhalb Stunden Unterhaltung abliefern, ich werde so gut wie möglich sein, und ich werde euch helfen, euch mal zu entspannen. Für die Dauer eines Konzerts spielt die Welt draußen keine Rolle. Alles Kalte ist verbannt, jetzt tanzt, singt, lacht! Ich will, dass die Leute beglückt und zufrieden weggehen und sagen: Es war ein schöner Abend. Punkt.

Sie hätten mit Ihrer schönen Stimme ein Barde für den Aufstand, die Revolution werden können – so einer wie Degenhardt, Wader, Wecker.

Wieso denn?

Sie sind ja in den 50ern, 60ern aufgewachsen in Berlin-Wedding, wirklich arm waren Sie, ein echter Proletarier.

Ja. Ich hätte einen anderen Weg nehmen können, habe ich aber nicht. Ich mach das, was ich mache, sehr gerne, und ich bin das, was ich mache.

Man könnte Ihr Leben so zusammenfassen: Das Findelkind hat es vom Außenklo zum Innenklo, vom Hinterhof zum mehrfachen Hausbesitzer, vom Underdog zum millionenschweren Sänger gebracht.

Das ist ein bisschen sehr verkürzt. Aber Außenklo stimmt. Ich weiß schon, woher ich komme, aber diese Zeit ist weit weg. Nur jetzt, wenn Sie mich direkt darauf ansprechen, kommen Erinnerungen zurück: Im Winter war es kalt, es gab kein Warmwasser. Einmal in der Woche hat man mich gebadet, in einer Wanne, in der vorher

Wäsche gewaschen wurde. Einmal in der Woche, am Freitag, gab es statt Brot ein Brötchen – das war Luxus.

Sie kannten Ihren Vater nicht, Ihre Mutter auch nicht.

Erst als Erwachsener habe ich erfahren, dass meine Mutter 17 Jahre alt war, als ich auf die Welt kam. Für sie war es damals unmöglich als Alleinstehende, mich zu erziehen.

Das muss furchtbar sein, ohne Eltern aufzuwachsen.

Ich hatte eine schöne Kindheit. Ich kam ins Waisenhaus und dann zu meiner Pflegemutter. Eine tolle Frau. Sie hat als Putzfrau gearbeitet, ihre Geradlinigkeit war großartig. Sie hat mir vermittelt, was wirklich wichtig ist: zu wissen, was Recht, was Unrecht ist. Sie hat mich gelehrt, aufrecht zu gehen. Und nie nach unten zu treten.

Sie waren ja bei den Falken, der Jugendorganisation der SPD.

Das ist lange her.

Aber Sie kennen doch sicherlich noch das Lied der Falken: »Rote Banner raus, Freiheit ist unser Ziel«.

Das kann ich unterschreiben, »Freiheit« – dahinter stehe ich.

Weiter heißt es in dem Lied: »Nie wollen wir Waffen tragen, nie, nie wollen wir wieder Krieg«.

Da kann man nichts dagegen sagen.

Es heißt dann noch: »Lasst die hohen Herren sich selber schlagen, wir machen da nicht länger mit«.

Eine kluge und hoch philosophische Erkenntnis. Wir lassen uns nicht mehr in Kriege schicken! Wenn man sich die Geschichte der Menschheit anschaut, wie oft sind junge Menschen dazu gebracht worden, mit Begeisterung »ins Feld« zu ziehen – und was waren sie am Schluss? Verletzte, Verkrüppelte, Tote.

Gibt es noch etwas, was den politischen Bürger Kaiser aufregt?

Ich bin ein großer Freund der Sozialen Marktwirtschaft – so wie es die Gründerväter der Bundesrepublik wollten: sozial also groß geschrieben. Es bedrückt mich, wie heute die Schere zwischen Arm und Reich auseinandergeht. Da versagt die Politik.

Was meinen Sie damit?

Mit Steuern kann man steuern, was für eine Gesellschaft man bekommt, ob es gerecht oder ungerecht zugeht. Fast überall gibt es die Vermögenssteuer, bei uns nicht, da macht man darum ein

Mordsgewese. Ich bin bereit, mehr Steuern zu bezahlen – um gute Schulen zu haben, gute Krankenhäuser, funktionierende Feuerwehren. Ich bin auf der Sonnenseite des Lebens. Aber ich weiß, dass mein Erfolg auch ein Verdienst dieser Gesellschaft ist. Ich will ihr also auch etwas zurückgeben.

Sie sind ja der Schirmherr der Cottbuser Tafel und ...

... es ist erschreckend, was ich da sehe. Da kommen Menschen, die Jobs haben, aber trotzdem nicht genügend verdienen. Da sind Rentner, die nicht über die Runden kommen, da kommen junge Menschen, die perspektivlos sind. Sie alle müssen die Scham überwinden, zur Tafel zu kommen, um dort Essen zu holen, das verletzt ihren Stolz, ihr Selbstwertgefühl, das beschädigt ihre Würde. Wenn die etablierten Parteien auf diesen sozialen Zerfall keine Antwort finden, wenn sie die Abgehängten, die immer mehr werden, abgehängt lassen – dann kriegen Parteien Zulauf, die Scheinlösungen bieten, die einem nicht gefallen können, die gefährlich sind.

So wie Sie reden, so wie Sie denken, wohin Sie auch blicken: Es gibt für Sie genügend Stoff für hochpolitische Lieder.

Ach, Mann. Das mag ja sein. Aber mein Geschäft ist das nicht. Ich will einfach unterhalten, so wie es Udo Jürgens sagte: »Mit Haltung«.

Aber auch Udo Jürgens war es wichtig, dass er neben dem Besingen von Herz, Schmerz, Liebe, Verzehren auch kritische Lieder im Repertoire hatte.

Das ist okay. Ich mache aber keine Geschichtsstunden auf der Bühne. Allerdings, weil Sie so hartnäckig sind: Es ist viele Jahre her, in den Neunzigern des vorigen Jahrhunderts, da hatte ich eine Chorsängerin, Anke Schweitzer, die war damals aktiv in Köln in der Bewegung »Arsch huh, Zäng ussenander«, also Arsch hoch, Zähne auseinander« ...

... die mit Konzerten, Lesungen, Demonstrationen gegen Fremdenhass und rechte Gewalt sich einsetzte – in der Zeit als wie heute wieder Brandsätze auf Asylunterkünfte, Häuser von Asylsuchenden flogen.

Ja. Sie hatte gemeinsam mit Wolfgang Niedecken ein tolles Lied gegen diese um sich greifende Verrohung gemacht: »Nit mit uns!«

Ich erinnere mich an das Lied, es geht so los: »Nur mit'nem Koffer/ Steh'n sie dann hier in dem reichen Land/Vor 'ner Mauer/ Aus Hass und Ignoranz«.

Ja. Das Lied ist immer noch, leider, hochaktuell. Ich sagte bei einem Konzert zu ihr: »Lass uns heute dieses Lied singen!« Wir haben es dann gesungen, und plötzlich hat einer aus dem Publikum gebrüllt: »Sozischwein!«

Und? Wie haben Sie darauf reagiert?

Ich sagte: »Können wir mal das Licht im Saal anmachen? Sie, der das gerufen hat – können Sie bitte aufstehen? Die Leute sollen sehen, wer so etwas brüllt.« Er blieb sitzen. Ich sagte: »Kommen Sie bitte mal hoch. Da vorne an der Kasse können Sie Ihr Eintrittsgeld abholen. Für Leute wie Sie möchte ich nicht singen.« Danach ging er.

Seit 40 Jahren, Herr Kaiser, sind Sie im Schlagergeschäft …

Seit 43 Jahren.

… in einem Geschäft, von dem Insider wie der Musikmanager Hans Beierlein sagte: »Keine Branche ist härter als das Showgeschäft. Außer vielleicht Menschen- und Waffenschmuggel.«

Na ja, ob Herr Beierlein das so gesagt hat? Es ist auf jeden Fall übertrieben.

Ähnlich sah es der ehemalige Chef der Plattenfirma Ariola, Jörg Hellwig: »Im Schlagergeschäft«, meinte er, »braucht es Wahnsinn oder am Besten völlige Hemmungslosigkeit, um ein Star zu werden«.

Ich glaube, dass ich weder wahnsinnig noch hemmungslos bin. Ich glaube auch nicht, dass Helene Fischer, Andy Borg dies sind. Ich habe Udo Jürgens gut gekannt, auch Peter Alexander – und auch die waren weder hemmungslos noch wahnsinnig. Sie alle haben einfach gute Arbeit gemacht, sie waren sorgfältig, diszipliniert, haben sich angestrengt – deswegen blieben sie so lange oben.

Udo Jürgens scheint schon recht hemmungslos gewesen zu sein, wenn man seinen eigenen Worten glauben darf: »Da bin ich in eine Disko gekommen«, erzählte er mal, »und die Frauen haben mir zwischen die Beine gegriffen, ohne ein Sekunde abzuwarten. Eine di-

cke Zigarre im Mund, das Whiskyglas in der Hand, eine Blonde im Arm – Sinatra! Das war mein gesellschaftliches Vorbild.«

Ach, Quatsch!

Und, weiter Jürgens: »Ich hab gesoffen. Zwei Flaschen Wodka vor dem Auftritt und vierzig Zigaretten am Tag.«

Das glaub ich nicht. Das ist doch völliger Blödsinn. Solche Situationen kenne ich nicht – und wer so etwas erzählt, will sich halt interessanter machen, vielleicht auch den Journalisten nur etwas Futter geben, ihre Phantasie anregen. Also ich kenne niemanden in dem Beruf, der sich mit Whiskey oder Wodka und Räuschen lange oben halten könnte. Alle, fast alle, die oben sind, würde ich sagen, arbeiten sehr zielgerichtet.

In einem Interview nannten Sie sich mal »ein ziemliches Arschloch, das sehr bewusst seine Macht ausgenutzt, Leute manipuliert hat«.

Das war der aufgeklärte Blick zurück auf einen jungen Mann, der in Gefahr war, ein echtes Arschloch zu werden. Es gab ja eine Zeit, da gab es von mir einen Hit nach dem anderen. Das macht was mit dir. Man hält sich für den Größten. Man hebt ab. Man lässt sich nicht mehr kritisieren. Irgendwann, Gott sei dank, habe ich gemerkt, ich muss wieder normal werden.

In den Neunzigern gab es ja eine Zeit, da machte man sich Sorgen um Ihr Seelenheil.

Jetzt überdramatisieren Sie.

Es gab viele Schlagzeilen über Sie: Alkohol, Affären, Allüren, Huren, Puff – so Zeug.

Da ist viel übertrieben worden. Aber ich denke schon, dass ich heute ein viel angenehmerer Mensch bin als früher.

Hängt es auch damit zusammen, dass es überhaupt ein Zufall ist, dass sie noch leben.

Vielleicht.

Am 23. Januar 2010 sind Sie auf der Bühne, der Westfalen-Halle in Dortmund, beinahe gestorben.

Fast gestorben – so war es nicht. Sie übertreiben.

In Ihrem vor einigen Jahren erschienenen Buch »Atemlos« beschreiben Sie den Moment so: »Es war ungefähr 20 Uhr 45. Die

Pause stand unmittelbar bevor, doch so lange sollte meine Kraft nicht mehr reichen. Ich bekam nicht genügend Luft.«

Zehn Jahre lang hatte ich diese Krankheit COPD in mir.

Im Volksmund: Raucherlunge.

Und fast täglich hatte ich das Gefühl, viel zu wenig Luft zu bekommen. Sie leben nicht in ständiger Todesangst, sondern sind getrieben von dem Kampfeswillen, das zu überwinden. Aber das geht nicht, unmöglich.

Man sah damals Bilder von Ihnen: getönte Brille, bläuliche Haut. Man dachte an Suff, Zerfall.

Jaja, fürchterlich. Das waren die Symptome der Krankheit: Der Gasaustausch in der Lunge hat nicht mehr funktioniert. Mein größter Fehler meines Lebens ist, dass ich so viel geraucht habe. Dumm von mir war auch, nicht über diese Krankheit zu reden. Keine Schwäche zu zeigen. Immer wieder bat mich meine Frau, es öffentlich zu machen. »Sag den Leuten, was los ist. Damit diese blöden Spekulationen aufhören!« Irgendwann habe ich es gemacht, dann ging es besser. Und dann kam dieser Auftritt in Dortmund.

Gut einen Monat später wurde Ihnen damals eine Lunge transplantiert.

Und mein zweites Leben begann.

Dass Sie jetzt noch leben – das ist für Sie ein Bonustrack?

So kann man es nennen. Ich bin dafür einfach unendlich dankbar. Meinem Schöpfer, den Ärzten, dem Spender. Ich lebe jetzt bewusster, entspannter. Ich muss mir nichts mehr beweisen. Ich war auf der Wartebank des Todes, ich hab sie verlassen dürfen. Es ist faszinierend, wie sehr ich mein zweites Leben genieße.

Sie sind wohl der einzige Sänger weltweit, der bei Open-Air-Konzerten vor Zehntausenden mit einem Spenderlunge auftritt.

Vermutlich.

Und Sie erleben ja einen unfassbaren Erfolg in Ihrem zweiten Leben, größere Erfolge als in Ihrem ersten Leben.

Das ist einfach ein großes Glück.

Ihr Video »Warum hast du nicht nein gesagt« ist bei Youtube 22-millionenfach angeklickt worden. Kein deutscher Interpret hat so etwas bisher geschafft, und Sie haben überdies fast 100 Millionen

Platten verkauft – das sind Dimensionen wie bei Neil Diamond, Deep Purple.

Meine Alterskarriere bekommt eine verblüffende Dimension, da haben Sie recht. Plötzlich bin ich wieder angesagt.

Und auch ich bin verblüfft: Ich dachte, zu Ihren Konzerten gehen Frauen, die mit Ihnen alt geworden sind.

Danke.

Aber bei Ihrem Konzert etwa in Hürth bei Köln, neulich, da waren sehr viele junge Frauen und Männer, die ihre Lieder mitsangen. Und diese Lieder sind alle auf Deutsch.

Ja, das freut mich. Ich mag meine Muttersprache. Ich träume auf Deutsch, fluche auf Deutsch, also singe ich auf Deutsch. Das ist eine tolle Sprache, wortgewaltig, wenn man weiß, wie man sie einsetzt.

Und Sie wissen, wie man sie einsetzt?

Ich denke schon, dass mir manche Sätze gelungen sind. Ich versuche, Dinge zu texten, die einen Gebrauchswert haben.

Was meinen Sie damit?

Das sind Zeilen, die die Menschen im Bauch treffen, so Sätze wie: »Ich glaub', es geht schon wieder los!« oder: »Manchmal möchte ich schon mit dir« oder: »Lieb mich ein letztes Mal«. Das sind Superzeilen.

Viel Andeutung, wenig Vollzug – meinen Sie das?

Da ist schon Vollzug dabei. Manchmal sagte der Produzent, das geht jetzt zu weit, das geht nicht. Ich sag dann: Wie bitte? Mann, guck doch mal in die 30er, die waren doch schon viel weiter, etwa die »Comedian Harmonists« mit »Veronika, der Lenz ist da, der Spargel wächst«. Das ist großartig.

Wieso denn?

Es ist eindeutig, ohne zu sagen, was man möchte, aber jeder weiß, was man möchte und um was es geht.

Wie oft haben Sie den Gebrauchswert Ihrer Lieder benutzt, also ein Lied von Ihnen aufgelegt, um damit Frauen ins Bett zu bekommen?

Sind Sie verrückt? Bin ich bescheuert? Noch nie.

Wie ist es für Ihre Kinder, einen Schlagerstar zum Vater zu haben?
Für sie bin ich kein Star. Da bin ich Vater. Meine Tochter fragt mich nicht, wie der letzte Auftritt war. Sie will, dass ich ihr bei den Hausaufgaben helfe. Dass ich einkaufe. So Dinge.
Hören sich Ihre Kinder Ihre Lieder an?
Ja, aber sie sind keine Fans. Wenn ein Album fertig ist, wollen sie es hören. Dann sagen sie: okay. Sie haben noch nie abwertend gesagt: Kann man so machen. Neulich bin ich mit meiner 17-jährigen Tochter nach Dresden gefahren. Wenn sie ins Auto einsteigt, schaltet sie meinen WDR 3 oder WDR 5 sofort aus. Sie steigt also ein, will sich das neue Album von Justin Bieber anhören. Ich denke, oh Gott, da musst du jetzt durch.
Es war ein Härtetest.
Nein, es war eine angenehme Überraschung. Ich habe mir das dreimal angehört. Der neue Bieber ist gut. Kompliment, würde ich gern zu ihm sagen. Tolle Mischung, cool gemacht, exzellenter Klang, gutes Timing, perfekter Bass, schön, wie die auf diesem Album seine Stimme anfassen, alles perfekt.
Ohne Ihre Kinder …
… würde ich so vieles nicht erfahren, sie eröffnen mir neue Welten. Kinder sind toll, weil sie sagen, was sie denken. Einer der coolsten Sprüche meiner Tochter, die sie je gebracht hat, war neulich in Dresden kurz vor dem Konzert. Um mich herum Leute, die zu mir sagen: »Das wird jetzt gleich super!« Dann aber kommt meine Tochter zu mir und sagt ganz leise: »Verkack es nicht!«
Verkack es nicht?
Ja. Großartig. Sie hat meine ganze Arbeit auf das reduziert, worauf es ankommt. Mit drei Worten hat sie aber auch gesagt, um was es im Leben geht: Verkack es nicht.

Seit fünf Jahrzehnten singt Roland Kaiser für Millionen von Menschen und begeistert sie: mit Hits wie *Santa Maria*, *Joana*, *Dich zu lieben* oder *Warum hast du nicht nein gesagt.* Fast 100 Millionen Tonträger hat er verkauft, wurde mit unzähligen Preisen geehrt und trat so häufig in der ZDF-Hitparade auf wie niemand sonst: 67 Mal. Aber der Erfolgreiche erntet auch Hass – weil er mehr im Kopf hat als Kitsch. Weil er sich als Bürger Sorgen macht, dass der Abstand zwischen Arm und Reich größer wird, weil er sich gegen die rechtsextreme Pegida-Bewegung positioniert. Dass Kaiser heute dort ist, wo er ist, nämlich ganz oben – das grenzt an ein Wunder: Als Ronald Keiler kam er 1952 auf die Welt – seine Mutter hat ihn nach der Geburt als Findelkind ausgesetzt. In der Schule wurde er vom Musikunterricht freigestellt, da er, wie es hieß, nicht singen konnte.

Gisela Getty und Jutta Winkelmann

»Und der Arzt hat vorhin gesagt, ich könnte heute sterben. Sterben? Es gibt keinen Tod. Keinen Tod. Das sind Gedanken. Wir werden immer weiterleben.«

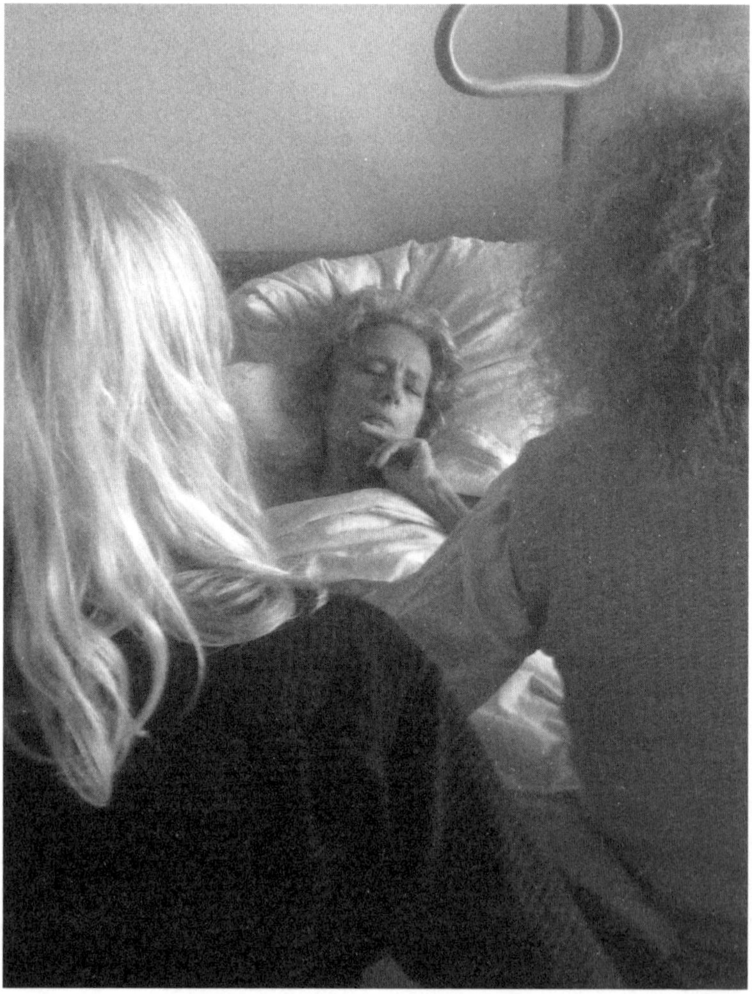

© Arno Luik

»Es ist die Nachtfahrt der Seele«

(München, 2017)

Die Zwillinge Jutta Winkelmann und Gisela Getty waren in den 1960er/70er Jahren Ikonen der freien Liebe, und sie teilten fast alles: ihre prominenten Freunde, ihr Jet-Set-Leben. Sie wollten alles erleben und über Grenzen gehen. Das taten sie. Mit jenen, die damals weltberühmt waren: mit LSD-Propagandist Timothy Leary, mit Mick Jagger, Dennis Hopper, Bob Dylan, Robert de Niro, Leonard Cohen.

Als ich die Zwillinge im Januar 2017 in München treffe, liegt Jutta Winkelmann im Sterben – neben dem Zimmer, in dem ich ihre Schwester Gisela interviewe. Und dann auch die Sterbende, die – ihr Sterben gelassen akzeptierte? Ich war, ich weiß nicht, ob dies das richtige Wort ist: beeindruckt von der 68-jährigen Jutta Winkelmann.

***

*»Mein Rückgrat ist zerstört, zwei Wirbel von zwei Tumoren zerfressen. Sie sitzen direkt am Rückennerv. Es sind höllische Schmerzen. »Ich rühre mich nicht. Ich kann jederzeit gelähmt sein. Nicht weinen. Ich habe schreckliche Angst. Ich habe sie schriftlich, die Diagnose. Es ist wahr. Ich will die Scheiße nicht, ich will sie nicht, ich will nicht sterben, es muss ein schrecklicher Irrtum sein.«**

***

Eigentlich, Frau Getty, wollte ich mit Ihrer Zwillingsschwester reden.

Ich weiß. Aber es geht nicht mehr. Der Punkt ist überschritten. Seit gestern ist alles anders. Als Jutta – für mich die liebste Person auf der Welt – ihre Krebsdiagnose vor drei Jahren bekam, Knochenkrebs, der die Wirbelsäule zersetzt und die Knochen zerbröselt, war eine unbändige Verzweiflung in mir. Am Anfang dachte ich, ich halte das nicht aus. Aber diese wahnsinnige Verzweiflung ist nun hinter mir.

Der Tod hämmert jetzt mit aller Macht an die Tür dort drüben, hinter der Ihre Schwester liegt.

Ja, so kann man es sehen. Es tut weh, Zeuge des körperlichen Zerfalls meiner Schwester zu sein, ohne etwas machen zu können. Es ist ein ganz entsetzliches Gefühl, wenn ich sehe, was für irrsinnige Schmerzen sie hat. Ich weine, kann nicht schlafen. Sie tut sich so

* Die kursiv gesetzten Texte stammen aus: Jutta Winkelmann: *Mein Leben ohne mich*, Weissbooks, 24 Euro.

schwer, nachts hat sie Angst. Albträume. Wie beim Jüngsten Gericht muss offenbar alles durchgegangen werden. Sie setzt sich damit ganz bewusst auseinander. Sie redet in Fetzen, sagt zum Beispiel: »Ich bin in so einem Garten gewesen, da waren sehr beängstigende schwarze Gestalten, die mich zerrissen haben. Dann habe ich aber gesehen, dass ich die auch lieben muss, und dann ist alles sehr schön geworden.« Oder sie sagt: »Ich bin gerade in Russland und setze mich mit der Mafia auseinander.«

Mit der Mafia?

Es sind so Erinnerungsgeschichten. Man hat ja nicht nur nette Gefühlchen. Alles taucht auf, alles kommt hoch. Man ist selbst auch erstaunt, was da hochkommt.

Kommt dies hoch? In den frühen 70er Jahren des vorigen Jahrhunderts wurden sie beide weltberühmt: als Ihr Freund und späterer Ehemann John Paul Getty, Erbe des damals reichsten Mannes der Welt, von der Mafia entführt wurde. Ihnen wurde damals auch unterstellt, die Entführung mitinszeniert zu haben.

Das ist noch immer die große Frage.

Und? Die Antwort?

Wir haben uns damals als Götterkinder gefühlt. Wir haben natürlich mit so einem Gedanken gespielt. Paul kannte ja so ein paar Mafia-Leute, wir fanden die auch nett, es waren junge, nette Typen. Paul kam eines Tages an und sagte: »Wäre so eine Entführung nicht eine tolle Idee?« Und wir fanden es dann auch toll, dachten, wir machen Geld und kaufen uns irgendwo in Marrakesch ein großes Schloss. Es ging uns aber nicht darum, reich zu werden. Wir hatten die Vision, dort eine Auserwählten-Kommune zu gründen, eine alternative Welt zu gestalten.

Gestatten Sie, dass ich lache?

Jaja. Es war alles sehr kindlich, recht naiv. Aber die Mafiosi spielten Spiele, die wir nicht kannten. Harte Männer-Spiele. Wir als 68er-Blumenkinder waren da völlig überfordert.

Es gibt einen kleinen Film aus den 90ern mit Ihnen, Ihrer Schwester und Dennis Hopper, und der fragt Sie, ob Sie sich verantwortlich

fühlten für diese Entführung, und Sie sagen »Ja« – und dann nichts mehr.

Wir hatten damals noch eine sehr große Angst, darüber zu reden. Wir hätten es machen sollen. Wir hatten diese Sachen ja nur im Kopf durchgespielt, wir hatten nie konkrete Pläne. Ich versuche auch heute noch, Licht in diese Entführungsgeschichte zu bringen, Paul hat ja nie darüber geredet. Er ging wohl davon aus, dass er die Sache im Griff hat. Ich aber glaube, dass die Mafia-Leute ganz bewusst den Kontakt zu Paul suchten – und dass die nie daran gedacht hatten, ihn an irgendwas zu beteiligen.

Was ich nicht verstehe: Sie sind 23 Jahre alt, und dann verfallen Sie einem 16-Jährigen – Paul Getty.

Paul war zwar jung, aber er hatte eine Menge Lebenserfahrung. Und er wollte – wie wir – auch eine schöne, neue Welt. Vom ersten Tag an waren wir unzertrennlich, er war unser Drilling, und wir haben zu dritt im Bett geschlafen, aber nur Händchen gehalten. Ich bin nie jemandem verfallen. Ich habe es auch fast niemals geschafft, zu jemandem zu sagen: »Ich liebe dich.« Es kam mir immer wie eine Lüge vor. Das wäre mir als Verrat an meiner Schwester erschienen.

Zu der Sie ja auch, wie Sie mal schrieben, ein fast inzestuöses Verhältnis hatten.

Das ist so ein Schlagwort. Sie ist einfach immer die Hauptperson in meinem Leben gewesen. Immer dieser Loyalitätskonflikt, dieses extrem symbiotische Verhältnis. Ein Fluch. Wir als Zwillinge waren einfach sehr eng. Wir haben oft gesagt: Das ist eine fleischgewordene Schizophrenie. Wir haben uns nach einer eigenen, tiefen Trennung gesehnt. Wir haben sehr daran gearbeitet, uns zu individualisieren, eigene Sachen zu entwickeln.

Mit Ihrer Krankheit enteilt Ihnen jetzt Ihre Schwester.

Zum ersten Mal nimmt sie keine Rücksicht auf mich. In ihrem letzten Buch schreibt sie sinngemäß: »Zum ersten Mal habe ich was Eigenes, kann mich als eigene Person begreifen, so pervers es klingt.« Es ist ein guter Satz. Sie geht ganz konsequent ihren eigenen Weg. Sie schmeißt mich auf mich zurück. Das ist jetzt die große Trennung. Das schafft Angst – wer bin ich ohne sie? Kann ich überhaupt ohne sie leben? Sterbe ich nicht auch gleich? Sie ist auch schon nicht mehr das, was sie mal für mich war. Ich bin wie eine Fremde für sie.

Hadern Sie mit dem Schicksal?

Verzweiflung. Wut. Angst. Hoffnung. Alle Gefühle waren und sind da, so viele Fragen: Warum ich? Warum ich nicht? Ich denke jetzt, ich will mich nicht von ihr trennen. Unser ganzes Zukunftskonzept stürzt zusammen. Wir hatten ja noch so viel vor, wir wollten noch Bücher machen, wir ...

Ihr gemeinsamer Freund Rainer Langhans sagte zu mir neulich: »Wir haben das Sterben geübt und versucht, es zu lernen. Ich bin entsetzt, dass es für Jutta jetzt so entsetzlich schmerzhaft ist.«

Seit über 40 Jahren meditieren und üben wir mit Rainer dieses Loslassen. Meine Schwester will den Prozess des Sterbens bewusst erleben. Sie hält deswegen viele Schmerzen aus, sie möchte ihr Bewusstsein nicht durch Tabletten vernebeln.

Das ist hart.

Nein. Sie will das so, sie will alles selbstbestimmt machen und erleben. Sie will sich nicht ablenken lassen. Sie ist eine extreme Sucherin: Was ist Gott? Gibt es Gott? Was ist die Wirklichkeit? Was soll das alles? Sie nutzt diese Krankheit, um diesen Fragen näherzukommen.

***

»Meine Wut zerreißt mich fast, ich will mit einem Maschinengewehr alles zusammenballern, kurz und klein schießen, Granaten werfen, bis nichts mehr übrig bleibt. Wenn ich gehen muss, will ich alles mitnehmen. Ich werde nicht alleine gehen. Ihr seid auch alle dran!«

***

Jutta ist in dem Buch total ehrlich. Da ist überhaupt kein Schmu, da sind keine Höflichkeitsgeschichten mehr. Aber jetzt randaliert sie nicht mehr gegen sich und die Welt. Das ist vorbei. Sie ist nun in einem anderen Zustand. Es sieht so aus, als würde sie sterben.

Andererseits sieht es auch so aus, als würde sie sich neu gebären. Ich habe Ihnen gestern ein Bild von ihr geschickt, da ...
... sieht sie sehr schön aus.
Überirdisch schön. Ganz fein und ganz symmetrisch und ganz leuchtend. Vielleicht gibt es ja doch noch ein Wunder.
Ihre Schwester verschwindet aber mehr und mehr.
Ihr Körper wird immer schmaler. Sie wiegt jetzt weit unter 30 Kilo. Aber was ist der Körper? Was der Tod? Für meine Schwester gibt es außen nichts mehr. Sie reist jetzt innen und nicht mehr außen. Sie ist entrückt vom Weltlichen, aber wohin?

***

»Ich schreie, das Salz ist zu grob, die Butter zu weich. Ich kann nicht essen, mein Ego versinkt, alles verschwindet in dem Zittern des Körpers, der seinen Hungertanz dreht. Mein Leben ohne mich. Aber der Körper will noch und will noch, will noch immer leben. Existieren. Zu groß ist die Angst vor dem Nichts.«

***

Es gibt ein schönes Gedicht von Dylan Thomas: »Do not go gentle into that good night.« Nicht sanft in diese dunkle Nacht gehen. Die Verzweiflung rausschreien! Das ist ein Versuch, mit der Unausweichlichkeit der eigenen körperlichen Sterblichkeit klarzukommen. Der Kopf weiß nicht, was das Nichts ist.
Das Leben ist doch eine Zumutung: weil wir Menschen wissen, dass wir alle sterben müssen.
Es ist eine Herausforderung. Man muss sich dieser Trostlosigkeit stellen. Das Sterben muss man durchstehen. Jutta ging durch Höllen, um ins wirkliche Leben zu kommen, also ins geistige Leben. Meine Schwester sagt: »Ich lasse mich mehr und mehr auf den Tod ein, aber ich lasse offen, was herauskommt.« Herr Luik, ich schaue jetzt mal nach, ob meine Schwester doch mit Ihnen reden kann.

Nach unserem Gespräch weiß ich jetzt kaum mehr, was ich sie fragen soll.
Fragen Sie sie einfach: »Frau Winkelmann, wie geht es Ihnen heute?«

***

»Die Schmerzen sind so wahnsinnig. Ich bekomme Morphinpflaster. Ich vertrage sie nicht. Ich kotze alles aus. Ich krieche auf allen vieren aufs Klo. Kotzen, kotzen. Nichts hilft, die Schmerzen zersägen mein Ich, zerhämmern meine Individualität. Es bleibt nichts von mir übrig. Nichts. Es gibt keine Hilfe.«

***

Frau Winkelmann, draußen ist so ein schöner Wintertag ...
Und der Arzt hat vorhin gesagt, ich könnte heute sterben. Sterben? Es gibt keinen Tod. Keinen Tod. Das sind Gedanken. Wir werden immer weiterleben.
Glauben Sie das?
Ja. Man muss nicht traurig sein. Ich öffne kaum mehr meine Augen. Das Draußen spielt keine Rolle mehr. Die Außenwelt ist völlig weg. Das Materielle unwichtig. Ich würde gerne mit Ihnen darüber reden. Ihnen erzählen, was für wesentliche Erfahrungen ich vom Nichtsein gemacht habe, aber mir fehlen die Kraft und die Worte dafür. Ich muss jetzt weggehen, obwohl ich hierbleibe.

***

»Und trotzdem, lieber, böser, schrecklicher Gott, vielleicht verstehe ich noch, warum das alles passiert. Vielleicht komme ich der Wahrheit näher, vielleicht wird mir verziehen und vielleicht kann ich verzeihen, mich hingeben – aber noch kann ich es nicht. Ich will durch das Nadelöhr, und ich will leben.«

***

Ihr Buch *Mein Leben ohne mich* ist ein Aufschrei gegen das Schicksal.

Ich frage mich oft, ob ich es besser nicht hätte herausgeben sollen? Als ich das schrieb, war ich in einem anderen Zustand als jetzt. Ich war noch entsetzt. Ich hatte noch Angst. Ich habe damals noch gegen das Schicksal angekämpft. Ich wollte es nicht annehmen. Ich habe geweint. Randaliert. Aber es passiert einfach. Es ist die Nachtfahrt der Seele. Es ist so schwer zu sterben.

Und es ist so leicht zu leben.

Ja, leicht zu leben und ganz schwer zu sterben. Es war schwieriger, als ich es mir vorstellen konnte. Erst wenn man die Angst überwunden hat, ist alles leicht. Ich frage mich heute, wie konnte ich solche Angst bloß haben? Aber ich musste da durch. Und ich glaube, jetzt wird alles schöner.

Sind Sie nun gelöst?

Ich hatte ein sehr starkes Lichterlebnis. Aber das war nicht so, wie man sich das vorstellt. Es war sehr schön. Deswegen habe ich jetzt keine Angst mehr vor dem Tod. Ich würde Ihnen gerne erklären, dass das Nichts nicht nichts ist. Aber ich finde nicht mehr die Worte. Habe nicht mehr die Kraft. Schade. Wenn ich jetzt noch ein Buch schreiben würde, was ich gerne würde, wäre es optimistischer, ich würde schreiben, dass man keine Angst haben muss, dass man definitiv zum neuen Leben kommt.

Sie haben gerade etwas gezuckt, haben Sie Schmerzen?

Ja, ich habe starke Schmerzen. Aber ich nehme keine Schmerzmittel, das ändert letztendlich nichts. Ich laufe den Schmerzen nicht davon, ich nehme sie an. Wenn ich meditiere, ist es besser. Es ist nicht traurig, dass ich sterbe. Ich esse jetzt nicht mehr. Das ist für mich nun das Schönste auf der Welt. Der Körper ist dann weg, aber es gibt einen Seelenkern, der lebt weiter.

Sie wollten doch sicher älter werden – gemeinsam mit Ihrer Schwester.

Ja, vielleicht passiert es ja doch noch. Aber ich bin jetzt in einer Welt, wo sie nicht ist.

Sie hatten in Ihrem Leben tolle Männer und jetzt ...
Die hätte ich am allerliebsten nicht gehabt. Das Leben kann man mit dem Verstand nicht erfassen. Jeder Mensch sehnt sich nach der ewigen Glückseligkeit. Aber am Ende kann man sagen, dass man nichts weiß. Ich will nicht mehr zurück, nur noch tiefer in mein Inneres. Die Liebe ist da, wenn du da durch bist. Die Liebe. Ich muss jetzt aufhören. Ich bin so müde. Auf Wiedersehen.
Auf Wiedersehen?
Bis zum nächsten Mal. Auf Wiedersehen.

Im Sommer 1973 wurden sie weltberühmt: Gisela, John Paul Getty, Jutta Winkelmann. Die Mafia entführte den 16-Jährigen Getty und verlangte von dessen Großvater Jean Paul Getty, damals einer der reichsten Menschen auf der Welt, 17 Millionen Dollar Lösegeld. Der zahlte nicht – sein Enkel habe seine Entführung inszeniert. Die Entführer schnitten Getty das rechte Ohr ab. Nun zahlte der Großvater 2,9 Millionen Dollar. Nach fünf Monaten war Paul frei, er heiratete Gisela. Im Drogenrausch erlitt er 1981 einen Schlaganfall und war bis zu seinem Tod 2011 ein Pflegefall. Der wichtigste Mann im Leben der Zwillinge: Rainer Langhans. Ja, der aus der Kommune 1, der mit Uschi Obermaier, ja, der etwas merkwürdige, stets in weiß gewandete Guru. Gemeinsam mit Gisela Getty begleitete er das Leiden von Jutta Winkelmann – bis zu ihrem Tod am 23. Februar 2017 in München.

Oswalt Kolle

»Es waren alles so verklemmte Schwitzgeschichten in der Hitlerjugend: Reinheit der Seele, Reinheit des Körpers. Flink wie ein Windhund. Hart wie Kruppstahl. Übergib dem Führer deine reine Seele. Und ich hatte da ein Riesenproblem – meine Onanierlust.«

»Ich war wie ein Kaninchen«

(Amsterdam, 1998)

Er ist der Altmeister der sexuellen Aufklärung und brachte wie kein anderer Bewegung in deutsche Betten: Sex ist lernbar und macht Spaß, ob man jung oder alt ist. Genieße, gib dich hin, heißt seine Botschaft. Ein bisschen komisch guckte ich schon, als der ältere Herr, den ich 1998 in seiner Wohnung in Amsterdam traf, einen Dildo in der Hand haltend, gut gelaunt Sätze von sich gab wie: »Im Grunde ist es egal, wenn man keine Erektion mehr hinkriegt: Wer eine Zunge und zehn flinke Finger hat, ist immer noch potent.«

Herr Kolle, die Sex-Unternehmerin Beate Uhse sagt, drei Faktoren hätten das Sexualverhalten der Deutschen radikal verändert: »Beatchen Uhse, die Pille und Oswalt Kolle.«

Ja? Stimmt schon, ich habe ein bisschen Aufklärung in diese Welt gebracht. Ich habe dafür gesorgt, dass eine miese, dreckige, menschenfeindliche Moral abgedankt hat. Ich wurde angegiftet in den 60ern: »Wegen dir geht die Moral vor die Hunde!« Ja, was denn für eine Moral? Eine heuchlerische Scheißmoral! 2 Millionen Abtreibungen auf dem Küchentisch gab es damals! Heute können wir vernünftig über Sexualität reden. Ich habe Türen geöffnet.

Für die 68er waren Sie ganz einfach ein kleinbürgerlicher Spießer.

Ach was. Für die Rechten war ich der Ehezerstörer, für die katholische Kirche »ein volksverführerischer Gaukelspieler«. Ich bin ein Realpolitiker. Die Linken wollten mit dem großen Schraubenschlüssel die ganze Sexualität umdrehen. Die dachten, wenn man mit dem nackten Arsch den Leuten ins Gesicht springt, dann verändert sich alles schlagartig. Aber Sie überzeugen einen Homosexuellenfeind nicht von der Schönheit der Männerliebe, indem Sie ihm die Hosen runterziehen.

Sie setzen auf das sanfte Streicheln.

Aber nur! Und ich habe mehr erreicht als die ganze linke Bewegung mit ihren wilden Aktionen. Mir war das alles zu ungestüm.

Wie sind Sie erzogen worden?

Ganz klassisch, bürgerlich-liberal. Meine Mutter war nicht streng, sie war sanft. Aber es war eine sehr körperfreie Erziehung. Küsse, Umarmungen gab es da nicht. Meine Eltern schlugen mich nie, nicht mal im Zorn. Mit einem strafenden Blick guckten sie, wenn bei uns Jungs bestimmte Flecken waren auf der Wäsche.

Und die gab es häufig?

Natürlich. Mit acht, neun habe ich angefangen zu onanieren. Ich habe onaniert wie verrückt.

Warum?

Es ist das Schönste, was es gibt für einen Jungen, der noch keine Freundin oder keinen Freund hat. Und es ist ein wunderbares Spiel, das jung hält und gesund macht.

Moment mal, neulich haben Sie bitter darüber geklagt, dass »wir auf dem Weg in die Masturbationsgesellschaft« seien.
Ja, weil die Leute mit offenen Hosen vor dem Video oder Internet sitzen und gar nicht mehr rausgehen, total vereinzeln. Das war nicht mein Ziel. Ich wollte, dass Masturbation als normal und angstfrei erlebt werden darf.
Hatten Sie ein schlechtes Gewissen, wenn Sie masturbierten?
Nein, nie. Ich habe mich eher gewundert, woher meine erotischen Fantasien kamen: Mädchen spielten da keine Rolle. Immer Jungs. Aber das hatte mit der Schule zu tun. Da wurde geprügelt wie verrückt. Der Lehrer Kürschner machte daraus ein Ritual: »Ich mache meinem Namen Ehre, weil ich frechen Jungs das Fell gerbe.« Er zögerte die Schläge hinaus, manchmal durfte man die Zahl der Hiebe selber bestimmen, schließlich musste man sich über den Schemel legen: »Stell ihn in die Mitte, damit alle sehen können, wie es einem frechen, schmutzigen Jungen ergeht.« Und dann drosch er mit dem Rohrstock auf den Po. Ich fand das toll. Das hat mich erregt. Lust-Angst. Ich war klein, schwach – und in meiner Fantasie liebte ich die schlanken, starken Jungs.
Sie waren in der Hitlerjugend?
Ja, aber unwillig.
Wie alle guten Deutschen.
Nein, die meisten waren sehr gerne da, ich aber nicht.
Wie haben Sie die Nazis erlebt?
Es waren alles so verklemmte Schwitzgeschichten in der Hitlerjugend: Reinheit der Seele, Reinheit des Körpers. Flink wie ein Windhund. Hart wie Kruppstahl. Übergib dem Führer deine reine Seele. Und ich hatte da ein Riesenproblem – meine Onanierlust. Ich war in der Rundfunkspielschar, wir haben morgens im hessischen Radio Chöre gesungen. Und irgendwann wurde ich dem Reichsjugendführer Baldur von Schirach vorgestellt. Für mich war das eine ganz furchtbare Frage: Ich muss diesem Vertreter des Führers ja die Hand geben. Geht das denn? Das ist ja meine Onanierhand, und die ist beschmutzt. Ich habe ihm diese befleckte Hand gereicht – ein fürchterlicher Stress.

Erinnern Sie sich noch, wie das war – das erste Mal zu zweit?
Das war ein Moment des Glücks. Ein Augenblick, der verhuschte, aber immer in Erinnerung ist. Es war mit einem Freund, in einer Jagdhütte. Er war 16, ein Jahr älter als ich, und es ist einfach geschehen. Für mich war das überwältigend, den Körper eines nackten Jungen im Arm zu haben. Ich liebte den, ich mochte den. Wir haben uns gegenseitig masturbiert. Es roch nach Tannen und Gras, und Vögel zwitscherten – dieses Bild habe ich noch immer vor mir. Eine wahnsinnige Geschichte.
Haben Sie sich danach geschämt, dachten Sie: Ich mache hier etwas Falsches?
Nein, ich habe schon gewusst, dass es Männer gibt, die nur Männer lieben. Mein Onkel Helmut, ein Maler und großer Freund von Cocteau, war homosexuell. Aber ganz ehrlich war ich damals nicht. Ich habe mit niemand darüber geredet. Eine Zeit lang war ich auch verwirrt, habe ich mich immer gefragt: Bin ich eigentlich bisexuell oder nur ein Heterosexueller, der keine Angst vor Sex mit Männern hat? Von Anfang an habe ich mit Männern und Frauen geschlafen, habe das genossen – ohne Schuldgefühle.
»Der Verlust des Schamgefühls«, schreibt Sigmund Freud, »ist ein Zeichen von Schwachsinn«.
Das ist die Argumentation, die aus der christlich-reaktionären Ecke kommt. Freud meinte das völlig anders, er sagte: Bei Schwachsinnigen können wir feststellen, dass sie zuerst die Scham verlieren. Also was wir bei Alten und Senilen erleben. Die Feinde der sexuellen Freiheit benutzen diese Worte als Waffe. In den 60ern wollten ja Ärzte, Hochschulprofessoren mit der »Ulmer Denkschrift« die Pille verbieten lassen. Wenn man den Frauen, sagten sie, die Angst vor der Schwangerschaft nimmt, würden sie hemmungslos: »Die Abgabe der Tabletten würde bei ihnen die letzten Bremsen beseitigen. Wir kennen dies ja bei manchen Fällen der Sterilisation.« Im Klartext: Die Frau ist unmündig, und im Grunde ist sie eine Hure. Und dagegen ...

… waren Sie: »Der wackerste Kämpfer für die Entteufelung des Unterleibs«, wie die *Zeit* Sie einmal nannte.

Ja, natürlich. Sie müssen einfach wissen, wie die Stimmung damals in Deutschland war. Ich war mit meiner Frau fünf Jahre zusammen, und dann haben wir geheiratet. In unserer Hochzeitsnacht wollten wir in Offenburg im »Offenburger Hof« übernachten. Ich hatte die Ehepapiere vergessen, und da hieß es: »Bitte schön, Sie haben keinen Trauschein, Sie kommen nicht zusammen in ein Zimmer!« So war das.

Es galt noch die »Himmlersche Polizeiverordnung« mit den Kuppeleiparagrafen und …

… es war noch die Zeit, wo die Polizei in ihren Fahndungsblättern schrieb: »Otto Eduard Hasse, herumreisender Schauspieler, homosexuell. Verhaften!« Das können sich die jungen Homosexuellen heute nicht vorstellen. Ich habe in der *QUICK* eine Aufklärungsserie gemacht: »Dein Kind – das unbekannte Wesen«. Ich schlug vor, man solle doch nicht mehr Pullermännchen sagen, sondern von Penis, Scheide, Vagina oder Glied reden. Da schrieb der damalige Familienminister, Herr Würmeling, wenn solche schmutzigen Ausdrücke nochmals erscheinen, werde er dafür sorgen, dass die *QUICK* verboten wird.

Damals nahm man nicht mal das Wort Schwanz in den Mund.

I wo. Ich bekam Tausende von Briefen. Die Leute schrieben: Wir wissen nichts. Wir können nicht miteinander reden. Helfen Sie uns! Als ich angetreten bin, war Sex eine Leistung. Eheliche Pflicht hieß das. Ich wollte da weg: Nee, nee, nix Leistung, nix Pflicht. Wir müssen woanders hinkommen – zu mehr Zärtlichkeit, zu mehr Sinnlichkeit. Die Frau gleichberechtigt mit dem Mann, nicht als Genossene, sondern als Genossin.

Sie waren damals, schrieb die *Bild am Sonntag* äußerst erregt, der dritte Mann in jedem deutschen Ehebett.

Ich war für viele eine Hassfigur. Ein katholischer Pfarrer beschimpfte mich: »Sie wollen die Menschen sogar in der Ehe zu sexuellen Spielen verführen!« Für die Männer war ich ein Verräter. Sie konnten es nicht mehr so einfach mit ihren Frauen treiben.

Was war denn das Skandalöse an Ihrer Botschaft? Habt Spaß miteinander, sagten Sie. Und: Die Frau darf auch mal oben liegen!
Aber das war revolutionär. Bei der Freiwilligen Selbstkontrolle tobte ein Zensor: »Sie wollen die ganze Welt auf den Kopf stellen – jetzt soll sogar die Frau schon oben liegen!« Ein Chefredakteur sagte: »Ich finde toll, dass der Kolle mit seinem Zeugs so einen Erfolg hat, aber ich verstehe das nicht ganz: Bei mir zu Hause geht das ruckzuck und fertig.«
Das war auch John F. Kennedys Rammel-Maxime: »Wham, bam – thank you, Ma'am!«
Bisher hatten die Männer ihr Ding reingesteckt, sind kurz rumgezuckt, und das war's. Mir fällt dazu dieser Witz ein: Ein Mann schläft mit seiner Frau, er ist heftig bei der Sache und sagt plötzlich: »Entschuldigung, Liebling, habe ich dir wehgetan?« Sie: »Warum denn?« Er: »Ich habe das Gefühl, dass du dich bewegt hast.« Ich habe die Frauen renitent gemacht, ich habe ihnen etwas gegeben und den Männern was genommen.
Einer von diesen Männern wollte Sie töten.
Der lief auf Sylt herum, wo ich gerade Urlaub machte, und brüllte in den Kneipen: »Ich bring den Kolle um!« Dann hat er eine Kneipe demoliert und geschrien: »Das ist für Kolle!« In der Polizeizelle hat er randaliert, und die Polizisten warnten mich vor ihm. Irgendwann riefen mich Freunde an und sagten, jetzt sitzt mein Mörder im »Rauchfang«. Ich bin zu der Kneipe gefahren. »Du willst mich umbringen?«, habe ich gesagt. Ich habe ihn geduzt, denn Mord, finde ich, ist eine sehr intime Sache. Er hat mich entgeistert angeguckt. »Wieso denn?« – »Ich bin Oswalt Kolle.« Er war entsetzt. »Ich meine doch nicht Sie! Ich meine die Idee, die Sie verkörpern. Du und deine Zärtlichkeitsscheiße. Die hat mich um meine Frau gebracht. Die ist jetzt weg, du bist schuld daran!«
»Meine Olle treibt's wie Kolle!«, hieß es draußen im Volk.
Ach ja, mit dem Kalauer kann ich gut leben. Die Leute, die heute etwas zu sagen haben, die 40- bis 50-Jährigen, sind mit meinen Filmen und Büchern aufgewachsen. Ich weiß, ich habe etwas geleistet und etwas zustande gebracht.

Aber ob das für die Nachwelt reicht? Im Meyer-Lexikon stehen Sie, anders als Ihr Vater, der Psychiater, oder Ihr Großvater Wilhelm, der als Hygieneprofessor die Choleraschutzimpfung entwickelte, nicht drin.

In meinem Lexikon, dem Brockhaus, bin ich drin. Aber ob ich eine Spur für die Nachwelt hinterlasse, ist mir egal.

Vor 30 Jahren haben Sie das lustvolle Miteinander junger Menschen propagiert. Und jetzt haben Sie ein neues erregendes Ziel: Sie wollen die Alten auf Trab bringen. Ihre Devise heißt: Für ein freudvolles Ineinander, bis dass der Tod euch scheidet.

Sex ist ein gutes Mittel gegen Altersfrust. Aber ich will niemand zu irgendetwas verführen. Im Gegenteil, ich sage: Wer dir den einzig richtigen Weg zeigen will – alles Scheiße, schmeiß ihn in die Ecke!

Wie bitte? Ihr neues Buch heißt: *Die Liebe altert nicht*, und es verspricht im Untertitel das große Glück, nämlich: *Erfüllte Sexualität ein Leben lang*.

Manchen geht es im Alter ja so wie Arthur Schopenhauer, der sich endlich »vom Ungeheuer Sexualität« befreit fühlte. Gut. Aber ich weiß, dass andere furchtbar unglücklich sind, weil sie mit Sex im Alter nicht umgehen können.

Wenn eine Frau 50 ist, meint die britische Feministin Germaine Greer, wird sie »unsichtbar«. Sie wird nicht mehr wahrgenommen als sexuelles Wesen.

Das ist fürchterlicher Unsinn, dem auch Simone de Beauvoir aufgesessen ist. Ich war 19, da hat mich eine 55-Jährige verführt. Mit ihren Händen und Lippen – sinnlicher als ein junges Mädchen. Und wenn jetzt eine 40-Jährige zu mir sagt, du kannst mit mir schlafen, mein Körper ist noch toll, da sage ich zu ihr: Was redest du da für einen Blödsinn! Das ist ja ein grauenhafter Satz. Mir ist die alte, faltige Haut meiner Frau doch genauso lieb wie eine junge!

Ihren aufmunternden Worten zum Trotz: Die Diktatur des Schönheitsideals ist unbarmherzig. Da wird geliftet und gestrafft, was das Skalpell hält.

Das ist schlimm. Und die Frauen, die das machen, werden nicht glücklich. Man muss mit Würde altern.

Sex im hohen Alter, sagen Sie, sei auch eine Frage des Trainings, und Sie weisen auf wichtige Dinge hin. Auf einen Muskel zum Beispiel, den kaum einer kennt. Die Frau solle bei jeder Gelegenheit ihren Pubococcygeus trainieren: »Immer drei Sekunden anspannen, dann wieder entspannen.«

Ja, Sexualität kann man lernen. Es ist doch so, wie Ernest Bornemann gesagt hat: Viele erleben Sex wie ein Mensch, der einen Achtzylinder fährt, bei dem aber nur zwei Zylinder funktionieren.

Und damit alle Zylinder herrlich aufröhren, haben Sie mannigfache Tipps: »Manche Frauen«, schreiben Sie, »können erst über die Schwelle des Orgasmus gehoben werden, wenn der Partner ihnen im entscheidenden Moment leichte Schläge auf den Po versetzt oder mit den Fingernägeln die Innenseite der Schenkel kratzt.«

Das hilft, diese Tipps helfen den Menschen ...

... den »Ganzkörperorgasmus«, wie Sie schreiben, zu erleben?

Aus Briefen, ich kriege pro Monat um die 200 Stück, weiß ich, dass meine Ratschläge die Leute weiterbringen.

Sex ist trainierbar wie ein Fußballspiel?

Unsinn. So einen Vergleich hasse ich wie die Pest. Aber viele ältere Menschen haben ungeheuer quälende Vorurteile im Kopf: Sie denken, wenn sie Lust haben, das ziemt sich nicht – o Gott! Und ältere Männer haben schreckliche Angst, impotent zu werden, und erinnern sich an ihre Jugend. Damals hieß es: Tausend Schuss, dann ist Schluss! Solche Ängste können Sie den Leuten nehmen.

Und Sie selbst – wie haben Sie befriedigenden Sex erlernt?

Ich habe erst mit Jungs, dann mit Mädchen geschlafen. Ich schäme mich heute. Ich war am Anfang wie ein Kaninchen, habe einfach losgerammelt, so wie es heute noch irrsinnig viele Männer machen, die nach wie vor Cunnilingus für eine irische Fluglinie halten. Ich habe mein Ding reingesteckt, abgezogen, möglichst oft hintereinander. Ich habe dann eine ältere Frau kennengelernt, sie war 30, ich um die 20, und die hat zu mir gesagt: Mein lieber Freund, es ist ja toll, wie potent du bist, du hast auch einen ganz schönen Schwanz, aber schöner Sex ist viel mehr.

Und sie hat Ihnen gezeigt, was wirklich schön ist?

Ja, wie man sich lecken und schlecken kann, wie man sich frei im Bett bewegt und dass man nicht bloß auf der Frau draufliegt. Dieser Frau, Helga hieß sie, bin ich ungeheuer dankbar. Die Erfahrungen, die ich mit ihr gemacht habe, habe ich an alle weitergegeben, mit denen ich geschlafen habe – auch meiner Frau.

Sie haben auch Sex zu dritt probiert. War's gut?

Wunderbar, und es ist immer noch wunderbar. Sie können einfach mehr Spaß haben. Ich habe es immer genossen, wenn zwei Männer mit einer Frau zärtlich waren. Ich hatte einen Freund, Martin, er war 20 Jahre jünger als ich, auch bisexuell. Wir waren keine Konkurrenten im Bett. Hatte sich eine junge Frau in einen von uns verliebt, dann wurde sie dem anderen vorgestellt. Viele Frauen reizt die Vorstellung, wie zwei Männer miteinander zärtlich sind. Wir haben mit den Frauen darüber geredet, und wir sind selten abgeblitzt. Wer keinen Sex zu dritt haben will, muss es doch nicht machen: Ich muss doch auch nicht Schaschlik essen, wenn ich genau weiß, dass es mir davon schlecht wird.

Bei Sex ohne Liebe, meint die Schauspielerin Jeanne Moreau, beginne das Fleisch des anderen zu stinken.

Ich bin gegen diese Romantisierung. Es muss nicht die strahlende Liebe sein, wenn man ins Bett geht. Es ist doch eine Lüge, dass es im Bett nur dann wirklich klappt, wenn man sich richtig liebt. Freundschaft, Vertrauen ist wichtig.

Eifersucht – ist das ein Fremdwort für Sie?

Ich lebe jetzt seit 50 Jahren mit meiner Frau zusammen. Wegen unserer Untreue. Sie hat genau wie ich immer gesagt: Wenn du nicht weggehst, weiß ich ja gar nicht, ob du zurückkommst. Es gab Zeiten, da wollten wir uns trennen. Es gab Schmerzen, Tränen. Ich habe auch gelitten. Aber Eifersucht? Das hieße, ich missgönne meinem Partner etwas. Wir haben vor unserer Ehe eine Probezeit gemacht: Drei Monate sollten wir uns nicht sehen. Ich bin nachts zu ihr zurückgeschlichen. Und plötzlich wussten wir: Wir kommen nicht ohne einander aus.

Wie gehen Sie damit um, wenn eine Frau Sie abweist?
Das kommt nicht vor. Ich bin ja nie der Verführer, ich bin nicht so aktiv. Ich lasse mich verführen. Äußerlichkeiten sind nicht wichtig. Die Augen, die Sprache, die Gestik – darauf kommt es an.
Sie werden bald 70.
Alt werden ist nicht angenehm, aber nicht alt werden ist unangenehmer. Alles wird mühsamer, man wird kurzatmig, und auch die Frauen und Männer gucken einem nicht mehr so hinterher.
Lässt die Lust nach?
Sie ist nicht mehr ganz so stark wie früher. Aber ich bin ein klassischer Fall, von dem die Wissenschaftler sagen: Wer früh anfängt, kann lang durchhalten. Ich habe keine Angst, impotent zu werden. Im Grunde ist es aber auch egal, wenn Sie keine Erektion mehr hinkriegen: Wer eine Zunge und zehn flinke Finger hat, ist immer noch potent.

Oswalt Kolle, 1928 in Kiel geboren, schrieb unzählige Artikel und Bücher über Sexualität (*Deine Frau, das unbekannte Wesen*), mit seinen Aufklärungsfilmen (*Das Wunder der Liebe*) erreichte er zwischen 1968 und 1972 weltweit über 140 Millionen Zuschauer.

Mit seiner Frau Marlies, die 2000 starb, hatte er 47 Jahre lang in einer »offenen Ehe« gelebt, und das Paar hatte drei Kinder. Kolle hatte viele Affären – etwa mit Romy Schneider, enge Beziehungen hatte er auch zu den Schaupielern Horst Buchholz und O. E. Hasse.

Kolle schrieb bis zu seinem Tod Bücher über politische Ereignisse und die Sexualität im Alter. Sein letztes heißt: *Sex: Die 10 Todsünden*. Kurz nach Fertigstellung des Manuskripts verstarb er 2010 in Amsterdam.

Sahra Wagenknecht

»Über diesen 9. November 1989 hab ich mich nicht gefreut, auch wenn ich selbst gern mal nach Paris oder Rom reisen wollte. Aber ich hatte wirklich Angst vor einer kapitalistischen Restauration, die es ja dann auch gegeben hat. Nach dem Anschluss der DDR an die BRD lebte ich in einem unglaublichen Trotz gegen diese Entwicklung.«

© Sandro_Halank

»Als die Mauer fiel, saß ich in meinem Zimmer und las Kants Kritik der reinen Vernunft«

(Berlin, 2010)

So ist das seit drei Jahrzehnten mit ihr: Sie wird bewundert und gehasst. Sahra Wagenknecht – Deutschlands, wahrscheinlich Europas bekannteste Linke – bringt fast jeden in Wallung. Wer ist diese Frau, die so rätselhaft verschlossen wirkt und mit ihren Ansichten stets provozierend agiert? Von all den Politikern und Politikerinnen, die ich beruflich getroffen habe, war sie die Einzige, mit der man lustvoll und gewinnbringend über Gott und die Welt, Philosophie und Revolution, reden konnte – abseits und losgelöst von doktrinärer Parteipolitik.

»Schatz, vergiss nicht, wer den Kalten Krieg gewonnen hat.«
Ach, Herzchen, jetzt komm mir doch nicht so, nicht mit diesem Zeugs!
Doch, Frau Wagenknecht, denn dieses Zeugs, private Dialoge, hat Ihr Mann ins Internet gestellt und . . .
Es war Satire.
So kam das nicht rüber.
Es war Satire, die auch eher auf den Fragenden als auf mich, die Antwortende, zielte. Es wurde aber behandelt wie ein Rührstück mit dem Titel »Mein Leben mit Sahra« ...
Sie klingen genervt.
Nein, aber wissen Sie, ich lese so viele Dinge über mich, wo ich mich frage: Das soll ich sein? Da sind so viele Klischees über mich im Umlauf, dass ich nur noch den Kopf schütteln kann.
Doch dann schlagen Sie die Zeitung auf und lesen plötzlich etwas Neues: »Die Kommunistin Sahra Wagenknecht, intime Kennerin von Lafontaines Positionen und nicht nur in Streikfragen mit ihm auf Augenhöhe, verlangt wie er regelmäßig französische Verhältnisse«.
Das war ein besonders mieses Kapitel, dass der *SPIEGEL* sich auf dieses Niveau begab – das sagt doch auch etwas über den Zustand der Gesellschaft aus.
Da ging es um eine mögliche Beziehung von Ihnen zu Oskar Lafontaine.
Ich bin für politische Streiks, und in dem Sinne habe ich nichts gegen französische Verhältnisse. Was mich anwidert, ist das Spiel mit der Doppeldeutigkeit. Da macht einer, der als seriös gilt, den Aufschlag und dann, wie gleichgeschaltet wirkt es auf mich, hetzt eine Horde los und beißt und beißt und . . .
»Scharfe Berliner Kommunistinnen müssen nun ohne ihn klarkommen«, hieß es im *FOCUS*.
Das kotzt einen an. Da fragt man sich, wie kann man sich wehren? Man kann es nicht.

Nun hat der *Stern* enthüllt, dass Lafontaines Privatleben von Profis systematisch ausgespäht worden war – im Auftrag der *BUNTEN*, offenbar wollten die Sie mit ihm in flagranti erwischen.
Das ist unfassbar, wie die vorgingen – unverfroren wie Geheimdienste. Mir ist richtig schlecht geworden, als ich den Artikel las. Diese Verachtung von Privatsphäre! Was ist das für eine Gesellschaft, wo so etwas möglich ist.
Sie sind sicherlich eine der am meist gehassten Frauen in Deutschland und ...
... wenn das so wäre, wenn ich nur gehasst würde – dann hätte ich die Politik schon längst an den Nagel gehängt, aber ...
Als Stalinistin, Betonkommunistin, das rote Teufelchen werden Sie verhöhnt und verspottet, eine Figur aus Madame Tussauds Wachsfigurenkabinett seien Sie.
Ja, das sind so diese Liebenswürdigkeiten. Aber zum Glück gibt es viele Menschen, die mich anders sehen. Wenn es sie nicht gäbe, hätte ich vielleicht längst aufgegeben, ich bin ja keine Maschine. Aber klar, ich hab in den Medien einen schlechten Stand, weil ich jemand bin, der die Herrschaftsverhältnisse hier verändern will. Ich störe.
Sie nehmen sich zu wichtig.
Das glaub ich nicht. Man verpasst mir doch diese Images, damit man sich nicht mit meiner Politik – ich will den Kapitalismus überwinden – auseinandersetzen muss. Aber man kann mich nicht kaltstellen.
Wie waren Sie denn als Kind?
Ziemlich eigensinnig und ein bisschen eigenbrötlerisch, ich wollte nicht in den Kindergarten gehen.
Sie sind ohne Ihren Vater aufgewachsen.
Ja, er war Iraner, er musste zurück, als ich drei Jahre alt war. Ich habe trotzdem erstaunlich konkrete Erinnerungen an ihn. Als Kind, aber das hat nichts mit meinem fehlenden Vater zu tun, habe ich früh das Interesse an den Puppen verloren. Ich hab stattdessen viel gelesen, ich fand das spannender.

Wie – Sie haben als 3-Jährige schon Bücher gelesen?

Ich war vier Jahre alt, da hat mir mein Großvater, er war Meister bei Carl Zeiss Jena, Lesen, Schreiben und Rechnen beigebracht. Ich hatte immer das Gefühl, zwischen den Buchdeckeln steckt etwas drin, was ich wissen will. Ich wollte ständig lernen. Da sitzt ein Kind, ist neugierig und will die Welt erfahren, das ist doch normal. Ich wäre sicher gern in den Kindergarten gegangen, hätte ich dort ein, zwei Sprachen lernen können.

Was sind Sie bloß für eine!

Ich wollte verstehen, was um mich vorgeht. Deshalb hab ich ständig gelesen, habe verschlungen, was mir in die Hände kam. Marx habe ich gelesen, da war ich 17, auch, um die DDR zu verstehen. Ich hatte mir immer gesagt, das kann ja nicht der Sozialismus sein, den er sich erhofft hat. Aber um Marx richtig verstehen zu können, musste ich Hegel lesen und Kant.

Sie kamen von der Schule nach Hause, haben sich hingesetzt und haben Marx studiert?

Ja, ich hatte für mich einen festen Arbeitsplan: nachmittags las ich zwei, drei Stunden Hegel oder andere klassische Philosophen, dann Marx, das war dann schon einfacher, und bis auf seine Briefe hab ich fast alles von ihm gelesen. Abends, zur Entspannung, habe ich dann Thomas Mann gelesen, Heine, Lessing, Schiller, also halt die klassische Literatur, die Romantik, die antike Klassik.

Sie sind mir unheimlich.

Wieso denn? Weil ich gerne lese? Der Reiz am Lesen ist ja, dass man die Dinge besser versteht, dass man sich Grundlagen erarbeitet, um auch in anderen Bereichen kreativ denken zu können.

Konnten Sie mit jemandem über Ihre Lektüre reden?

Nicht wirklich. Ich war damals ziemlich einsam. Ich lebte sehr zurückgezogen, hatte wenig Freunde.

Als die Mauer am 9. November 1989 fiel, saß Angela Merkel in der Sauna und ...

... ich saß in meinem Zimmer und las. Dass das Brandenburger Tor aufging, habe ich fast nur am Rande mitbekommen, ich hatte ja keinen Fernseher und vor meinem Fenster war nichts zu sehen.

Ich hatte auch nicht das Bedürfnis, mich Unter den Linden jubelnd rumuzutreiben. Ich las Kants »Kritik der reinen Vernunft« ...

Während die Vernünftigen in den Westen strömten!

War das so vernünftig? Heute sind sehr viele enttäuscht. Hoffnungen wurden betrogen, viele Biografien regelrecht zertrümmert, für viele war das Ende der DDR der totale soziale Absturz. Über diesen 9. November 1989 hab ich mich nicht gefreut, auch wenn ich selbst gern mal nach Paris oder Rom reisen wollte. Aber ich hatte wirklich Angst vor einer kapitalistischen Restauration, die es ja dann auch gegeben hat. Nach dem Anschluss der DDR an die BRD lebte ich in einem unglaublichen Trotz gegen diese Entwicklung.

Sie sagten damals so Dinge wie: »Die DDR war in jeder Phase das friedlichere, sozialere, menschlichere Deutschland.«

Ja, das war dieser Trotz. Ich wollte die DDR nicht beerdigen, sondern verändern. Als sie dann tot war, war es so unglaublich billig, die DDR zu kritisieren. Viele, die in der DDR den Mund nie kritisch aufgemacht hatten, beteiligten sich nach 1989 daran, ein Greuelbild von ihr zu zeichnen. Diesen Opportunismus fand ich widerwärtig, und aus Trotz habe ich dann die DDR mehrere Jahre lang nur noch gelobt.

Sie sind schon verdammt merkwürdig.

Wieso denn?

Sie trauern einem Staat hinterher, der Sie nicht mal studieren ließ.

Ich durfte nicht zur Uni, weil ich mich nicht ins Kollektiv einfügte, das stimmt. Und weil ich auch zu DDR-Zeiten schon ausgesprochen habe, was mich an ihr störte. Aber trotz aller Spießigkeiten, der Dumm- und Borniertheiten hatte die DDR den Anspruch, eine gesellschaftliche Alternative zum Kapitalismus zu sein, und dass sie vor die Wand gefahren wurde, fand ich deprimierend.

Ging Ihr Frust so weit, dass Sie an Selbstmord dachten?

Es gibt im Leben manchmal solche Augenblicke. 1989 wusste ich überhaupt nicht, wie es weitergehen sollte. Ich hatte Angst. Was hatte ich denn? Abitur und sehr viele Bücher gelesen. Aber sonst hatte ich nichts. Kein Geld, eine ungewisse Zukunft. Keine Perspektive. Nur das Gefühl, dass das, was um mich abläuft, in die falsche Richtung geht. Ich habe damals von Nachhilfe gelebt, ich habe

Russisch und Mathe unterrichtet. Ich musste jeden Pfennig rumdrehen. Scheiße, warum muss ich in so einer Gesellschaft leben? Ich muss etwas dagegen tun – sonst werde ich wahnsinnig.

Sie hätten sich doch in Ihre schönen Bücher versenken und das Drumherum um Sie einfach vergessen können.

Es war letztendlich Thomas Manns *Doktor Faustus*, der mich aufgerüttelt hat. Dieser Adrian Leverkühn, der im Wahnsinn endet, weil er sich den Zynismus der Gesellschaft zu eigen macht und alle humanistischen Ideen verwirft. So wollte ich nicht enden. Ich wollte nicht durchdrehen. So kam ich – was alle in meiner Umgebung überraschte, auch mich selbst – zur aktiven Politik.

Und haben sich dann dieses Image aufgebaut: Ich bin eine Revolutionärin so wie Rosa-Luxemburg, und ich sehe auch noch aus wie sie!

Tja, das ist nun wirklich ein alter Hut. Ich hab mir kein Image aufgebaut! Ich finde es perfide, wie gerade bei Frauen das Äußere eingesetzt wird. Da kommt eine Häme ins Spiel, die es bei Männern so nicht gibt! Unterschwellig heißt es ja: Die macht Politik mit ihrem Gesicht! Es ist absurd. Nein, ich hab was zu sagen, ich habe mehr als eine Frisur!

Aber selbst Ihr Parteifreund Lothar Bisky spöttelte so über Sie: »Wenn sie jetzt noch anfangen würde, leicht zu hinken, wird sie zur wiederauferstanden Rosa Luxemburg«.

Diese Frisur habe ich seit meinem 16. Lebensjahr, damals kannte ich Rosa Luxemburg noch kaum. Oder was immer über meine Kleidung geschrieben wird! Manche Journalisten mögen mich offenbar so wenig, dass sie noch nicht mal korrekt wahrnehmen können, was ich anhabe.

Und ob es Ihnen passt oder nicht – Sie regen die Phantasien an, über sie gründelt die sonst so spröde *ZEIT*: »Dass Schönheit sich an das Kapital verkauft ...

O Gott, das war ein ganz grusliger Artikel!

... erleben wir täglich. Dass Schönheit sich der Erlösung des Menschengeschlechts verschreibt, ist dagegen fast so unwahrscheinlich wie die Verwirklichung der kommunistischen Utopie«.

Gut, aber was passiert denn hier? Der Autor verspottet mich, weil ich eine bessere, also eine gerechtere Welt für möglich halte. Dass der Gedanke an eine vernünftige Gesellschaft verhöhnt wird, ist doch ein Zeichen dafür, wie krank diese Gesellschaft ist!

Frau Merkel, Herr Westerwelle und Herr Ackermann würden Ihnen sagen: So wie die Gesellschaft ist, so ist es gut – das ist alles sehr, sehr vernünftig.

Ja, es gibt eine Reihe von Leuten, die vom Kapitalismus profitieren. Aber die Sensibleren unter den Profiteuren ahnen, dass dieses System nicht mehr kreativ, sondern richtig gefährlich geworden ist. Alle fürchten sich vor dem nächsten Crash, und alle wissen: Er kommt bestimmt. Warum leben wir, fragt sogar der *FAZ*-Herausgeber Frank Schirrmacher, in einer Gesellschaft, »die im Begriff ist, nach ihren natürlichen Lebensräumen nun auch ihre soziale Umwelt sehenden Auges zu ruinieren«? Ich kann mich nicht mit diesen Verhältnissen abfinden, ich finde sie unerträglich.

Nun klingen Sie sehr pathetisch.

Finde ich überhaupt nicht. Jeder mit Herz und Vernunft muss es für unerträglich halten, wie Kinder von Hartz-IV-Familien hierzulande aufwachsen müssen, während andere gleichzeitig in solchem Luxus leben, dass ihr größtes Lebensproblem darin besteht, ihr vieles Geld richtig anzulegen.

Das ist nun billiger Agit-Prop.

Nein. Das beschreibt eine soziale Kluft, die einfach unerträglich ist.

Wenn es so ist, dann müssten Sie ja randalieren!

Hilft das? Nein, ich baue keine Barrikaden.

Ich kann mir Sie auch schlecht auf einer Barrikade vorstellen.

Müssen Sie auch nicht, wichtiger ist, dass die Menschen lernen, sich gemeinsam zu wehren, das wünsche ich mir: Streiks, politische Streiks, Generalstreik. Demonstrationen sind Mittel, die Gesellschaft zu ändern. Und meine verdammte Pflicht als Politikerin ist es, über Alternativen zu reden und die Menschen zu ermutigen, sich zu wehren.

Wissen Sie eigentlich noch, warum Sie Kommunistin wurden?
Weil ich Goethe las, den *FAUST*.
Dann hatte Konrad Adenauer durchaus recht, als er in den frühen 60ern auf die Frage, welches Buch er wegen seines »verderblichen Einflusses« am liebsten verbieten würde, geantwortet hat: »Den *FAUST*!«
Ja, er hat offenbar das Revolutionäre im *FAUST* erkannt. Als 16-Jährige habe ich *FAUST* ganz intensiv gelesen – und diese Lektüre stimuliert zum Widerstand gegen beengende, ungerechte Verhältnisse. Goethe war Antikapitalist.
Moment, er hat es sich doch ganz gemütlich im Feudalismus eingerichtet, diente brav den Aristokraten.
Er hat sich mit den Verhältnissen arrangiert, aber sein *FAUST* geht über ihn hinaus: Sein Faust will wirkliches Leben – er rebelliert gegen dieses Unbehaust-Sein in erniedrigenden, beschränkenden Verhältnissen, er hat eine Nicht-Bereitschaft zu Dummheit. Er will eine Gesellschaft, in der Menschen wirklich Menschen sein können.
»Ach kann ich nie/Ein Stündchen ruhig Dir am Busen hängen/Und Brust an Brust und Seel in Seele dringen?«
Das ist die Szene mit Faust und Gretchen in Marthes Garten: »Ach, wenn ich nur alleine schlief/Ich ließ dir gern heute nacht den Riegel offen«, sagt sie, und er gibt ihr dann den Schlaftrunk für die Mutter.
Sie erstaunen mich – Sie kennen das auswendig?
Jetzt hab ich ja ein bisschen nachdenken müssen, aber ich konnte mal die beiden Teile des *FAUST* auswendig.
Was? Das sind 12 111 Verse, das sind hunderte von eng bedruckten Seiten!
Ja. Ich hab das nicht gelernt, um den *FAUST* deklamierend durch die Straßen von Berlin zu laufen. Ich wollte ihn einfach verstehen. Er hat mich eben fasziniert, denn da steckt die ganze Menschheitsgeschichte drin, das Wissen, dass die Menschen zum Schlimmsten fähig sind, aber eben auch die tiefe Überzeugung, dass der Mensch zum Besten und Edelsten in der Lage ist. Mich hat das gereizt, diese

Kraft, dieser humanistische Anspruch, außerdem hat mich die Schule gelangweilt.

16-jährige Mädchen schauen gemeinhin lieber Jungs hinterher – als in den *FAUST* zu gucken.

Das hab ich ab 13 gemacht, bin in Diskos gegangen, habe geraucht, mich mit Jungs rumgedrückt. Als ich 16 war, fand ich dieses Leben schon wieder langweilig.

Sie sind immer Außenseiterin.

So sehe ich mich nicht.

Sie sind noch nicht angekommen in diesem Deutschland.

Warum soll ich ankommen? Ich hätte nach der Wende natürlich in die CDU oder die SPD gehen und dort wunderbar Karriere machen können, die haben ja damals händeringend nach Leuten aus dem Osten gesucht. Aber ich wollte mich nicht mit diesen irrsinnigen Verhältnissen abfinden, wo der eine 5 Milliarden Euro besitzt und der andere nicht weiß, wie er menschenwürdig über die Runden kommt.

Sie haben nichts dagegen, wenn ich Sie als Mutter Teresa des Klassenkampfs bezeichne?

Doch, anders als sie vertrete ich keine Moralphilosophie, die allgemein das Gute will. Ich will Gerechtigkeit, und ich denke, was ich will, ist wirtschaftspolitisch vernünftiger als das heute herrschende System.

Pech für Sie, dass die Bundesbürger wenig Lust auf die »Linke« haben – und schon gar keine auf einen Sozialismus.

Ist das so? Umfragen zeigen: Die große Mehrheit ist gegen den Afghanistankrieg. Die Mehrheit ist gegen die Rente mit 67. Die Mehrheit ist gegen Agenda 2010. Die Politik bewegt sich also auf dünnem Eis. Geschichte passiert fast immer in Sprüngen. Was ewig scheint, kann rasend schnell verschwinden. Wer 1985 prognostiziert hätte, dass es zehn Jahre später weder die Sowjetunion noch die gesamten osteuropäischen Ländern geben würde – man hätte ihn ins Irrenhaus gesteckt.

Haben Sie tatsächlich das Gefühl, das hiesige System wankt?

Haben Sie schon die Panik vergessen, als die Börsen vor anderthalb Jahren zusammenkrachten? Haben Sie den Schrecken in Merkels

Gesicht vergessen, als sie und der damalige Finanzminister sagten: Wir haben in den Abgrund geschaut? Die Bürger finden den Kapitalismus nicht mehr toll, schon längst nicht mehr. Sie wissen, dass ein Prozent Rendite mehr zählt als das Schicksal von hundert oder tausend Familien. Der Kapitalismus, anders als in den 50ern und 60ern, verspricht den Leuten also keine bessere Zukunft mehr. Er lässt sich keine sozialen Kriterien mehr aufzwingen. Heute zerstört er, was er einst aufgebaut hat. Er hat keinen verführerischen Charme mehr, sehr viele empfinden ihn als lebensbedrohlich.

Aber dennoch stimmten in seiner größten Krise gerade mal 12 Prozent für Ihre Partei, während die Partei des Geldes, die FDP, auf über 14 Prozent bei den letzten Wahlen kam.

Ich finde ja auch, wir sollten 60 Prozent bekommen. Aber viele Menschen haben das Gefühl, sie können nichts tun. Aus Hoffnungslosigkeit gehen sie nicht mehr zur Wahl. Und man muss auch sehen, dass es zum ersten Mal in der Bundesrepublik eine relevante Partei links von der SPD gibt. 12 Prozent waren ein sehr gutes Ergebnis. Man muss einfach sehen, wo wir herkommen.

Für viele Bundesbürger ist die Linke einfach das: ein NVA- und Stasi-Resozialisierungsprojekt.

Das ist nun wirklich Unsinn. Ein Klischee, das auch jeden Gedanken an Sozialismus zerstören soll. In meinem Düsseldorfer Kreisverband habe ich auch noch keinen NVA-Soldaten getroffen.

Haben Sie manchmal Zweifel an Ihrem Handeln? Fragezeichen im Kopf?

Ja. Ich glaube schon, dass ich anders rede als vor 20 Jahren. Ich habe mich etwa erst in den vergangenen zehn Jahren fundiert mit moderner Ökonomie beschäftigt. Aber wie damals, will ich auch heute noch eine soziale und gebildete Gesellschaft.

Das könnte Herr Westerwelle auch so sagen, genau so.

Nein, denn es ist das Gegenteil von dem, was wir heute haben. Wir haben Autos mit Massage in den Sitzen, aber wir sind nicht in der Lage, alte Menschen würdevoll zu betreuen, Kassenpatienten die optimale Versorgung zukommen zu lassen. Das ist doch pervers! Und um das zu verändern brauchen wir, was Herr Westerwelle garantiert nicht will: eine Umverteilung von Vermögen.

Sie wollen eine Millionärssteuer.

Ja, klar. Und auch eine Börsenumsatzsteuer. Man kann die Ökonomie verändern. Wir könnten sofort andere, viel bessere Verhältnisse haben. Ist es denn unrealistisch, auf Millionärsvermögen zehn Prozent Steuern zu erheben?

Das können Sie vielleicht versuchen, aber dann verschwinden diese Leute ins Ausland.

Glauben Sie das wirklich? Und wenn sie das tun: Sie müssen ihr Vermögen hierlassen oder hohe Wegzugssteuern zahlen.

Was ist denn das?

Jeder, der gehen will, kann gehen, aber er muss zahlen. Man kann leben und wohnen, wo man will. Aber wer hier sein Geld verdient hat, der muss es hier versteuern. Überhaupt: Es ist doch obszön, wenn ein Konzernchef das 300-Fache seiner Arbeiter verdient. Das hat nichts mehr mit Leistung zu tun. Und diese Milliardenvermögen, die überwiegend durch Erbschaften oder Spekulation erworben wurden, sind ja nicht passiv, sie sind richtig gefährlich: Sie steuern die Finanzmärkte und wollen sich vermehren, immer mehr Rendite machen. Und so ziehen sie aus dem gesellschaftlichen Kreislauf immer mehr Geld heraus. Diese extreme Ungleichheit zerstört die Wirtschaft.

Und deshalb wollen Sie wohl auch noch das: Verstaatlichungen.

Der Schlüssel zu allem ist die Wirtschaft. Und deshalb müssen wir intelligent über öffentliches Eigentum und kommunalen Besitz nachdenken, darum kommt die Gesellschaft nicht herum. Der Kapitalismus hat keine Lösungen, es ist also höchste Zeit, dass wir handeln. Die Menschheit läuft sonst Gefahr, sich selbst zu zerstören.

Sie sind eine Apokalyptikerin.

Nein, ich sage doch: Wir können etwas tun! Ich will keine Gesellschaft mit zentraler Bürokratie, möchte nicht, dass jede Schraube zentral geplant wird, will nicht Mittel- und Kleinbetriebe verstaatlichen. Aber ich würde in den Kernbereichen, etwa bei den DAX-Konzernen, den Energiekonzernen, im Finanzsektor, öffentliches Eigentum einführen. Aber das heißt nicht einfach: »Verstaatlichen«. Das wäre viel zu platt. Die Bahn ist ja auch noch im Staatsbesitz, aber sie arbeitet nach dem Renditegesetz, funktioniert also wie ein kapitalistisches Privatunternehmen. Nein, es geht um mehr: Mit der gemeinschaftlichen oder kommunalen Kontrolle müssen sich die Ziele ändern, das gesamte Geschäftsmodell. Und die Erpressung durch die Renditejäger hört endlich auf.

Und was heißt das?

Nehmen wir mal die Banken. Weit über 100 Milliarden wurden in sie versenkt und dennoch erfüllen sie ihren volkswirtschaftlichen Auftrag nicht: die Kreditversorgung der Wirtschaft. Sie spekulieren lieber auf den Finanzmärkten statt Mittelständler – was volkswirtschaftlich sinnvoll wäre – mit Krediten zu versorgen. Herr Ackerman von der Deutschen Bank kann ja gar nicht so viel dafür, dass er agiert, wie er es tut. Wenn er plötzlich moralisch würde, wäre es die Deutsche Bank noch lange nicht. Er wäre nur seinen Job los. Man muss die Banken durch Vergesellschaftung aus dem Shareholder-Value-Korsett und dem Renditewahn befreien und ihnen bestimmte Geschäfte verbieten: den ganzen Eigenhandel mit Wertpapieren, große Teile des Investmentbankings, Spekulationen, die Finanzierung von Hedgefonds – eben all das Zeugs, von dem selbst der ehemalige Notenbankchef der USA sagte, es sei gefährlicher Nonsense.

Aber das Geschäft, das in die Krise führte, geht genauso weiter wie vorher.

Das ist ja das Schlimme. Aber daran zeigt sich, wie unkreativ und wie gekauft die Politik ist.

Wie? Sie sagen, Frau Merkel ist gekauft?

Ich sage nicht: Frau Merkel ist gekauft.

Das wäre auch ziemlicher Quatsch.

Ich sag aber: Schauen Sie doch mal, woher die Spenden für die CDU kommen. Herr Ackermann hat letztlich sogar mehr Macht als Frau Merkel, die sich brav den Machtverhältnissen unterordnet.

Aber auch dort, wo die Linke mit an der Macht ist, in Berlin und in Brandenburg, auch dort ist kein neuer, kein alternativer Regierungsstil erkennbar: Da wird gespart, entlassen wie allüberall.

Da haben Sie recht. Diese Regierungen sind ja in der Linken auch unter ständigem Druck der Bundesebene, sich an die Grundsätze unserer Politik zu halten. Alles andere trägt auch zum Frust bei den Wählern bei. Ich sage ganz klar: Das dürfen wir nicht machen. Wenn die Linke sich an Regierungen beteiligt, muss sie den Willen zu Veränderungen haben: Es darf keine Privatisierungen mehr geben, keinen Personalabbau im öffentlichen Dienst, keine Sozialkürzungen.

Was Sie Sozialabbau nennen, nennen die anderen Parteien: Realpolitik unter Sparzwang.

Wo führt diese Sparpolitik hin? In die nächste Krise! Alle Parteien reden doch mantraartig das Gleiche. Wenn die Linke auch noch in diesen Chor einstimmt, macht sie sich überflüssig Die großen linken Parteien in Italien und Frankreich – sie verschwanden aus der Geschichte, als sie sich anpassten. Die Linke sollte nicht diesen Weg gehen, es wäre ihr Ende, sie darf sich auch nicht der SPD anpassen, dann könnte sie sich gleich auflösen, es wäre einfach selbstmörderisch.

Sie wissen, wo es langgeht?

Ich habe das Gefühl, dass ich Ideen habe, wie man die Gesellschaft gestalten kann. Und diese Ideen möchte ich verwirklichen, deswegen bin ich ja in die Politik.

Und Sie glauben, dass Sie da etwas bewirken!

Ja, ich hoffe es. Haben Sie das Gefühl, dass wir noch eine Gesellschaft im Aufbruch haben? Dass Eltern das Gefühl haben, ihren Kindern wird es besser gehen? Nein, niemand hat dieses Gefühl – allenfalls noch die Zocker an den Finanzmärkten. Wir brauchen also Antworten, und ich will eine Gesellschaft, kurz gesagt, in der jene, die den Reichtum erarbeiten, auch tatsächlich die Hauptprofiteure sind und nicht irgendwelche Aktienzocker.

Das ist doch nicht mehr als ein netter Traum.

Das ist kein Traum, keine Utopie. Man kann Gesellschaften anders organisieren. Der Adel fand seinen Feudalismus auch mal Gott gegeben. Als die bürgerliche Gesellschaft aufkam, hat der Adel sicherlich auch gesagt, was für eine Utopie. Wir haben noch nicht das Ende der Geschichte erreicht.

Sie sind eine Masochistin.

Wie bitte?

Die Hölle sei es, sagten Sie mal, »mit der etablierten Politikerkaste der BRD auf eine Insel verbannt zu sein und nicht mehr wegkönnen.« Und nun erleben Sie diese Politikerkaste Tag für Tag im Bundestag.

Es ist allenfalls die Vorhölle, ich kann ja weg, wann ich will. Ich bin im Parlament, um meine Positionen zu vertreten.

Da hört Ihnen doch kaum einer zu.

Das stimmt. Ich überzeuge Frau Merkel oder Herrn Brüderle nicht. Aber dass ich da bin, stört sie schon, sie müssen mich ertragen und viele Abgeordnete zeigen, wie abscheulich sie mich finden: Sie fangen bei meinen Reden an zu quatschen, sie gehen raus, sie rascheln mit Blättern – also die bürgerlichen Umgangsformen sind nicht gerade die besten im Parlament. Aber ich sage mir: Du redest nicht für die Abgeordneten, du redest für die Menschen draußen. Aber was ich mit Hölle sagen wollte: Bürgerliche Politik war schon einmal eindrucksvoller. Dass das System im Niedergang ist, sieht man auch an der herrschenden Politikerkaste.

Wie? Was meinen Sie bloß damit?

Bevor ich ins Parlament kam, habe ich mir alte Parlamentsdebatten durchgelesen – von Erhard über Brandt, Wehner bis hin zu Hamm-Brücher oder selbst noch Genscher. Ich will diese Leute nicht in den Himmel loben, aber das waren noch politische Persönlichkeiten, die verkörperten etwas, die formulierten richtige Sätze, erschöpften sich nicht in Phrasen, sie hatten Ziele.

Vizekanzler Westerwelle hat auch klare Ziele: Er ist gegen Dekadenz, gegen Hartz-IV-Empfänger, die in Saus und Braus leben, er will, dass sich Leistung wieder lohnt.

Es lohnt sich nicht, sich an Westerwelle abzuarbeiten. Er redet über Menschen, von denen er keine Ahnung hat. Er weiß nicht, wie barbarisch es ist, 40 oder 50 Jahre alt zu sein, von Hartz IV zu leben und das Gefühl zu haben: Da komm ich nicht mehr raus. Das ist grauenvoll. Westerwelle: Das ist kein Inhalt, kein Niveau, kein Gedanke, nur ein Satz – Steuern senken.

Schöne Sätze gibt es hingegen von Ihnen, etwa: »Ich predige nicht Wasser und trinke selbst Wein. Für den Sozialismus zu sein heißt Wein predigen und meinetwegen auch Hummer, aber für alle. Ich

bin für eine Gesellschaft, in der alle Menschen Hummer essen können.«

Das mit dem Hummer muss ich mir nochmals überlegen, ich will ja nicht, dass er ausstirbt. Ich glaube, dass der Mensch ein vernunftbegabtes Wesen ist. Dass er sich deswegen für eine solidarische Gesellschaft entscheidet, in der er wirklich, wie es Goethe und Marx sagen, Mensch sein kann.

Sahra Wagenknecht, 1969 in Jena geboren, inzwischen promovierte Volkswirtin, durfte in der DDR nicht studieren. Sie war »zu widerborstig«, sagt sie. Sie sei »nicht genügend aufgeschlossen (…) fürs Kollektiv«, sagten die DDR-Bosse. Schon immer tat Wagenknecht Dinge, die man eigentlich nicht tun sollte. Als die DDR zerfiel, trat sie – die unter der SED gelitten hatte – im Sommer 1989 in die von vielen DDR-Bürgern verhasste SED ein. Später verschreckte sie nicht nur Konservative als Sprecherin der »Kommunistischen Plattform«. Spott gab es für sie, als ihr Projekt der »Aufstehen«-Bewegung 2019 scheiterte, ungestüme Wut erntete sie zuletzt für ihren Bestseller *Die Selbstgerechten* – vor allem von ihren parteiinternen Gegnern. Die sie, die bekannteste und populärste Politikerin der Linken, mitten im Wahlkampf 2021 aus ihrer Partei ausschließen wollten. Viele verstanden dieses Buch als polemisch-ungerechte Abrechnung mit den »Lifestyle-Linken« in ihrer Partei und den Grünen, für sie selbst ist es ein Verteidigungsmanifest einer sozialen Politik. 16 Jahre lang war Wagenknecht mit dem Unternehmer Ralph Thomas Niemeyer verheiratet; 2014 heiratete sie ihren »besten Freund« – Oskar Lafontaine. Auch er, der ehemalige SPD-Chef, Mitbegründer der Linken, einer wie sie: unbequem und das nicht nur für seine Genossen bei den Linken.

Günter Thews

»Was ist schon das Leben? Nichts, ein leerer Schuhkarton. Gier, Neid und Eitelkeit: Alles Tinnef, nur reine Sprache, Brubbelbrubbel, Musik, Mundgeräusche.«

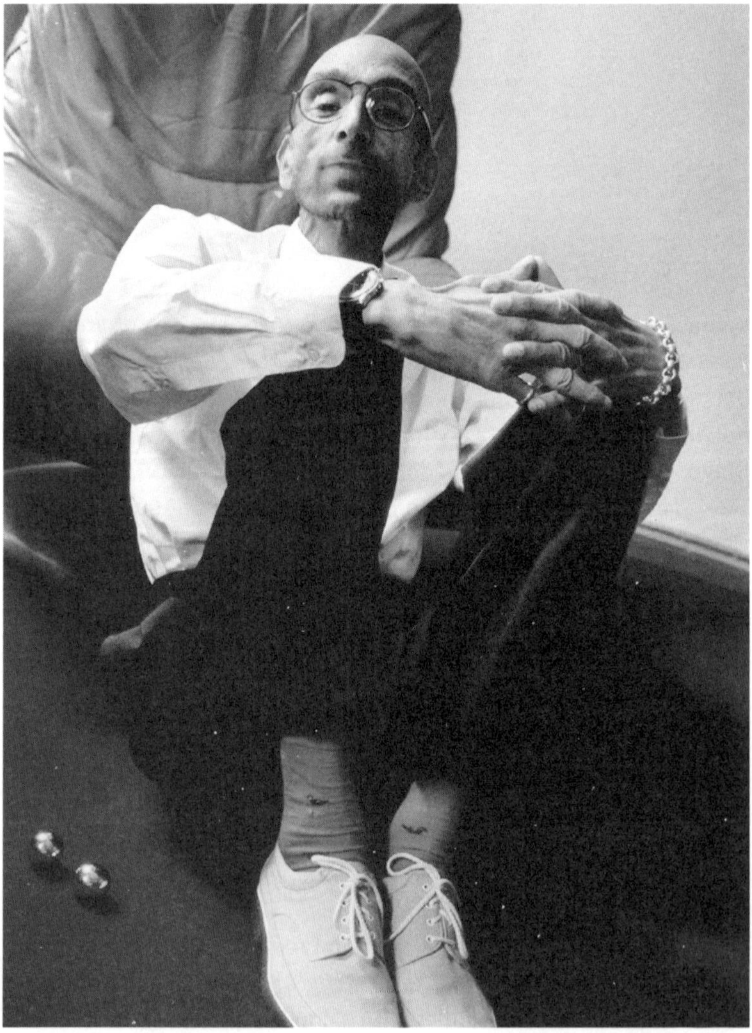

»Wer Gott werden will, muss gevögelt haben«

(Berlin, 1992)

Ich habe das Geräusch noch im Ohr, Knochen knackte auf Knochen, als ich Günter Thews die Hand drückte. Wenn ich daran denke, zucke ich noch heute zusammen, und mein Händedruck tut mir noch immer leid. Thews wog bloß noch 40 Kilogramm. Der aidskranke Kabarettist der »3 Tornados« war schon vom Tod gezeichnet. Seinem nahen Tod sah der 47-Jährige lächelnd entgegen: Er wolle, sagte er, mit Opium wegschlummern, die Musik von Pink Floyd im Ohr. Kurz nach dem Gespräch starb Günter Thews, am 30. Januar 1993, genau so, wie er es geplant hatte. Für seine Beerdigung hatte er nur einen Wunsch an die Trauergäste: 30 Minuten Schweigen, 30 Minuten völlige Stille.

Herr Thews, bald ist es vorbei.

Ja, aber ich bin mordsmäßig neugierig darauf, was nach dem Sterben kommt. Wir brauchen ja kein Abitur, um sterben zu können oder um das Geheimnis des Todes zu lösen. Man soll sich da vertrauensvoll reinlegen. Es findet eine Verwandlung statt. Es gibt keinen Tod, es geht weiter.

Wie bitte?

Das hat nichts mit der blöden christlichen Sehnsucht nach dem ewigen Leben zu tun. Ich habe die sechs Zahlen angekreuzt, jetzt warte ich die Ziehung ab. Vielleicht komme ich als Fleißiges Lieschen wieder – aber wenn ich's wüsste, wäre die Luft raus aus dem ganzen Spiel. Aber ich mache mir keine Sorgen.

Ich habe Angst vor dem Tod.

Das ist völlig normal. Aber Sie haben nicht Angst vor dem Tod, Sie haben Angst vor dem Sterben: Halte ich das durch? Habe ich Schmerzen? Wie ist das, wenn ich die verlassen muss, die ich liebe? Und da ist natürlich eine ganz starke buddhistische Fähigkeit gefragt: das Loslassen-Können.

Kann man das trainieren?

Ich denke schon. Ich mache das, indem ich mich hinlege und meinen Körper und meine Sinne durchgehe. Und mir dabei bewusst mache, dass es so viel Quatsch auf dieser Erde gibt. Was versäume ich denn, wenn ich tot bin? Mehrere »Tagesschauen«, ein paar »Sportschauen« und den Besuch des kenianischen Präsidenten am Brandenburger Tor – nicht allzu viel also.

Ziemlich sarkastisch.

Nein. Ich muss mit mir wie mit meinem kaputten Immunsystem wahr umgehen. Manchmal fühle ich mich ganz prima und denke, warum soll das jetzt alles nicht 20 Jahre weitergehen? Ich mache jetzt noch 20 Jahre lang einen auf sterbenden Schwan! Die Sehnsucht nach dem Leben, nach Wärme trägt man schon in sich, und dass das alles aufhört, ist schmerzhaft – aber letztendlich doch nicht so doll. Es nützt nichts: Ich kann dem Sterben nicht entgehen.

Als Ihr Aidstest positiv ausfiel und Sie Ihr Todesurteil bekamen, da ...

... habe ich in einem ersten Anfall von Wut, Verzweiflung und auch Hass gedacht: Es hätte auch diesen Idioten oder diesen Idioten erwischen können! Verdammt noch mal, warum bin ich's? Ausgerechnet ich? Und da muss man schon aufpassen, dass man sich nicht zu sehr dem Selbstmitleid hingibt, man muss dieses Gefühl radikal wegkriegen. Aber ich finde es legitim, dass man deshalb traurig ist und darüber weint.

Voller Verzweiflung fressen manche Aidskranke Katzendreck – weil es helfen soll.

Die krallen sich am Leben fest wie die Wespe im Colaglas, anstatt die Arme in Ruhestellung zu bringen. Wir sind ein Zufallsprodukt auf einem großen blauen Planeten. Was ist schon das Leben? Nichts, ein leerer Schuhkarton. Gier, Neid und Eitelkeit: Alles Tinnef, nur reine Sprache, Brubbelbrubbel, Musik, Mundgeräusche. Wenn du an deinem Redaktionstisch anfängst zu träumen und hörst zu, wie alle reden und alle sich ungeheuer wichtig nehmen, dann hörst du nach einiger Zeit bloß noch eine Melodie: Brubbelbrubbel. Worte. Nichts.

Es geht um Aufstieg, die Karriere, den Erfolg.

Ja, diese elendige Eitelkeit, hechel, hechel. Deswegen bin ich auch immer wieder auf die Bühne, weil ich geliebt werden wollte. Ich wollte diesen Beifall, verzehrte mich nach den Streicheleinheiten. Dieses Gefühl ist so unermesslich groß, dass dir die eigene Frau, der eigene Freund nicht mehr ausreicht. Du brauchst die tausend Leute da unten, die für dich klatschen. Das ist die Stimulans für uns Künstler, immer wieder aufzutreten. Wir sind alle einsam und wollen mordsmäßig geliebt werden.

Gegen Liebe spricht doch nichts.

Nein. Aber die Angst vor dem Alleinsein, der Einsamkeit und Langeweile zermürbt uns. Wenn wir damit klarkämen, würden wir nicht mehr mit dieser verzweifelten Intensität all diese anderen Sachen in Angriff nehmen: Kino. Videospiele. Olympia. Aids ist ein Aufschrei gegen die Einsamkeit.

Dann sind Sie also froh, dass Sie die Krankheit in sich haben?

Wenn es ein Wundermittel gäbe – ich würde es sofort nehmen, klar. Aber ansonsten betrachte ich diese Krankheit schon als Privileg, weil ich mich grundsätzlicher mit der Frage des Lebens und des Todes beschäftige. Ich freue mich also darüber.

Ich kann's Ihnen nicht glauben. Und wenn Sie jetzt noch sagen: Meinen Kaffee erlebe ich intensiver, ich erlebe alles intensiver, dann klingt das für mich nach Selbsttäuschung.

Sorry, so ist es aber. Natürlich betrachte ich jetzt nicht jeden Kaffee als meinen letzten, jeden Joint als den letzten in meinem Leben – das würde mich ja unter einen Wahnsinnsdruck setzen. Aber ich merke, wie unsere Genüsse verschüttet sind: Fühlen, Hören, Riechen – das vernachlässigen wir völlig, und ich habe das neu für mich erfahren. Spazieren gehen, eine Birke anfassen – Genüsse von allergrößter Güte sind das. Oder ich trinke jetzt den Kaffee mal ohne Milch, weil ich noch mal den Kaffeegeschmack pur erleben will. Neulich habe ich Spinat gegessen, obwohl ich ihn nicht mag. Ich habe sogar Matjes gegessen, obwohl ich sonst Schiss vor den Gräten hatte. So stöbere ich ein bisschen rum und mache Sachen, die ich noch nicht erledigt habe. Das Problem ist nur, dass mich mein Körper, nicht mein Geist, mehr und mehr im Stich lässt. Ich komme kaum mehr gegen die Appetitlosigkeit an – neulich hat meine Mutter mir meine Lieblingsspeise gekocht, aber bis das herrliche Essen auf den Tisch kam, war der Appetit weg.

Sie verdünnisieren sich.

Das ist der richtige Ausdruck: Ich magere ab wie nichts. Vor ein paar Wochen habe ich noch 52 Kilo gewogen, heute sind es schon wieder zehn weniger, und ich bin über eins achtzig groß.

Und erschrecken Sie, wenn Sie sich im *SPIEGEL* sehen?

Ich sehe nicht schön aus, es ist nicht ästhetisch. Ich bin ein klapperndes Skelett, jede Bewegung schmerzt, Knochen scheuert auf Knochen, mein Unterarm ist so dick wie Ihr Daumen. Aber ich bewege mich mit Humor weiter, und wenn es zu toll wird, verabschiede ich mich vorzeitig. Ich nehme mir das Leben, ich muss nicht warten, bis ich an alle Apparaturen angeschlossen bin.

Ist das die große Angst: hilflos anderen ausgeliefert zu sein?

Wenn du Durchfälle hast bis zum Gehtnichtmehr und dein Freund muss das alles wegwischen, wenn du dir Pampers anziehst in allen Größen, the real big ones, und wenn du versuchst, das Gröbste zu verhindern, aber irgendwann geht das alles nicht mehr, wenn du also als Pflegefall einem ziemlich auf den Wecker gehst, dann ist es besser, sich zu verabschieden. Ich nehme dann Opium. Mit diesem Mittel kenne ich mich aus, da fühle ich mich wohl, und dann schlaf ich sanft ein. Ein Bettnachbar im Krankenhaus hat mich davor gewarnt, nicht weil er etwas gegen Opium hätte, aber er sagte: Wenn ich schon von meiner Geburt nichts mitgekriegt habe, will ich wenigstens den Tod bewusst erleben, dafür habe ich teuer bezahlt, den will ich sehen. Man darf das alles nicht hochstilisieren: aus dem Leben abgerufen werden. Wenn es so weit ist, nehme ich das Opium, setze mir den Kopfhörer auf, um was Bleibendes zu genießen, etwas, das man auch in der letzten Minute hören kann: mit Pink Floyd im Ohr trete ich ab. War ganz schön schwierig, die richtigen Töne für den letzten Moment rauszufinden.

Und jetzt ist alles klar?

Alles ist für mich fertig, alles erledigt. Das hat etwas sehr Beruhigendes. Aber über eines staune ich immer wieder: Körperlich bin ich bald am Ende, aber mein Geist ist total fit. Der kennt keine Altersbegrenzung: Du fühlst dich fit wie ein 17-Jähriger und kommst plötzlich in absolut hilflose Situationen. Du machst in die Hose, und du sagst dir: Ja, richtig, so war das, als ich vier Jahre alt war. Da habe ich dieses Gefühl schon mal gehabt, diesen Geruch erlebt.

Das ist doch das Brutale: Ihr Körper altert so rasant, als ob Sie in der Zeitmaschine säßen.

In zwei Jahren wirst du um 30 Jahre älter, aber damit kommt man klar. Und plötzlich stellst du fest, wie irdisch, wie relativ alles ist. Ich schaue meine verschrumpelten Hände an, sie waren mal mein Trumpfass, wenn ich ein Mädchen oder einen Jungen in den Arm genommen habe. »Ah«, hieß es da oft, »schöne Hände!« Und ein knackiger Arsch, und was für geile Schenkel! Und gerade das zerfällt jetzt alles. Damit haben natürlich die Schwulen ganz große Probleme. Schönheit ist für sie wichtig. Selbst im Krankenhaus auf der Station C 30, der Aids-Station hier in Berlin, marschieren sie im Morgenmantel und vollem Plunder auf und ab, als ob sie auf der Promenade von Gran Canaria wären – mit Kaposi im Gesicht und immer noch eitel machen sie einen auf Hallo und Trallala. Dazu Klatsch und Tratsch und weißt du, der ist gestern gestorben, und meine Krankheit ist viel weiter als deine ... ätsch. Viel Lärm, um der Einsamkeit zu entfliehen. Aber in der Stunde des Todes bin ich allein.

Sie haben das Problem gelöst?

Wenn Sie schon so direkt fragen: Im Moment würde ich Ja sagen, weil ich all den Beifall, den ich brauchte, hinter mir habe. Aber in zehn Minuten kann das alles zusammenbrechen.

Und dann kommt der Zorn hoch, und Sie sagen: Dem ich das alles verdanke, das war ein schöner Arsch!

Dieser Frage habe ich mich noch nie ehrlich gestellt, aber es ist genauso, wie Sie sagen: Ich fühle mich schuldig, weil ich rumgebumst habe und weil das Schwulsein so lange gesellschaftlich diskriminiert war. Und als es in den 70er Jahren erlaubt wurde, haben die Schwulen richtig losgelegt. Doch kaum habe ich richtig gelebt, stehen sie wieder diskriminiert in der Ecke und haben in den Augen der Bevölkerung Schuld auf sich geladen durch dieses unkontrollierte Leben, ich fühle mich da mitschuldig.

Hart, was Sie da sagen.

Aber so ist es. Am liebsten würde ich den Kids den Sex austreiben. Da steckt einfach zu viel Aggressivität drin. Ich habe nichts gegen den Spaß, aber was aus sehr reellen Motiven heraus passiert, was zwischen Mann und Frau an Schikane läuft, zwischen Mann und Mann – unglaublich.

Seit wann sind denn Sie auf der Seite der Moral?

Ich weiß, es hört sich komisch an, wie ich Askese predige. Ich habe eine Million Frauen und eine Million Männer gehabt, der Joint hat geschmeckt und das Bier auch, der Sex hat Spaß gemacht, die Musik hat geil angetörnt, es war wunderbar. Wer Gott werden will, muss gevögelt haben. Ich sage ja nicht, die Kids sollen nicht bumsen. Sie sollen halt Kondome benutzen. Ich sitze hier auf dem Balkon und staune, was für ein Rieseneinsatz an Menschen und Material für diese kleine Ineinandersteck-Aktion notwendig ist: Da holt der Junge sein Girl ab, hat eine Stunde geduscht und sich gekämmt und geföhnt, dann bringt er sein Cabrio in Anschlag und holt die Tante ab. Dann ist die Frage: »Wohin bis um zehn?« Wohin, bis man endlich loslegen kann? Erst mal essen gehen, dann ins Kino. Was machen wir jetzt, Schatz? Und endlich ist die Zeit da, dass man nach Hause gehen kann. Und dort ist alles hübsch vorbereitet.

Was stört Sie daran?

Alles Heuchelei. Ich mag auch nicht mehr das Gejammer bei den Schwulen hören: »Wir sind diskriminiert!« Ach was, wer diskriminiert uns denn? Wir haben eine Eins-a-Presse. »Wir dürfen nicht heiraten!« Also wirklich: Da haben wir jahrelang gegen diesen Unfug Ehe gekämpft, gegen jede Hetero-Ehe, und jetzt kommen sie mit diesem zutiefst bürgerlichen Scheiß! Da kannst du mal sehen, was für konservatives Gesocks in der Bewegung drinnehängt. Wer heutzutage alles schwul wird! Wer das alles sein darf! Das ist doch das Diskriminierende, dass das heute jeder werden darf.

Sex – haben Sie darauf eigentlich noch Lust?

Das habe ich total eingestellt, schlagartig, als ich wusste, dass ich positiv bin – seit Jahren läuft nichts mehr. Ich habe keinen Bock mehr. Manchmal, wenn ich nicht einschlafen kann, fange ich an zu onanieren, dann penne ich garantiert ein. Aber sonst interessiert mich das alles nicht mehr, selbst wenn ich mir die geilsten Fantasien vorstelle, die sonst immer funktioniert haben.

Für den französischen Autor Hervé Guibert, der vor einem Jahr an Aids gestorben ist, war das Bedrückendste, dass er die Kraft für Fantasien verlor.

Ich glaube eher, dass das Interesse an Fragen nachlässt. Du gewinnst eine geistige Klarheit, und die verschafft dir eine innere Ruhe, sie entfernt dich von den unwesentlicheren Dingen.

Konkret: Besucher stören Ihren meditativen Frieden?

Manchmal besuchen mich Leute, um zu sehen, wie ich drauf bin und ob ich denn bald sterbe. Das ist so eine Art Sensationstourismus, darüber können sie dann prima beim Bier erzählen. Devise: Ich habe einen getroffen, der geht schon mal vorweg, der guckt schon mal, was im Jenseits los ist. Die stellen sich gut mit mir und gucken immer wieder neugierig nach. Die hängen dann hier echt betroffen rum und sind ganz furchtbar schlecht drauf. Dann sag ich schon mal: Hast du mir was mitzuteilen, oder willst du mir nur beim Sterben zugucken und auch noch meinen Shit wegrauchen?

Und in Ihnen war nie die Sehnsucht, noch mal ordentlich einen draufzumachen, abzuhauen?
Nach der tödlichen Diagnose wollte ich aus meinem Restleben eine Riesenparty machen – runter an die Elfenbeinküste, an den Strand, unter die Palmen, die schönsten Drogen dieser Welt genießen und dasitzen und gucken, wie die Sonne als Fünfmarkstück am Horizont versinkt. Ich habe das alles gestrichen. So eine Flucht ist nicht nötig: Sie durchbricht meine Einsamkeit nicht. Ich habe das Problem hier zu Hause gelöst, mit einem anderen Menschen. Das ist kein schwules Verhältnis, aber es hat eben diese Berührung: das In-den-Arm-Nehmen, das Ankuscheln vorm Einschlafen.
Und so leben Sie jetzt wie ein altes Ehepaar?
Ja, glücklich und zufrieden, und Chris liest mir abends Märchen vor, Gebrüder Grimm oder Hauff. Und weil jetzt der Krieg in Jugoslawien ist, haben wir Karl May hervorgekramt und *In den Schluchten des Balkan* gelesen, nicht übel, das Zeugs, fast ein politischer Kommentar auf unsere Zeiten. Und gestern habe ich meinen Freund gefragt, ob ich diesen Winter noch machen soll? Das ist hier so eine schreckliche Jahreszeit, alles grau in grau, so blöd. Und so leben wir dahin wie gelangweilte Kinder, die nicht wissen, was sie machen sollen; wir spielen zusammen Mundharmonika, und ich verbringe viel Zeit mit dem Lesen.
Wenn Ihr Freund nicht wäre, dann ...
... wäre ich am Arsch, dann wäre ich schon längst gestorben. Ohne so etwas lässt du einfach los.
Aber auch so: Sie hören genau in Ihren Körper rein, registrieren den allmählichen Zerfall?
Ja. Ich verabschiede mich immer mehr, und ich erlebe das ganz bewusst. Und immer öfter denke ich: Jetzt war der Paul hier, und den wirst du auch nicht mehr sehen. Aber das geht ohne großes Lamento, weil an dem gab es sowieso nichts zu sehen. Neulich habe ich mich von meiner Mutter und meinen Tanten verabschiedet, und da ist der Trick, dass die alle so um die 75 sind, also wie ich jeden Tag sterben können – und das ist ein, ja, schönes Gefühl.

Viele Aidskranke haben nicht nur Angst vor der Einsamkeit, sondern vor völliger sozialer Verelendung.

Ich weiß. Viele haben ja kaum was in die Rentenversicherung einbezahlt. Und plötzlich stehst du ganz blöd da. Da überlegst du, wie du durch den November kommst, und diese Furcht ist eine zusätzliche Schwächung deines Immunsystems: Du musst aus der Wohnung raus, kommst in den Hinterhof, rein in ein feuchtes Loch – so läuft das oft. Ich habe 35 Jahre Rente einbezahlt und kriege jetzt 116 Mark raus, 530 Mark gehen an Miete drauf. Da stellst du den Wohngeldantrag, du musst deinen Kontoauszug vorlegen, du musst x Formulare ausfüllen, und dann kriegst du 18 Mark. Ohne die Solidarität meiner ehemaligen Kollegen wäre ich schon längst ein Sozialfall.

Wie sieht das aus? Da klingelt es an der Tür, und da steht der Geldbote?

Manchmal kommen so langhaarige Zottel vorbei und bringen das hintenrum. Und das ist ganz wunderbar, für so einen Zusammenhalt haben wir als Tornados ja gestanden. Viele Kollegen helfen mir jetzt über die Runden – der Lindenberg, Konstantin Wecker oder Richard Rogler und die Leute vom Mainzer Unterhaus. Und auch Dieter Hildebrandt, dieser Rollpullikabarettist, mit dem ich sonst nicht so gut auskomme, bringt ein bisschen Geld und freut sich, dass er mir helfen kann.

Für Susan Sontag ist Aids, neben Ozonloch und Tschernobyl, ein weiteres Indiz dafür, dass es keine Utopie mehr gibt, bloß noch Überleben im Zeichen der Apokalypse.

Da ist was dran. Stell dir mal vor, wie kurz die Talkshows wären, wenn sich die Leute darauf einigen könnten, anstatt das gesamte Elend der Welt immer wieder runterzubeten – Regenwald, Ozonloch, Aids, FCKW und so weiter –, einfach einen Begriff dafür nähmen: X 15. Das heißt: Alles Scheiße, alles kaputt, nichts funktioniert mehr, wir wissen nicht weiter. Also wenn ich mir X 15 so anschaue, dann habe ich mir den optimalen Zeitpunkt für meinen Tod ausgesucht.

Anders ausgedrückt: Sie sind ganz froh, dass Sie nicht mehr zur nächsten Wahl müssen?

Sehr froh sogar. Wahlen sind eine große Illusion, der Politik habe ich nie vertraut. Pausenlos beschäftigen sich da Nichtfachleute mit

Dingen, von denen sie keine Ahnung haben. Und dann jammern sie auch noch darüber. Aber sie jammern natürlich völlig blödsinnigerweise, weil sie sich vorher im grauen, frisch gebügelten Anzug frech hingestellt und gesagt haben: »Wir wissen, wo es langgeht.« Und das wissen sie eben nicht. Ich habe da schon so meine Freunde, die ich gern in der Schusslinie meines Damenrevolvers hätte. Aber die Politiker sind ja keine schlechten Menschen, eher doof und völlig unwichtig im Vergleich zu einem Industrieboss wie Reuter von Daimler-Benz. In Bonn siehst du doch dauernd, wie schnell ein Landwirtschaftsminister zum Verteidigungsminister umgepflügt werden kann: Jeder Regenmacher, Kartenleser, Magier oder Medizinmann wäre in der Politik erfolgreicher.

In Schwerin und Rostock und Cottbus greifen Jugendliche Asylbewerberwohnheime an, in Augsburg brennen Rowdys ein Zeltlager von Flüchtlingen nieder. Und die Politiker sitzen auf der Couch und nehmen nicht mal übel.

Warum sollten sie auch? Das würde ich denen doch gar nicht glauben! Die Kids erledigen doch für sie die Drecksarbeit. Ich finde es auch fast in Ordnung, dass es brennt. Das ist der offene Ausbruch eines Gefühls, das tief und wahrhaftig in der Bevölkerung verwurzelt ist. Warum haben wir die Juden umgebracht? Wir haben so viele Fragen in der deutschen Geschichte noch nicht gelöst. Und solange das nicht erledigt ist, kommt das immer wieder hoch. Es gibt nicht nur Humanisten, nicht nur saubere Fernsehzuschauer, es gibt Schweine, es gibt Drecksäue.

Wenn Sie als Kabarettist noch auf diesen Hass reagieren könnten – wie sähe das aus?

Den Schalter Kabarett habe ich innerlich schon abgeschaltet, ich schaue mir das alles nur noch aus Kollegialität an. Die Lage hat sich so zugespitzt, dass die Form des Kabaretts hinterfragt werden muss: Muss da immer einer im Konfirmationsanzug stehen und Geschichten nacherzählen, die man eh pausenlos im Fernsehen sieht? Es fehlen den Kabarettisten die richtigen Fragen. Ich kann dem Skin doch nicht erzählen, dass er unrecht hat. Ich kann ihm nur sagen, dass er sein Leben lang in den Arsch gekniffen ist. Er hat keinen Job, keine Hoffnung – nur Hass. Ich kann ihm keine Vision geben, warum er hinter mir statt den Faschisten hergehen soll. Nazi – das ist ein Lebensgefühl, ein Faszinosum, da hatte Ex-Bundestagspräsident Jenninger schon recht. Vielleicht wäre schon was gewonnen, wenn ich dem Skin die schöne Utopie geben könnte, dass St. Pauli Deutscher Meister wird.

Im Klartext: Aufklärung ade?

Rassismus muss zur Folklore werden. Man hat so seine naiven Träume: Warum schieben wir die 150 Randalierer nicht mal für ein Jahr nach Sri Lanka ab? Überweisen ihnen ihre 650 Mark Sozialhilfe da runter, und da scheint die Sonne jeden Tag, da gibt's jede Menge Weiber – alles bestens. Und dann kommt so ein Skin wieder zurück, hat in Sri Lanka geheiratet, muss etwas mitbringen für die Schwiegermutter im Asylantenheim in Cottbus. Und der braun gebrannte Skin taucht auf, und seine Freunde stehen vor dem Heim und brüllen: »Hey, schön, dass du wieder da bist!« Und er sagt: »Ich muss da drin erst mal was abgeben!« – »Du ins Asylantenheim, bist du lebensmüde?« – »Meine Schwiegermutter ist hier!« Das wär' doch eine schöne Nummer.

Stimmt, und ich würde sie gerne von Günter Thews gespielt sehen. Schade drum.

Ja, bald sind alle Kreuzworträtsel gelöst, und ich lasse X 15 hinter mir. Und meine Mutter wird immer noch bedauern, dass ich nicht 'ne Frau, ein Kind, ein Haus habe. »Wärst du bloß bei der Edeka geblieben!« Aber was wäre da passiert? Ich wäre Filialleiter und mehr geworden, hätte Positionen erreicht, die ich verteidigen müsste. Und ich wäre im Krankenhaus mit Herzinfarkt oder Krebs. Nein, nein, so ist alles gut. Heute Abend kochen wir noch mal, was wir gestern schon hatten, aber mir schmeckt das so: Erbsensuppe mit Knackern, und dabei werde ich ein bisschen Fernsehen gucken. Ich sterbe lebenssatt.

Günter Thews, 1946 in Celle geboren, war einer der Gründer der Kabarettgruppe »3 Tornados«. Ihren ersten Auftritt hatte die anarchistische Spaßguerilla 1977, die Tornados waren aktiv bei Streikaktionen gegen Berufsverbote, bei Anti-AKW-Demos, sie hatten mit zahlreichen Prozessen und Auftrittsverboten zu kämpfen, ins Fernsehen durften sie nie. Ihr Witz war zu wahr, zu verschroben, zu unsachlich, ihr Spott zu böse, zu radikal. »Hey, was ist denn da los, das sind die 3 Tornados!«, krächzte Thews, 120 Auftritte pro Jahr, 13 Jahre lang, mit Sperrmüllkoffern im roten Kombi durch die alte BRD. Das war Volkstheater für Spontis, Anarchos, Müslis, Hausbesetzer – Seelennahrung für die Freaks von Biberach bis Berlin.

Eric Hobsbawm

»Sehen Sie, materiell hat sich die Welt für viele Menschen verbessert. Man ist größer, lebt länger, man ist gesünder. Aber geistig, politisch, moralisch – da kommt der Mensch nicht hinterher, vielleicht entwickelt er sich im Augenblick noch weiter zurück.«

Es gibt viel zu sagen, auch beim Abschied noch:
Eric Hobsbawm und Arno Luik.

»Es wird Blut fließen, viel Blut«

(London, 2009)

Eric Hobsbawm treffe ich 2009, kurz nach der weltweiten Finanzkrise, in seinem kleinen Reihenhaus in London, ein paar Hundert Meter vom Grab jenes Mannes entfernt, dem er seine Analysekraft verdankt: Karl Marx. Hobsbawm treibt in diesen Tagen um, wie die Regierenden mit zig-Billionen Euro die Banken stützen, die diese weltweite Krise verursachten. Wissen die, was sie da tun?, fragt er. Nein, sagt Hobsbawm, einer der wichtigsten Historiker unserer Zeit. Schlimmer noch als die Weltwirtschaftskrise, die er in den frühen 1930ern in Berlin miterlebte, sei der Zusammenbruch des Finanzsystems heute. Er hat Angst, dass der Kapitalismus sich über eine fürchterliche Katastrophe rettet.

Nach drei Stunden Gespräch kommt seine Frau ins Zimmer und sagt: »Nun müsst ihr aufhören. Eric wird müde.« In der Küche wartet ein kleines Essen auf uns, und dazu trinken wir zwei Flaschen deutschen Riesling.

Herr Hobsbawm, Sie haben das Verschwinden von vielen Systemen erlebt: den Untergang der Weimarer Republik, die Zerschlagung des Faschismus, das Absterben der DDR, den Kollaps des Kommunismus und nun ...

Wenn Sie das so aufzählen, merke ich, dass ich fast so etwas wie ein Museumsobjekt bin. Als ich ein Kind war, war der König von England auch noch der Kaiser von Indien, die Welt bestand zum großen Teil aus Monarchien, Kaiser- und Kolonialreichen. Und fast alle sind flöten gegangen.

Und nun erleben Sie vielleicht auch noch das: das Ende des Kapitalismus.

Nein, ich glaube nicht, dass ich dieses Ende, über das ich mich freuen würde, noch erlebe. Als Historiker weiß ich aber, dass es keine Dauerlösungen gibt. Auch der Kapitalismus, egal, wie zäh er ist und wie sehr er auch in den Köpfen der Menschen als etwas Unabänderliches erscheint, er wird verschwinden, früher oder später.

Klar, dass Sie das so sehen müssen.

Wieso denn?

Sie als alter Marxist, der hier in London in Rufweite vom Grab von Karl Marx lebt.

Spotten Sie nicht. Dass ich Marxist geworden bin, liegt an meinen persönlichen Erfahrungen in den 30er Jahren, in der Großen Depression.

Sie lebten damals in Berlin, Sie wissen also, was das heißt: Krise.

Ich habe als junger Mensch zwischen Schule und Straßenkämpfen mitbekommen, was es bedeutet, wenn Arbeitslosigkeit sich durch die Gesellschaft frisst. Das ist wie eine alles zersetzende Krankheit. Die Angst kroch in das Bürgertum. Mir war damals klar, dass wir auf der Titanic sind und dass wir bald den Eisberg rammen würden. Das einzig Ungewisse war, was passieren würde, wenn es so weit ist. Wer würde ein neues Schiff bereitstellen?

Sie wussten, dass ein System zu Ende gehen würde?

Ja. Ich lebte in einer Welt, an deren Fortbestand keiner mehr glaubte. Eigentlich war ich literarisch interessiert, ein Schöngeist eben. Aber das war unmöglich 1931/32 in Berlin, man wurde politisiert, ich wurde Mitglied des Sozialistischen Schülerbunds. Die

Krise war wie ein Vulkan, der politische Eruptionen hervorrief. Vor der letzten Reichstagswahl habe ich noch Flugblätter verteilt, es war gefährlich, aber für mich als Jugendlichen war da auch so ein Element von Indianerspielen, wie bei Karl May, dabei. Am 25. Januar 1933 organisierte die KPD ihre letzte legale Demonstration, einen Massenmarsch durch die dämmrigen Straßen Berlins zum Karl-Liebknecht-Haus. Wir sangen Lieder wie »Der kleine Trompeter«, auch ein Lied über die Bauernkriege, »Wir sind des Geyers schwarzer Haufen«, die »Internationale«, es war da ein kollektives Hochgefühl, Massenekstase trotz Zukunftsangst.

Als Hitler an die Macht kam, da ...

Als er am 30. Januar 1933 zum Reichskanzler ernannt wurde, es war ein kalter Tag, auf dem Heimweg von der Schule mit meiner Schwester las ich die Schlagzeilen, ich kann sie immer noch, wie im Traum, vor mir sehen. Ja, ich habe es gespürt: Das ist ein historischer Wendepunkt.

Und jetzt? Stehen wir wieder an einem Wendepunkt?

Ich denke, ja. Der 15. September 2008, der Tag, an dem die Lehman-Bank zusammenbrach, wird den Lauf der Geschichte mehr verändern als der 11. September 2001, als die Türme des World Trade Centers zusammenbrachen.

Riskieren Sie doch mal einen Blick in die Zukunft.

Wir Historiker sind keine Propheten. Ich kann nur sagen: Wir kommen wohl noch nicht an den Jüngsten Tag. Aber Teile der Welt können untergehen.

Warum bloß?

Zunächst mal: Mir, der ich die Große Depression miterlebt habe, fällt es immer noch unfassbar schwer zu verstehen, wieso die Ideologen der entfesselten Marktwirtschaft, deren Vorgänger schon einmal so eine fürchterliche Katastrophe, also Armut, Elend, Arbeitslosigkeit, letztendlich auch den Weltkrieg mitverursacht haben, in den späten 70ern, den 80er, 90er Jahren des vergangenen Jahrhunderts wieder das Sagen haben konnten.

Warum? Wie erklären Sie sich das?

Der Mensch hat ein unglaublich kurzes Gedächtnis. Wir Historiker schreiben die Verbrechen und den Wahnsinn der Menschheit auf, wir erinnern an das, was viele Menschen vergessen wollen. Aber fast nichts wird aus der Geschichte gelernt. Das rächt sich nun. In den letzten 30, 40 Jahren wurde eine rationale Analyse des Kapitalismus systematisch verweigert.

Wir haben jede Menge Wirtschaftswissenschaftler, Experten, die den ganzen Tag nichts anderes tun.

Wir haben vor allem Theologen des Marktes mit einem kindlich-kindischen Glauben, dass der Markt alles von allein regeln wird. Sie verschließen die Augen vor der Wirklichkeit, das macht sie so gefährlich für die Menschheit. In den vergangenen Jahren weigerten sie sich einfach, die Krisen, die sich immer mehr aufbauten, überhaupt wahrzunehmen. Verblendete. Ignoranten.

Manche in den USA sprachen – ganz euphorisiert – vom Ende der Geschichte. Gab es denn gar keinen Grund für diesen Optimismus?

Nein. 40 Prozent der Weltbevölkerung leben von einem Dollar am Tag. Das ist doch keine Basis für eine stabile Gesellschaftsordnung. Von wegen Ende der Geschichte. Die Krisen wurden am Rand immer größer und immer dramatischer. Bei uns im Zentrum kamen sie gelegentlich als Börsenkräche an, die bald wieder repariert waren, das Spiel konnte weitergehen.

Das Spiel ist aus.

Ja, das kann man wohl so sagen. Diese Krise hat eine völlig neue Qualität. Das Einzige, an dem sich die Politiker ein wenig orientieren können, ist die Zeit zwischen 1929 und 1933.

Nun haben wir, sagt die *New York Times*, sogar eine Krise, die womöglich dramatischer ist als die der Großen Depression. Und diese Depression damals sei erst durch den Weltkrieg bereinigt worden.

Roosevelts heute so gefeierter New Deal hat die Krise tatsächlich nicht beendet, er verhinderte allenfalls politische und soziale Aufstände in den USA. Niemand bekam in den 1930er Jahren die Krise wirklich in den Griff. Und heute – obwohl sich Geschichte nicht wiederholt – ist es ähnlich dramatisch wie damals, nein schlimmer: Keine Regierung weiß, was sie tun soll.

Wie bitte? US-Präsident Barack Obama pumpt Billionen Dollar in die Wirtschaft, Angela Merkel und die Bundesregierung legen milliardenschwere Konjunkturprogramme auf, auf dem G-20-Gipfel haben sie erklärt: Wir halten zusammen! Wir wissen, was wir tun!

Haben Sie das Gefühl, die wissen wirklich, was sie tun? Stecken da Konzepte, Analysen dahinter? Nein, aufgeschreckt wie Krankenschwestern eilen die Politiker ans Bett des Kapitalismus und tun so, als ob sie etwas täten.

Sie wissen nicht, wohin sie gehen?

Ja, und das macht die Sache so schrecklich ungemütlich: Sie wissen einfach nicht, was sie tun sollen! Was wir im Augenblick erleben, ist ja etwas, was es nach der radikalen Moraltheologie des Marktes gar nicht geben kann und darf, es ist also etwas, was das Denkvermögen der Akteure sprengt. Wie ein blinder Mann, der durch ein Labyrinth zu gehen versucht, klopfen sie mit verschiedenen Stöcken die Wände ab, ganz verzweifelt, und sie hoffen, dass sie so irgendwann den Ausgang finden. Aber ihre Werkzeuge funktionieren nicht.

Der frühere französische Premierminister Laurent Fabius fürchtet »soziale Revolten«, und die, meint die SPD-Präsidentschaftskandidatin Gesine Schwan, könnten zu einer Gefahr für die Demokratie werden.

Alles ist möglich. Inflation, Deflation, Hyperinflation. Wie reagieren die Menschen, wenn alle Sicherheiten verschwinden, sie aus ihrem Leben hinausgeworfen, ihre Lebensentwürfe brutal zerstört werden? Meine geschichtliche Erfahrung sagt mir, dass wir uns – ich kann das nicht ausschließen – auf eine Tragödie zubewegen. Es wird Blut fließen, mehr als das, viel Blut, das Leid der Menschen wird zunehmen, auch die Zahl der Flüchtlinge. Und noch etwas möchte ich nicht ausschließen: einen Krieg, der dann zum Weltkrieg werden würde – zwischen den USA und China.

Das ist doch Unsinn.

Nein.

Okay, das ist doch einfach absurd, dieser Gedanke!

Nein. Im Augenblick, das gebe ich gern zu, erscheint dieses Szenario sehr unwahrscheinlich. Im Augenblick scheinen sich China und die USA zu ergänzen, ja sich sogar zu stützen, sie erscheinen geradezu komplementär. Doch im pazifischen wie im asiatischen Raum wird ihr Konkurrenzkampf immer härter. Es gibt keine Basis für eine dauerhafte Freundschaft zwischen diesen beiden Großmächten.

Hören Sie doch bitte auf mit Ihrem Pessimismus!

Ob es Ihnen passt oder nicht: Es gibt wenig Grund, hoffnungsvoll in die Zukunft zu blicken! Im 19. Jahrhundert glaubten die Menschen, es gehe stets aufwärts, vorwärts, man werde zivilisierter, man werde gebildeter. Die Leute lernten lesen, schreiben, sie glaubten, es gehe nicht nur materiell, sondern gleichzeitig auch moralisch voran. Man konnte optimistisch sein.

Aber dann kam 1914.

Und da hört das alles auf. Ein schreckliches, ein extremes Zeitalter beginnt: Mehr Menschen als jemals zuvor wurden im 20. Jahrhundert in Kriegen oder auf Weisung und mit staatlicher Erlaubnis ermordet. Die Folter, die im Westen offiziell abgeschafft worden war – ein dramatischer Fortschritt in der Menschheitsgeschichte –, sie kam zurück! Und wurde am Anfang des neuen Jahrtausends durch die USA wieder zu einem staatlichen Mittel der Befragung! Die Barbarei schreitet voran. Anerkannte Werte der Zivilisation werden plötzlich wieder aberkannt.

So wie Sie reden, kann man nur sagen: Der Mensch ist blöd.

Sehen Sie, materiell hat sich die Welt für sehr viele Menschen verbessert. Man ist größer, lebt länger, man ist gesünder. Aber geistig, politisch, moralisch – da kommt der Mensch nicht hinterher, vielleicht entwickelt er sich sogar im Augenblick noch weiter zurück. Was sind die Werte des Lebens? Warum leben wir? Wozu?

Was ist Ihre Antwort?

Tja, ich könnte nun fragen, warum hält der Mensch an einem System fest, das regelmäßig die fürchterlichsten Katastrophen produziert, das die Umwelt ausbeutet und zerstört, den Ast also absägt, auf dem er sitzt? Und jetzt brechen und knacken überall die Äste. Vielleicht wird die Menschheit noch bedauern, dass sie nicht auf Rosa Luxemburg gehört hat: Sozialismus oder Barbarei.

Ich bitte Sie: Es waren Ihre politischen Freunde, die Erben Lenins, die den Gegenentwurf zum Kapitalismus zertrümmert, den Gedanken an die Utopie zerstört haben.
Ja, das stimmt. Und das rächt sich nun. Denn nun, wo wir es wirklich brauchten, gibt es kein Gegenprojekt für die Menschheit! Das ist fatal.
»Unverantwortliche Banker«, sagt die Kanzlerin, »hemmungslose Gier«, erklärt der Bundespräsident, hätten die Grundlagen des Gemeinwesens verzockt. Mich erinnert das an mittelalterliche Deutungsversuche. Gab es früher eine Dürre, hieß es: Wir haben gesündigt, Gott straft uns dafür. Und nun soll wieder eine Todsünde, Gier, schuldig am Schlamassel sein – der strafende Gott ist nun der strafende Markt!
Die Politiker müssen so reden, sie können ja wohl schlecht zugeben, dass nicht der einzelne Mensch, sondern das System an sich falsch ist. Der Markt ist nicht moralisch. Die reine Marktwirtschaft ist auf Habgier aufgebaut – und auf sonst gar nichts, das ist das System.
Vielleicht ist es einfach so: Der Mensch ist habgierig – fertig, aus, Nikolaus.
Nein. Nein. Auch Karl Marx hat ja nie gegen gierige Kapitalisten argumentiert, er war gegen ein System, das notwendigerweise Habgier schafft. Der Mensch, mein fester Glaube, kann anders sein. Aber im Kapitalismus sucht jeder seinen Vorteil, jeder ist dazu verdammt, sonst geht er unter.
Die Banker, sagen Sie, haben also nichts übertrieben?
Sie haben sich absolut systemimmanent verhalten. Profit. Gewinn. Maximales Wirtschaftswachstum. Die marktradikalen Theorien sind ja wunderbar – wenn man von der Wirklichkeit absieht. Man konstruiert sich ein System, nennt es Freiheit, und in der Theorie funktioniert es: Jedermann, jeder Mensch, jede Firma sucht für sich den Vorteil, den rational kalkulierbaren Vorteil, und der Markt, jenseits des menschlichen Urteils, regelt alles zum Guten. Eine primitive Ideologie. Das Wissen von Leuten jedoch, die den Kapitalismus analysiert und verstanden hatten, wurde dagegen verspottet und vergessen: Leute wie Marx und Schumpeter wussten, dass der Ka-

pitalismus etwas Instabiles ist, dass er sich entwickelt und revolutionär voranschreitet, aber auch zwangsläufig zusammenbricht, dass er stets anfällig ist für Krisen von unterschiedlicher Dauer und bisweilen großer Heftigkeit.

Und nun rufen selbst die ungestümtesten Freunde der Marktwirtschaft nach dem Staat.

Ja, das ist doch eine nette Ironie der Geschichte.

Und Sie freuen sich, recht zu haben.

Ich empfinde eine gewisse Schadenfreude, ja.

Ähnlich empfand Karl Marx 1857 in einer Krise, er amüsierte sich: »Dass die Kapitalisten nun überall von den Regierungen öffentliche Unterstützung verlangen, ist schön.«

Ja, und sie glauben auch, dass nach einer kurzen Zeit des staatlichen Eingriffes alles wieder zum Alten zurückkehren werde. Aber das wird nicht passieren.

Warum denn nicht?

Es ist ganz einfach: Entweder hören wir mit der Ideologie des grenzenlosen Wachstums auf, oder es passiert eine schreckliche Katastrophe. Entweder wandelt sich die Gesellschaft, scheitert aber dieser Versuch, dann kommt die Finsternis. Heute geht es um das Überleben der Menschheit.

Sie mögen es dramatisch.

Nein. Die Menschheit kann nicht zum Laisser-faire-Kapitalismus der letzten Jahrzehnte zurückkehren. Die Zukunft kann keine Fortsetzung der Vergangenheit oder auch der Gegenwart sein. Die Lösung liegt in der richtigen Kombination aus Markt und Staat.

Das könnte auch der Marktradikale Guido Westerwelle sagen, genau so!

Nein. Es kann so nicht weitergehen. Wir werden Gesellschaften bekommen müssen, in denen der Staat wieder eine größere Rolle, eine viel größere Rolle spielt.

Und das ist alles?

Anders geht es im Moment nicht, oder soll ich auf die große Revolution hoffen? Nein, die Zeit drängt. Die Welt riskiert im Augenblick eine Explosion wie eine Implosion. Sie muss sich also ändern.

Aber danach sieht es nicht aus: Mit der Abwrackprämie etwa hier in Deutschland wird die Wegwerfgesellschaft sogar noch staatlich subventioniert.

Die Politiker sind Gefangene des alten Denkens, das ist beängstigend. Womöglich kann sich der Kapitalismus tatsächlich nur durch eine Riesenkatastrophe retten, wie es Schumpeter nennen würde, durch eine »kreative Zerstörung«. Ich möchte das nicht, aber sehen Sie, die Schäden und Zerstörungen nach dem Zweiten Weltkrieg waren ein ungeheurer Ansporn zum Aufbau.

Sie sind ein Apokalyptiker.

Ich stelle nur fest: Keiner kann wissen, wie wir aus der Krise kommen, denn so etwas wie heute hat es noch nie gegeben. Und noch etwas kommt hinzu: Die Weltwirtschaft verschiebt sich vom Westen, ihrem historischen Zentrum, in ein neues Zentrum, nach Asien – ein Vorgang, der schon in normalen Zeiten für unruhige Zustände sorgen würde.

Was mich beunruhigt: Es herrscht – angesichts der Herausforderungen – eine Dürre des Denkens, eine Art intellektuelle Wortlosigkeit.

Ja, Sie haben recht. Es fehlen heute Leute und Denker wie Keynes, der in den 30ern so weitsichtig war, dass es ihm gelang, den Kapitalismus zu bändigen. Er wollte den Kapitalismus nicht überwinden, er wollte ihn stabilisieren, er wollte ihn retten. Er sagte ganz offen: »Meine Klasse ist das gebildete Bürgertum, und ich möchte eine Welt, in der es Leuten wie mir gut geht. Aber das heißt, es muss den anderen auch gut gehen.«

Also: Was ist zu tun?

Ich sehe nur einen Weg aus dem Dilemma, der aber setzt eine fundamentale Bewusstseinsveränderung voraus, er ist ein internationales, ein Riesenprojekt: die Welt gegen die Umweltgefahr sicherer machen. Das würde helfen, die Wirtschaft anzukurbeln, aber es wäre auch ein Projekt, das man gegen die Marktkräfte durchsetzen müsste.

Mein Gott, für einen alten Marxisten hören Sie sich sehr bescheiden an!

Ja. Ich bin nun 92 Jahre alt, lebe von einem Tag auf den anderen, aber meine Utopie ist schon noch die vom alten Marx, dass der Mensch das höchste Wesen für den Menschen sei, »also mit dem kategorischen Imperativ, alle Verhältnisse umzuwerfen, in denen der Mensch ein erniedrigtes, ein geknechtetes, ein verlassenes, ein verächtliches Wesen ist«. Irgendwo in meinem Innern schlummert noch immer der Traum der Oktoberrevolution.

»Alle Revolutionen«, sagte aber Ihr Marx, »haben bisher nur eins bewiesen, nämlich dass sich vieles ändern lässt, bloß nicht die Menschen«.

Das stimmt. Aber eine große Sache ist es dennoch, dieses Prinzip Hoffnung. Auch wenn die ideale Gesellschaft, wie Max Weber glaubte, jenseits unserer Möglichkeiten liegt, ist nichts Ernsthaftes in der Politik zu erreichen, wenn man nicht an sie glaubt. Der Mensch hat die Anlagen zum Guten wie zum Schlechten – und wie er sich benimmt, das kann man wohl ändern! Dass unsere Welt, immer noch oder endlich mal Heimat für alle werden kann – das ist doch ein schönes Ziel!

Eric Hobsbawm, 1917 im ägyptischen Alexandria geboren, war einer der letzten Universalgelehrten. Der Sohn eines Engländers und einer Österreicherin erlebte in den frühen 1930er Jahren als Schüler in Berlin die um sich greifende Arbeitslosigkeit, die ihn zum »lebenslänglichen Marxisten« machte. Kurz nach Hitlers Ernennung zum Reichskanzler emigrierte er nach England, später lehrte er in Cambridge, Paris, Stanford, am MIT in Boston und an der University of London. Zu seinen Werken, die weltweit verlegt werden, gehört *Das Zeitalter der Extreme* oder seine Biografie *Gefährliche Zeiten*. »Was Shakespeare für die Darstellung der menschlichen Seele getan hat, das ist dem Historiker Hobsbawm bezüglich der Universalgeschichte gelungen«, so die *Süddeutsche Zeitung*. Hobsbawm, den die britische Königin zum »Companion of Honour« ernannte, starb 2012 In London.

Gore Vidal

»Seymour Hersh, der über die Kennedys schrieb, hat mir eine Geschichte erzählt, die ihm unglaublich vorkam. Er hatte sie von einem Sicherheitsbeamten. Dessen Job war es, für John F. Kennedy Prostituierte zu besorgen. Dann waren sie in der Wanne, sie lag auf dem Präsidenten, und der Agent musste, wenn Jack so weit war, von hinten den Kopf der Frau unters Wasser drücken.

© Van Vechten

»Ich hab mehr Einfluss als die amerikanischen Präsidenten«

(Ravello, 2000)

Im Frühjahr 2000 treffe ich den US-Schriftsteller Gore Vidal, damals 74-jährig, zum Gespräch in seinem feudalen Landsitz, es ist ein Schloss oberhalb der Amalfi-Küste – unbezahlbarer Blick übers Mittelmeer. Ich kannte einige seiner Bücher, schätzte seine Polemiken gegen die Regierenden. Sein Essay *Ewiger Krieg für ewigen Frieden*, das vor permanenten Militäraktionen durch die USA warnte, hat mich beeindruckt – spannend, dass ein Mitglied der US-Elite ihr eloquentester Kritiker war. Ich treffe ihn, weil ein naher Verwandter von ihm US-Präsident werden will: Al Gore. Zu gern hätte, so erzählt er, die Familie Gerhard Schröder in diesem Sommer in seinem weitläufigen Anwesen den Urlaub verbracht, »aber ich hätte für Ihren Kanzler ja alles aufräumen müssen, das wollte ich nicht.«

Mr. Vidal, Ihr Cousin Al Gore, der jetzt amerikanischer Präsident werden möchte, scheint mächtig Angst vor Ihnen zu haben.
Wieso? Wie kommen Sie denn da drauf?
Immerhin hat er aus dem fernen Washington einen Emissär hierher zu Ihnen nach Süditalien geschickt, damit Sie vor den Wahlen nichts Abfälliges über ihn sagen.
Es war ein Herr aus Washington hier bei mir in Ravello, das stimmt, er saß da, wo Sie nun sitzen, seinen Namen habe ich schon wieder vergessen, und es war mit ihm, wie es bei Politikern eben ist: Er hat viel geredet, aber nichts gesagt.
Aber die Botschaft war klar: Sie sollen …
… ich soll gar nichts, und ich muss nichts. Ich werde jetzt nichts über Al sagen. Es ist einfach so, dass ich weiß, wie die Menschen ticken, die die Macht haben. Ich war einer von ihnen, ich komme aus der herrschenden Schicht. Die Gores kontrollierten mal fünf Südstaaten. Mein Großvater hat – aus einer Laune heraus – den Staat Oklahoma erfunden, ich war auf den richtigen Schulen, die die Führer für »Corporate America« erziehen.
Sie sollten Präsident werden, so sah es der Familienplan vor. Doch Sie haben versagt.
Jetzt erfüllt halt Al die Bestimmung der Familie. Na und? Ich stand mal an der Weggabelung: Literatur oder Politik? Ich habe mich fürs Schreiben entschieden. Doch mir geht es wie Perikles, der zu Sophokles sagte: »Für wen Politik kein Thema ist, der hat gar keines.« Ich habe mich deswegen mit meinen Büchern in die Politik eingemischt, auch wenn sie versucht haben, mich totzuschweigen.
Sie meinen, Sie wurden boykottiert?
Sie wollten mich ausradieren. Die *New York Times* hat von mir keine Bücher besprochen, und wenn ich vor Tausenden aufgetreten bin – kein Wort gab es darüber. So ging das zehn Jahre, *Time* und *Newsweek* haben ebenfalls mitgemacht. Ich habe das überlebt. Später war ich dann doch noch auf dem Cover von *Time* – wie mein Großvater und mein Vater vor mir. Jetzt bin ich alt, aber ich hatte und habe mehr Einfluss auf die Gesellschaft als die Präsidenten, mit Ausnahme unserer Kriegspräsidenten.

Kann es sein, dass Sie sich da ein wenig überschätzen? Ihre Präsidenten sind ...

... ja, was denn? Was ist denn ein Präsident? Er ist das Sprachrohr der Konzerne – und sonst gar nichts. Richard Nixon hat mal gesagt, für die Innenpolitik brauche man gar keinen Präsidenten, die Konzerne würden schon alles richten. Deswegen interessieren sich alle Präsidenten für die Außenpolitik, da können sie Spuren hinterlassen, Bomben auf eine Aspirinfabrik im Sudan werfen, einen kleinen Krieg hier, einen größeren Krieg da anzetteln – das ist ihr Job. Seit Dezember 1941 haben wir keinen Krieg mehr erklärt, doch seither über 150 geführt. Immer in schlechter Absicht, aus Eigennutz heraus. Wir sind keine Demokratie mehr. Wir haben unsere Verfassung schon längst aufgegeben.

Sie sind frustriert und zynisch.

Nein. Das Militär befiehlt dem Präsidenten: Wir brauchen mehr Geld, und der Präsident gehorcht. Unsere Polizei ist außer Kontrolle. Millionen werden abgehört. 2 Millionen sitzen in den Gefängnissen. Wir bereiten uns auf einen neuen Hitler vor. Wir leben in einem faschistischen Staat.

Das ist doch Unsinn.

Meinen Sie? Ihr Europäer habt doch keine Ahnung von Amerika! Aber Deutschland war ja schon immer unsere loyalste Provinz. Schröder, Fischer? Treue Untertanen. Ihr seht unsere Filme und denkt, das ist die Realität. Wir beherrschen die Werbung, wir wissen, wie man Images schafft. Die moderne Diktatur kommt nicht mit braunen oder schwarzen Uniformen daher. Wir machen das mit Unterhaltung, mit Fernsehen, mit Spaß, Spaß. Und einer Erziehung, die verdummt.

Wie? Die Amerikaner sind doof?

Ich mag Verallgemeinerungen nicht, aber wir sind das ignoranteste Volk der westlichen Welt. Neulich sollten College-Studenten Amerika auf einer Weltkarte bestimmen – 80 Prozent fanden unser Land nicht. Und nicht wenige votierten für Panama, weil es so schnuckelig daliegt in der Landenge zwischen Nord- und Südamerika. Und ganz nebenbei haben sich in den letzten 15 Jahren allein in Kalifornien mehr als 10 000 Jugendliche gegenseitig abgeschossen. Der Rapper Ice Cube freut sich in einem Song über den Tag, an dem niemand starb, den er kannte: »Nobody I know got killed today, in South Central LA, it was a good day.«

Ein sehr romantisches Lied. Die Schauspielerin Joanne Woodward sagte unlängst, Sie hätten sich aus dem Mainstream der Gesellschaft entfernt: Sie würden immer noch rumteufeln wie die Radikalen der 60er und 70er Jahre.

Die 60er interessieren mich nicht. Wenn sich jemand aus dem Leben zurückgezogen hat, dann sind das Woodward und ihr Mann Paul Newman. Vielleicht passe ich auch nicht in das Bild, das sich Joanne vom Leben macht: dass man heiratet und Kinder hat. Ich mische mich ins Leben ein, mache im Wahlkampf mit. In Los Angeles stand bei einer Versammlung mal eine Frau auf und sagte: »Mr. Vidal, ich habe zwei Fragen. Erstens: Was kann ich als amerikanische Hausfrau tun, um den Kommunismus zu bekämpfen? Zweitens: Was ist Kommunismus?« Das fragt sie gut gelaunt, und dann geht sie ab in den nächsten Film. Viel Spaß, gute Unterhaltung.

Sie selbst haben Filme für Hollywood geschrieben. Ihr »Ben Hur« ist auch nicht gerade ein Werk, das die Massen aufklärt.

Es ist ein schlechter Film, lustig ist allenfalls, dass Charlton Heston nicht mal gemerkt hat, dass ich ihm schwule Szenen reingeschrieben habe. Er ist ein Depp, aber gefährlich, er ist Chef der Waffenlobby. Tja, Schauspieler! Hätte ich damals Ronald Reagan eine Rolle in meinem Film »The Best Man« gegeben, er wäre nie Präsident geworden. Er wäre in Hollywood geblieben.

Aber Sie selbst drängten ins Weiße Haus. Sie waren doch stolz, im Beraterstab von John F. Kennedy zu sein?

Stolz? Ich würde eher sagen: Es hat mir die Augen geöffnet, an seinem Hof zu sein. Im August 1961, während der Berlin-Krise, stand die Welt am Rande des Atomkriegs. Diese Tage verbrachte ich mit Jack, wie er bei uns hieß. Jede Nacht schrieb ich mit, was ich bei ihm erlebte. Dort drüben sind die Blätter. Ich hatte ja erwartet, Kennedy würde diese Tage im Weißen Haus verbringen, aber er war mit Jackie ...

… Ihrer Stiefschwester …

… auf seinem Landsitz »Hyannisport«. Damals lief es mir kalt über den Rücken, dass unser Leben in den Händen von Jack und Bobby lag. Jack wollte nicht bloß Kalten Krieg spielen, er wollte Kriege gewinnen, egal wo, irgendwo. Er dachte immer an seinen Ruf. Deshalb Kuba, das Abenteuer Schweinebucht, die unzähligen Versuche, Fidel Castro zu töten. Er war mit dem ganzen Kalter-Krieg-Dreck aufgezogen worden, er war römisch-katholisch, aus irischer Familie, und das heißt: Er war rechts. Er wollte einen sicheren Krieg, bei dem nicht die ganze Welt auseinanderfliegt. Er wollte Ruhm. Deshalb Vietnam. Tausend Tage war er an der Macht, und in dieser kurzen Zeit stieg der Rüstungshaushalt um 7 Milliarden Dollar. Nochmals tausend Kennedy-Tage, und wir wären alle tot gewesen.

Sie mögen die Kennedys nicht.

Ach, sie mögen mich nicht, weil ich ihren Plan aufgedeckt habe, dass sie eine Dynastie errichten wollten: Jack, Bobby, Teddy und so weiter. Jack war immerhin ein bisschen zivilisiert, hatte ein paar Bücher gelesen, aber Bobby – mein Gott, er war ein Barkeeper, er wollte Leute zusammenschlagen, er war ein ungehobelter Wilder. Als Bobby 1968 niedergeschossen wurde und im Sterben lag, hat eine seiner Schwestern bei der Mutter Rose angerufen. Und was sagte die liebe Mutter? »Jetzt muss Teddy ran!«

In Ihrer Autobiografie schreiben Sie wirklich Unfreundliches über John F. Kennedy, zum Beispiel so etwas: »Ich weiß noch, dass er es gern in heißem Badewasser machte, mit der Frau oben wegen seiner Rückenverletzung. Einmal hatte er eine Schauspielerin, die ich kenne, plötzlich zurückgestoßen, bis ihr Kopf unter Wasser war, was ihr einen Scheidenkrampf und ihm einen Orgasmus bescherte.«

Was ist daran unfreundlich? Ich habe es geschrieben, weil es über den Menschen Kennedy etwas aussagt. Und über die Macht. Außerdem habe ich auch über mich geschrieben, dass wir damals – und dazu gehörten auch Marlon Brando, Tennessee Williams und noch einige andere – nichts anderes wollten als möglichst viele Orgasmen mit möglichst vielen Partnern.

Angeblich hatten Sie ja schon mit 25 über tausend Beziehungen – mit Männern und Frauen, mit Anais Nin und Jack Kerouac ...

Es war Sport, ein Spiel, nicht Liebe. Kennedy war schwer krank, er bekam ständig Cortison, und sein Arzt, ein rechter Quacksalber war das, hat ihm auch noch Speed verschrieben. Er war manchmal gar nicht richtig bei sich – aber Cortison stimuliert wohl. Seymour Hersh, der über die Kennedys schrieb, hat mir eine Geschichte erzählt, die ihm unglaublich vorkam. Er hatte sie von einem Sicherheitsbeamten. Dessen Job war es, für Jack Prostituierte zu besorgen. Dann waren sie in der Wanne, sie lag auf dem Präsidenten, und der Agent musste, wenn Jack so weit war, von hinten den Kopf der Frau unters Wasser drücken.

Solche Geschichten erwartet man von römischen Kaisern. Unsere Präsidenten sind Imperatoren.

Und die denken so: Ich bin der mächtigste Mann der Welt, ich kann tun, was ich will. Denken sie so?

Nein, so denken sie nicht. Normalerweise haben sie einfach eine große Paranoia. Sie denken: »Die da draußen, die wollen mich kriegen!« Die da. Es sind immer »die da«. Sie werden ständig beobachtet, sie fühlen sich stets gefährdet. Es sind die gleichen Ängste, wie sie die Cäsaren früher in Rom hatten. Der römische Kaiser Domitian wurde belächelt, weil er sich von seiner Sicherheitsgarde so heftig beschützen ließ, sich kaum aus seiner Villa oben auf dem Berg raustraute. Und er sagte: »Die meisten meiner Vorgänger sind ermordet worden, und deshalb ist es doch klar, dass ich ständig an Attentat, Mord und Totschlag denke.« Er wurde dann ja auch ermordet. Das beschreibt genau den Seelenzustand unserer Präsidenten.

Und doch wollen Gore oder Bush ganz verzweifelt genau das werden: Präsident.

Ja, es ist wie mit den Spielern in Las Vegas: Sie sind süchtig. Du weißt genau: Du kannst Geld verlieren, dein Leben – aber du kannst das Spiel nicht sein lassen. Und dazu kommt noch: Das Weiße Haus ist etwas Besonderes. Es verändert jeden, es holt den Macho aus einem raus: Man kann Herr über Leben und Tod sein. Der amerikanische Präsident ist, wie gesagt, ein Imperator. Er ist der Oberbefehlshaber der mächtigsten Armee der Welt. Wenn er auftritt, entfaltet sich mit großem Pomp eine riesige Zeremonie. Das beeindruckt.

Und für diese Show nimmt man in Kauf, unter ständiger Belagerung zu leben.

Ja. Vor einiger Zeit war ich bei Hillary Clinton im Weißen Haus. Zwei Tage vorher hatte ein Verrückter mit einem Maschinengewehr die ganze Front des Hauses mit Kugeln aufgeschossen, Maler waren gerade dabei, Farbe über die Löcher zu pinseln. Ich wollte Hillary zum Essen einladen. Sie war völlig verdutzt, schüttelte den Kopf und sagte, sie habe erst neulich mit einem Sicherheitsbeamten gesprochen, das sei unmöglich, spontan so etwas zu tun. Den Sicherheitsleuten wäre es am liebsten, meinte sie, sie würde nur im Panzer durch die Stadt fahren und im Bunker wohnen.

Sie gehen am 7. November zur Wahl?

Ja. Es macht mir Spaß zu beobachten, wie die Menschen gegen ihre eigenen Interessen stimmen. Wie sie die Flaggen hochhalten, um blind und treu wie christliche Soldaten gemeinsam übers Kliff zu gehen. Ich mag das, das ist schwarzer Humor. Ihr Deutschen habt dafür ein schönes Wort: Schadenfreude. Vielleicht stimme ich dem Clan zuliebe ja für Al, ich weiß es nicht.

Mit ihm wird alles besser?

Wieso denn? Das ist doch keine Wahl. Die Menschen wissen, dass sie betrogen werden. Wie viele wählen denn noch? Das System ist tot. Die zwei Kandidaten sind Vertreter einer Partei mit zwei rechten Flügeln. Beide sind Südstaatler, beide aus alten Dynastien, beide werden dem Militär noch mehr Geld geben. Bush ist unerträglich: Sein Staat ist Weltmeister bei Exekutionen, amerikanischer Meister in der Umweltverschmutzung.

Und Al Gore?

Ach, der kleine Al? Little Al. Ich weiß nicht, was er will. Er ist ehrgeizig. Seinen Namen hat Albert verkürzt, damit er volkstümlicher klingt. Wir Gores sind immer witzig und charmant, wir können Frauen und Männer betören. Al hat offenbar hart daran gearbeitet, dass man von all dem nichts bei ihm merkt. Er hat ein Buch über die Umweltkrise geschrieben: langweiliger Stil, und er kriegt das heraus, was jeder herauskriegt, der über das Thema nachdenkt. Er war für Reagans Angriffe auf Grenada, Libyen, er war mit einer Hand voll demokratischer Abgeordneter für Bushs irrsinnigen Irak-Krieg. Er hat die richtige Frau geheiratet, er hat die richtigen Kinder – und sie sehen besser aus als im Gore-Clan üblich. Das steht fest: Er wird sich im Oval Office nie an jemand ranmachen. Und das Gute ist: Niemand wird sich an ihn ranmachen. Politisch wird er nichts bewirken.

Der spanische Schriftsteller Jorge Sempron klagt über eine beklemmende Ausweglosigkeit: Einerseits seien die Gesellschaften »unüberwindlich«, andererseits aber »unerträglich«. Dennoch müsse man das Unmögliche versuchen: sie »überwinden«.

Er hat recht. Ich schreibe, obwohl ich weiß, dass immer weniger Menschen lesen, dass kaum noch jemand nachdenkt. Ich bin ein Gegengeschichtsschreiber, und ich will die Wahrheit über dieses Land aufschreiben, der Wahrheit zumindest nahekommen. Ohne Hoffnung hoffe ich. Es gibt keinen Winterpalast, den man angreifen kann. Und dass ich weitermache, hat wohl mit meiner DNS zu tun. Ich muss es auf Deutsch sagen: Ich kann nicht anders.

Mr. Vidal, Sie sind wahrscheinlich einer der wenigen, die jemals nackt im US-Kongress rumgerannt sind.

Ach, das ist lange her, eine völlig andere Zeit, damals fuhr der Präsident noch selber im Auto durch die Gegend. Washington war einfach eine kleine Südstaatenstadt, verschlafen. Es gab damals noch keine Klimaanlagen. Es war fürchterlich heiß, ich war zehn und bei meinem Großvater, er war blind, ich habe ihm immer die Akten vorgelesen, und dann sind wir in den Senat marschiert. Auf dem Flur kam uns der Vizepräsident John Garner entgegen, und der meinte: »Senator, der Kleine ist ja nackt!« Aber das stimmte gar nicht, ich hatte noch eine Badehose an.

Warum haben Sie eigentlich mit Ihrer Klasse gebrochen?

Mein Großvater wollte, dass ich in die Politik gehe. Ich sollte in den Senat. Alles war abgesprochen, mit den wichtigen Gouverneuren, der ganzen politischen Maschinerie. Aber ich bin zum Schreiber geboren, ich konnte dagegen nichts machen. Ich bin also nach Mexiko und habe das Buch *Geschlossener Kreis* geschrieben. Damit bin ich ausgestiegen, seitdem bin ich dazu verurteilt, Außenseiter zu sein, das schwarze Schaf meiner Familie.

Mit dem Roman *Geschlossener Kreis* lösten Sie einen Skandal aus, für die damalige Zeit schrieben Sie sehr offen über Homosexualität und …

… und es hatte Wirkung, damals wurde ja noch gelesen. Es hat Thomas Mann dazu gebracht, seinen *Felix Krull* zu Ende zu schreiben. Ich habe das erst vor ein paar Jahren erfahren, aber das freut mich sehr.

In seinen Tagebüchern lobt er ganz »ergriffen« Ihr Werk »als ein wichtiges, menschliches Dokument, von ausgezeichneter und belehrender Wahrhaftigkeit«.

Er war 75, als er das geschrieben hat, ich 25, und es bewegt mich sehr, weil ich von Thomas Mann beeinflusst bin, ich habe fast alles von ihm gelesen. Ohne ihn hätte ich nie historische Novellen geschrieben. Und Hans Castorp, der Held aus dem *Zauberberg*, war Vorbild für viele meiner literarischen Helden.

Aber Mann kritisierte Sie auch, ihn störte »das Sexuelle, die Affairen mit den diversen Herren«. Die seien ihm »eben doch unbegreiflich. Wie kann man mit Herren schlafen?«

Dass er das Wort »Herr« benutzt, ist doch interessant. Es zeigt seine Unsicherheit, aber ich denke, dass er Herren, wahrscheinlich eher Jungen, schon zugetan war und es mit ihnen wohl auch getan hat.

Sex zwischen Männern, meint der deutsche Filmemacher Rosa von Praunheim, sei wie eine Droge, eine Art Kampf: »Die Brust des Mannes ist wie ein Panzer, etwas Ebenbürtiges, dem ich mich dann entgegensetze.«

Ja? Ich sehe das eher von der technischen Seite. Ein Bekannter von mir meinte, der wirkliche Unterschied sei der: Männer haben mehr Haare auf den Beinen.

Sie klingen unromantisch.

Ja, so ist es aber.

Und deswegen stellen Sie manchmal deprimiert fest, dass »ich vergessen habe, Vorkehrungen für den Sex heute zu treffen«.

Ja. Aber die Tragik des Satzes steckt in dem Wörtchen »vergessen«. Das ist das Alter. Mein Kurzzeitgedächtnis lässt mich im Stich.

Alt werden ist nicht schön.

Nein, mein Körper zerfällt. Der Genuss lässt nach. Meine Zunge spürt nicht mehr alles, ich kann nicht mehr so viel Wodka trinken, wie ich möchte. Alles verschwindet.

Im Blick zurück: Sind Sie zufrieden mit dem, was Sie erreicht haben?

Ja. Aber ich wäre gern Cäsar gewesen, um die Republik zu retten. Hätte ich gewusst, dass ich so alt werde, hätte ich als junger Mann nicht so viel geschrieben; ich schreibe alles von Hand, alles oft vier-, fünfmal. Aber ich klage nicht. Es ist schön hier.

So schön, dass Kanzler Schröder voriges Jahr seinen Urlaub in Ihrer Villa verbringen wollte.

Es gab eine Anfrage der italienischen Regierung. Man bot mir viel Geld, aber ich hätte für Herrn Schröder ja alles aufräumen müssen, das wollte ich nicht. Ich weiß nicht, ob Ihr Kanzler weiß, dass das Haus historisch vorbelastet ist: Der letzte italienische König war hier ein paar Stunden vor seinem Rücktritt.

Nochmals, sind Sie zufrieden?

Ich agiere. Ich bin jetzt 74, in ein paar Tagen wird am Broadway mein Stück »The Best Man« wieder aufgeführt, ich fliege morgen nach Los Angeles, treffe Ralph Nader, den Außenseiter im Wahlkampf. Wissen Sie übrigens, dass ich gerade zum bestbezahlten Fotomodell der Welt avanciert bin? »Absolut Wodka« haben mich für ihre Werbekampagne von Annie Leibovitz fotografieren lassen, sie haben mir ein Vermögen bezahlt. Das ist alles nett, aber trotzdem: Meine Uhr läuft ab.

Sie haben sich Ihre Grabstelle ja schon ausgesucht.

Ja, und es beruhigt mich zu wissen, wo ich beerdigt sein werde. In Washington, auf dem Friedhof Rock Creek Park, in der Abteilung E, Reihe 293, Grabstätte zwei.

Bert Brecht wünschte sich für seinen Grabstein die Inschrift: »Er hat Vorschläge gemacht, wir haben sie angenommen«.

Wie? Das ist doch größenwahnsinnig! Meine Grabplatte ist schon fertig, da ist nur mein Name drauf. Man muss nur noch den Todestag einmeißeln. Ich werde da liegen zwischen Jimmy Trimble

… Ihrer im Weltkrieg gefallenen Jugendliebe …

… ja, und neben meinem Lebensgefährten Howard Austen und dem Historiker Henry Adams, zwischen Gefühl und Geist also. Auch George McGovern, der 1972 Präsident werden wollte, hat sein Grab dort ausgesucht. Es ist ein wunderschöner Platz – man hat einen herrlichen Blick Richtung Weißes Haus.

Gore Vidal wurde am 3. Oktober 1925 in die amerikanische Machtelite geboren: Sein Großvater war Senator, sein Vater Mitbegründer der US-Luftfahrt. Vidal war verwandt mit Jimmy Carter, Jackie Onassis und Al Gore. Er lebte im italienischen Ravello und in Los Angeles. Vidal war Redenschreiber und Berater für die US-Präsidenten Dwight D. Eisenhower und John F. Kennedy, zu dessen Hofstaat er gehörte. Zweimal bewarb er sich für die Demokraten um einen Sitz im Kongress, 1970 war er Mitbegründer der linksliberalen People's Party. Vidal hat mehr als 60 Bücher geschrieben, darunter den Skandalroman *Geschlossener Kreis* (1948) und den Weltbestseller *Myra Breckinridge* (1968). Außerdem: Stücke für den Broadway, Drehbücher für Hollywood (»Ben Hur«). 2012 starb Vidal in seinem Haus in den Hollywood Hills. Sein Vermögen in Höhe von 40 Millionen Dollar vermachte er der Harvard Universität.

Angelika Schrobsdorff

»Die alten Juden, die Kultur hatten, sind gestorben. Ich hatte ein unerhörtes Vertrauen in sie. Doch nun hat sich in Israel eine neue Rasse ... ja, eine neue Rasse hat sich entwickelt: roh, grob, hartherzig, mit Ellenbogen. Eine Kriegerkaste. Die Okkupationen, die sich ständig verschärften, färbten auch ab auf die Okkupanten. Ich habe einen Gerechtigkeitsfimmel. Und das Unrecht, das die Israelis gegenüber den Palästinensern begehen, hielt ich nicht mehr aus. Ich musste weg. Aber wohin denn? Wo soll eine alte Frau hin, die weiß, sie hat die letzte Schwelle ihres Lebens überschritten?«

© Volker Hinz

»Ich wünsche mir
die völlige Auslöschung.
Ich will spurlos
verschwinden«
(Berlin, 2008)

Sie hatte unzählige Liebhaber, große Autos, der Champagner floss, und sie schrieb mehrere Bestseller. Sie war mit Simone de Beauvoir und Jean-Paul Sartre befreundet – ein aufregendes, erfülltes Leben, könnte man meinen. Und auch jetzt noch, mit ihren 80 Jahren, wirkt sie äußerst vital, wie sie in ihrer Berliner Wohnung für mich Kaffee kocht, Wein aufmacht, mit ihren Katzen redet und mit mir flirtet. Doch sie hat in diesem Sommer 2008 nur den Wunsch, möglichst bald zu sterben. Wenn es sein muss, will sie mit Gift nachhelfen. Selten habe ich einen Menschen getroffen, der so schonungslos brutal mit allem abgerechnet hat: dem Leben und sich selbst.

Frau Schrobsdorff, ich habe Ihnen etwas mitgebracht: einen *stern*, über 40 Jahre alt, von 1962. Mit einer großen Porträtaufnahme von Ihnen.
Mein Gott, oh Gott, warum müssen Sie mich so erschrecken, so quälen? Das Foto knallt mir ins Gesicht!
So wurde damals Ihr erster Roman *Die Herren* präsentiert.
Henri Nannen, der Chefredakteur, ein netter Kerl, war ganz versessen auf dieses Bild. Und jetzt erschüttert es mich. Das war einmal. Keine Falten, nichts. Damals hatte ich noch richtige Augen, jetzt habe ich künstliche Linsen! Fällt Ihnen das auf?
Nein.
Aber Sie sehen an dieser alten Aufnahme, dass Altern die größtmögliche Zumutung ist. Es ist grausam. Es ist eine erbarmungslose Gemeinheit, die man da über uns schüttet. Wer hat das bloß erfunden?
Der liebe Gott – wenn es ihn denn gibt.
Wenn es ihn – woran ich nicht glaube – gäbe: Das hat er wirklich richtig gut falsch gemacht. Was er den Menschen damit antut! Aber vielleicht hat das ja alles einen tieferen Sinn? Besser wäre es, man könnte die Jahre abarbeiten – zurück in die Jugend!
Sie hoffen ja, dass das alles bald vorbei ist – das Altern, das Leben.
Das kann man wohl sagen. Ich möchte so schnell wie möglich weg sein. Total verschwinden. Das Leben – man wird durch dieses Leben geschleudert und gezogen, es wird einem dies und das angetan, und irgendwie würgt man sich durch. Nein, ich halte nichts von diesem Leben.
Es muss doch, mit Verlaub, auch für Sie noch schöne Momente geben!
Meine Zigaretten. Ich rauche wahnsinnig gern.
Ist das alles, was Ihnen noch Spaß macht?
Beinahe. Es gibt noch andere, sehr kurze Augenblicke, die einen für die Qual der Existenz entlohnen. Eine Amsel am Morgen. Wenn die Blüten rauskommen. Herrlich ist es, wenn ich am Grunewald sehe, wie die Hunde herumtollen und ins Wasser rennen. Die spielen ja wie kleine Kinder, das ist schön. Und dann gehe ich auch noch gerne ins »Clärchens Ballhaus«, drüben im Osten der Stadt.

Da sieht man Menschen, die tanzen, unbefangen wie die Hunde am Grunewaldsee. Vollkommen selbstvergessen, jeder Schritt eine Welteroberung – das zu beobachten macht mir noch eine Freude. Aber das hilft mir nichts. Ich stecke in einer Sackgasse, ganz tief mit meinem Kopf stecke ich drin, und ich komme nicht raus.

Vor 70 Jahren mussten Sie, da Sie nach den Rassegesetzen der Nazis als Halbjüdin galten, mit Ihrer Mutter und Ihrer Schwester aus Berlin fliehen. Vor zwei Jahren sind Sie aus Jerusalem zurück in diese Stadt gegangen und ...

Warum bin ich hier? Warum? Voller Entsetzen fragen mich das viele Menschen. Ich kann es nicht sagen.

Vielleicht ist Deutschland Ihre Heimat.

Sind Sie wahnsinnig?

Vielleicht sind Sie hier, weil es sich leichter in der Muttersprache stirbt?

Es stirbt sich leichter in Deutschland, ja, das hoffte ich. Aber ich bin keine Deutsche. Heimat ist ein schönes Wort, und ich habe zwei Heimaten verloren: die deutsche und mein Jerusalem. In Jerusalem hatte ich mich fast mit dem Leben versöhnt. Es war das Schönste, was es gibt, und für einige Zeit war ich der glücklichste Mensch auf der Erde. Doch Israel hat sich in den letzten Jahren zu einer verrohten Gesellschaft entwickelt. Die alten Juden, die Kultur hatten, sind gestorben. Ich hatte ein unerhörtes Vertrauen in sie. Doch nun hat sich eine neue Rasse ...

Was? Wie bitte?

Ja, eine neue Rasse hat sich in Israel entwickelt: roh, grob, hartherzig, mit Ellenbogen. Eine Kriegerkaste. Die Okkupationen, die sich ständig verschärften, färbten auch ab auf die Okkupanten. Ich habe einen Gerechtigkeitsfimmel. Und das Unrecht, das die Israelis gegenüber den Palästinensern begehen, hielt ich nicht mehr aus. Ich musste weg. Aber wohin denn? Wo soll eine alte Frau hin, die weiß, sie hat die letzte Schwelle ihres Lebens überschritten?

Und weil Sie Deutsch sprechen, sind Sie hier.

Ja, jahrelang habe ich alles Deutsche verweigert. Ich habe die Sprache über viele Jahre abgelehnt, es ist ja eine schwere Sprache mit Ecken und Kanten, Brüchen und Rissen. Aber sie ist auch wunderbar. Und es ist für mich nun einfach praktisch, wenn ich jemand anrufen und sagen kann: »Hören Sie mal zu, mein Klo stinkt. Bitte kommen Sie her und schauen Sie nach!« In der deutschen Sprache kann ich streng werden und laut, ich kann mit ihr fluchen und schreien, ich brauche nicht nachzudenken, was »sterben« heißt oder »Bettpfanne« – das hilft im Alltag.

»Bettpfanne« – ein wunderbares Wort.

Ja. Als ich nach Berlin zurückkam und durch die Stadt fuhr, hat mich überrascht, wie die deutsche Sprache mit Anglizismen verhunzt wird. Warum machen die das? Coffee to go! Zeitung to go! Shoppen ohne zu stoppen! So ein Quatsch! Wollen die, dass wir alle verblöden? Was tun die ihrer Sprache nur an? Wie verhöhnen und entwürdigen sie jene Menschen, die nicht Englisch gelernt haben?

Sie regen sich ja richtig auf.

Ich bin zornig, ja. Was ist das bloß für eine Gesellschaft?

Sie sind Schriftstellerin – Sie könnten sich da einmischen.

Nein. Ich kann nicht mehr schreiben. Ich trau mich nicht mehr, ich seziere jedes Wort, und so verschwindet es. Ich habe keine Motivation mehr. Ich weiß einfach nicht, wofür ich noch schreiben soll.

Schreiben war doch aber der Sinn Ihres Lebens?

Ja, es gab mir das Gefühl der Befreiung, des Glücks. An der Schreibmaschine konnte ich alles, lachen und weinen, ich legte meine Hände auf die Tasten, und sie schnurrten los. Schreiben war eine Art Droge, Erlösung. Das ist nun weg. Ich habe keine Worte mehr. Das ist das Ende. Man stirbt ja nicht nur gesundheitlich, zerfällt nicht nur körperlich. Man stirbt, was die Jungen nicht erahnen können, ja auch innerlich. Man wird kälter und kälter. Ich kann nicht mehr weinen. Ich bin innerlich erstarrt.

Vor ein paar Monaten waren Sie bei Maischberger, Titel der Talkshow war: »Die neuen Alten: Klüger, begehrter, glücklicher«.

Das ist doch Quatsch mit Soße. Es mag ja reizende Omis geben, die mit ihren Enkelkindern nochmals aufblühen und glücklich sind. Aber die Natur lässt sich nicht betrügen, sie holt uns ein und rollt über uns hinweg.

»Ich verbrachte Stunden vor dem *SPIEGEL* in Anbetung meines eigenen Bildes«, schrieben Sie in Ihrem Roman *Die Herren*. »Ich

fand mich schön, und ich muss es wohl auch gewesen sein, denn es gab leider keinen Menschen, der mir das nicht gesagt hätte.«

Das stimmt, und meine Mutter hat deswegen etwas sehr Dummes gesagt: »Du wirst dich an den deutschen Männern rächen.« Das war ein Befehl für mich, eine Mission, die ich erfüllen musste.

Aber in einem Brief, 1949, klagt Ihre Mutter, dass Sie hundert Liebhaber hätten und ...

Hundert? Es waren Hunderte! Ich habe diesen Rachefeldzug also mehr als erfüllt. Mein Aussehen war meine Waffe, und diese Waffe war unschlagbar. Die Männer führten mich zum Essen aus, und es endete immer im Bett.

»Eine Begierde«, schreiben Sie in den *Herren*, »pochte dumpf und ekelerregend in meinem Leib«.

Ja. Aber den Schritt von der Leidenschaft zur großen Liebe habe ich nie gewagt. Stattdessen habe ich mir Arroganz und Härte und Stolz antrainiert, beschlossen, nie etwas zu empfinden. Ich habe nie geliebt.

Das hört sich schlimm an.

Ich war ein zerstörtes Kind. Wenn man eingestuft wird als Mischling ersten Grades, sich immer verstecken muss, immer Angst hat, wenn man dann auch noch seine Mutter dahinsiechen sieht – das bringt man nie weg. In mir ist eine fürchterliche Gespaltenheit. Minderwertigkeitskomplexe. Mit 24 war ich ein Stück Dreck. Ich wollte Macht, Macht ausüben. Ich habe vielen Männern Schmerzen zugefügt. Ich habe mich verhalten wie ein Mann, und sie waren es nicht gewohnt, dass man sie einfach sitzen lässt. Ich bin ja immer plötzlich weggelaufen, keine Szene, keine Kräche, nichts, ich war einfach weg. Wenn sie dann anriefen, habe ich geschwiegen, vielleicht noch gesagt: Auf Wiedersehen.

Und nun sitzen Sie hier – ohne Mann, allein.

Das ist nur gerecht, es fällt alles auf einen zurück. Aber wenn ich die Männer in meinem Leben durchgehe, möchte ich mit keinem zusammen sein. Ich habe meine Katzen, die halten mich noch am Leben. Ich schaue zum Fenster raus, ich lebe in einer überalterten Gegend und sehe meine Zukunft vorbeigehen: Alte mit Wägelchen und Stöckchen und Krücken – beängstigend.

Gab es einen Augenblick, in dem Sie wussten: Nun bin ich alt?

Ja. Es war nach meinem 70. Geburtstag, da habe ich einen Strich gemacht und mich davongestohlen, ich hab mich kastriert, sterilisiert, so hat es auch Simone de Beauvoir getan.

Ich versteh nun kein Wort.

Ich habe die Lust abgeschnitten, das Verlangen nach sexuellen Beziehungen. Ich hatte ja mehr als genug davon. Ich sagte: Schluss mit dem Unsinn! Es ist einerseits ein wahnsinniger Verlust, aber, andererseits, die sexuellen Beziehungen, die ich hatte, waren auch eine absolute Zeitvergeudung. Im Grunde ist es ja immer wieder dasselbe. Langweilig.

Sie haben sich heftig gegen das Älterwerden gewehrt, Sie haben sich liften lassen und …

… ich habe auch meine Schenkelchen gebürstet, jeden Tag, den Gott werden ließ. Und als ich damit aufhörte, wusste ich, was die Glocke geschlagen hat. Man gewöhnt sich an die Falten, aber trotzdem ekele ich mich. Ich bin ein Oberästhet. Ich könnte mich immer noch wunderschön anziehen – aber ich weiß ja, wie ich unter den Kleidern aussehe. Eigentlich schwimme ich gerne, ich liebe das Wasser, und es gibt hier wunderbare Seen – aber ich zeige mich nicht mehr im Badeanzug. Mein Wunsch nach perfekter Ästhetik nimmt im Alter zu – das ist verrückt und schmerzhaft. Wenn ich die anderen Alten sehe, und ich bin wahrlich nicht wie sie, gegen sie könnte ich immer noch einen Preis gewinnen, dann ekelt es mich.

Wenn Sie auf Ihr Leben zurückblicken …

… sehe ich, dass ich es vergeudet habe. Ich war klug, intelligent und habe nichts aus mir gemacht. Ich habe meine Mutter entsetzlich gequält, weil ich mich von ihr brutalst losgerissen habe, habe meinen Vater, der ein Bauunternehmer und sehr preußisch war, enttäuscht, weil ich nicht die höhere Tochter geworden bin, in die er investiert hat. Ich habe mich enttäuscht, weil ich furchtbar faul bin. Ich habe alles versaut.

Sie haben doch 13 Bücher geschrieben, darunter mehrere Bestseller, ein paar Ihrer Bücher wurden verfilmt – Sie können doch zufrieden mit sich sein!
Nein, das Schreiben war eine Besessenheit, eine Obsession, keine Leistung von mir. Es war einfach schön, frühmorgens an der Schreibmaschine zu sitzen, Tee und Zigaretten neben sich zu haben und loszuschreiben. Ohne Konzepte, ohne Gedanken an irgendwelche Leser. Ich frage mich ja ununterbrochen, was die Leser bloß in meinen Büchern finden, sind die verrückt?
Der amerikanische Schriftsteller John Updike zieht »einen gewissen Trost« aus dem Gedanken, dass seine Bücher, auch wenn er nicht mehr lebt, gelesen werden – deswegen, so Updike, »lege ich Wert darauf, dass bei Neuauflagen Druckfehler bereinigt werden«.
Ach was, mir ist es doch scheißegal, ob da noch Fehler drin sind. Ich wünsche mir die völlige Auslöschung, die Bücher sollen auch weg. Ich will spurlos verschwinden. Ich will verbrannt und verstreut werden, ich will nichts übrig lassen, keinen Ort, wo man hingehen kann, nichts.
Sie reden so traurig und sind doch so vital.
Meine schreckliche Vitalität lässt mich nicht sterben. Und ich knipse diese Vitalität an, wenn Menschen kommen, die finden mich dann wahnsinnig amüsant. Die wissen gar nicht, wie es in mir tatsächlich aussieht. Wenn ich allein bin, bin ich traurig. Ich habe keine Worte mehr, bin einsam, leer, einsam, einsam, einsam. Ich sitze auf dem Scherbenhaufen meines Lebens.
Und Sie denken an den Tod.
Ständig. Ich hoffe auf ihn. Lieber heute als morgen wäre ich tot. Ich muss nur zuvor sehen, wo ich meine jüngste Katze unterbringe. Als Fünfjährige machte ich ein Gedicht, meine Mutter musste es für mich aufschreiben: »Was soll ich auf der Erdenwelt/Ich habe keinen Mann, ich hab kein Kind/Was soll ich auf der Erdenwelt/Ich möchte lieber ins Himmelszelt.« Mein Tod wäre für mich eine Befreiung.
Sie kokettieren.
Nein. Mein Tod wäre eine Erlösung.

Sie könnten sich ja umbringen.
Ich bin dafür – noch – zu feige. Ich kann mich auch nicht gewalttätig umbringen. Ein guter alter Freund von mir, wesentlich jünger als ich, ist auf ein Dach gestiegen und hat sich rücklings runterfallen lassen. Das schaff ich nicht. Aber ich weiß auch, dass ich in keines dieser Pflegeheime gehe mit zu wenig und total unterbezahltem Personal. Glauben Sie, ich möchte eine Windel angezogen bekommen? Ich bin in meinem Leben so entwürdigt worden, immer, von Anfang an, dass ich nun wenigstens in Würde sterben möchte. Ist denn das zu viel verlangt? Ich habe nur Angst, dass mir ein so schöner Abgang nicht vergönnt wird, und deswegen habe ich mich versichert.
Was heißt das?
Ich bin Mitglied von zwei Sterbehilfe-Organisationen, und ich habe dazu einen Arzt, der in diesem Sinne auf mich achten will. Ich möchte jemanden dahaben, falls ich das Gift ausspucke, ich will nicht wieder aufwachen und die Hälfte meines Gehirns verloren haben.
Für die Kirchen ist die aktive Sterbehilfe Sünde, für den katholischen Bischof Karl Lehmann »die Zersetzung der Menschlichkeit«.
Die Kirchen können mich – ich weiß nicht was! Jaja, ihr Deutschen mit eurer Euthanasie, ihr seid immer noch im Griff von Hitler! Das kotzt mich an. Die einzig barmherzige Einstellung des Menschen ist für mich, den Menschen nicht elendig krepieren zu lassen.
So wie Sie reden, müssten Sie demonstrieren mit dem Slogan: »Mein Tod gehört mir!«
Ja, all die alten Krüppel, die vielen Alten, die in Pflegeheimen armselig und entwürdigt vor sich hin vegetieren und todtraurig sind, die müssten für einen Tod in Würde kämpfen.
Der Literaturprofessor Hans Mayer hat sich vor ein paar Jahren, als 94-Jähriger, zu Tode gehungert.
Das habe ich mir auch schon überlegt, aber es dauert so lange. Ich bin dafür zu hipperig.
Soll ich Sie umbringen?
Ja, das wäre es, das ist ein guter Gedanke.
Ich kann es nicht.
Ich weiß.

Angelika Schrobsdorff wurde 1927 in Freiburg geboren. Ihre Mutter entstammte dem jüdischen, ihr Vater dem preußischen Großbürgertum. Sie wuchs in Berlin auf, flüchtete 1938 mit ihrer Mutter und ihren Geschwistern nach Bulgarien, wo sie bis 1947 blieb. Ihre Großeltern wurden in Theresienstadt ermordet; ihr Bruder, der auf französischer Seite kämpfte, fiel 1945. 1962 veröffentlichte sie ihren ersten Roman *Die Herren*, der in Bayern verboten wurde. Begründung: Sie als Jüdin würde sich darin so negativ schildern, dass es Antisemitismus hervorrufe. 1971 heiratete sie in Jerusalem den Regisseur Claude Lanzmann, wohnte mit ihm jahrelang in Paris, bevor sie 1983 nach Israel zurückkehrte. Dort galt sie, weil sie mit den Palästinensern sympathisierte, als Nestbeschmutzerin. Schrobsdorff hat zahlreiche Bücher veröffentlicht, ihr größter Erfolg: *Du bist nicht so wie andere Mütter*. 2006 kam sie nach Berlin zurück: »Es stirbt sich leichter in der deutschen Sprache.« Das geschah am 30. Juli 2016.

Harry Mulisch

»In den 50ern, 60ern waren wir Künstler die Avantgarde, Tabubrecher. Ich hatte keine soziale Verantwortung. Ich war süchtig nach Frauen – so wie andere nach Heroin. Es war eine Art Gefräßigkeit, so wie einer gern viel isst oder viel trinkt. Aber es ist eine gesunde Sucht, man wird nicht dick, endet nicht in der Gosse. Ich lebte in dieser wunderbaren Periode, in der man unbekümmert machen konnte, was man wollte: Syphilis war besiegt, Aids gab es noch nicht. Es war toll.«

»Meine Frauen
hatten Geschmack.
Sie hielten mich
für ein Genie«

(Amsterdam, 2002)

Ich habe selten einen Künstler getroffen, der so von sich überzeugt war wie der niederländische Schriftsteller Harry Mulisch. Der natürlich davon ausging, irgendwann den Literatur-Nobelpreis zu erhalten. Hat er nicht. Ein Grund für meinen Besuch bei ihm war die Verfilmung seines Bestsellers *Die Entdeckung des Himmels*. »Ganz gut haben die das gemacht«, lobte er. »Aber mein Buch ist besser.«

Herr Mulisch, Sie wollten schon immer etwas Besonderes sein.

Ich wollte etwas Großes machen. Ich war von mir absolut überzeugt, das war ich schon immer.

Sie hielten sich schon als Kind für ein Genie?

Ja, doch ich hatte nie den Traum, ein weltberühmter Schriftsteller zu werden. Ich war ja gar nichts, ich bin aus der Schule rausgeflogen, das war im Mai 1945. Die Lehrer hielten mich für dumm. Aber ich wäre sowieso nicht mehr in die Schule gegangen: Lehrer, Lernen, Disziplin – das alles gehörte für mich zum Krieg. Am 5. Mai 1945, als Holland befreit wurde, hatte ich das Gefühl: Ich bin frei! Jetzt kann ich machen, was ich will. Ich wollte einfach jeden Morgen lange ausschlafen und war mir dennoch sicher, dass aus mir etwas wird.

Und Sie haben ja Großes erreicht: Sie sind der bekannteste holländische Schriftsteller, ein Weltstar, ein Klassiker, ein Freund des Königshauses, Sie sind die Stimme Ihres Landes und …

Das gefällt mir. Ich habe ein Talent für Repräsentation. Es gibt so viele Schriftsteller, die so schrecklich bescheiden sind. Die meisten Schriftsteller sind ja fürchterlich depressiv, schlecht gelaunt und dann auch noch schlampig angezogen.

Ihre rote Krawatte harmoniert mit den roten Socken, die Sie tragen, und mit dem Tuch Ihres Anzugs, Sie sind sorgsam durchgestylt.

Ich achte auf das Äußere. Meine Mutter hatte einen guten Geschmack, mein Vater war auch immer gut angezogen, er ist da mein Vorbild. Als Künstler ist man doch ein Ästhet. Ich kann doch jetzt nicht zu diesem Anzug grüne oder weiße Socken anziehen. Vielleicht bin ich eitel. Ja, ich bin es.

Ihrer Eitelkeit würde doch eines unendlich schmeicheln: der Nobelpreis, auf den Sie seit Langem warten.

Kein Holländer hat bisher den Literaturnobelpreis erhalten. Wenn ich ihn bekäme, wäre es hier natürlich ein nationaler Feiertag. Doch jedes Jahr bin ich der Mann, der den Nobelpreis nicht bekommen hat.

Und das nervt?

Es ist nicht angenehm! Diese Tage im Oktober, wenn die Nobelpreisträger verkündet werden, sind schon spannend. Aber es gibt viele große Schriftsteller, die ihn nicht bekommen haben – Tolstoj, Nabakov. Und wenn man ihn gewinnt, verliert man gleichzeitig sehr viel: nämlich diesen Wunsch, den Preis irgendwann zu bekommen.

Ach, kommen Sie. Das ist doch Unsinn!

Nein. Außerdem lebt man dann ein Jahr lang in einem Hexenkessel. Ich will aber viel lieber, dass das Telefon schweigt. Ich will hier ruhig sitzen, allein sein, aus dem Fenster schauen, etwas lesen, etwas schreiben. Vielleicht verändert einen dieser Preis? Vielleicht quält er sogar? Man sitzt dann irgendwann wieder am Schreibtisch, denkt über den nächsten Satz nach, denkt: Ich habe jetzt den Nobelpreis, also muss ich doch den nächsten Satz wissen, er muss genial sein. Und ich weiß den Satz nicht – da hilft mir der Preis nicht, auch nicht der Gedanke: Ich bin doch der große Mulisch!

Herr Mulisch, die Deutschen haben Ihre Oma und Urgroßmutter vergast und doch: Sie verdanken Adolf Hitler Ihren beruflichen Erfolg.

Das ist ein schrecklicher Gedanke.

Er hat Sie zum Millionär gemacht.

Es stimmt, wenn es Hitler nicht gegeben hätte, würden meine Werke ganz anders aussehen.

In ihren Büchern geht es um den Holocaust, die Kollaboration mit den Nazis, die Frage nach Schuld und Sühne.

Ich habe die Obsession Hitler längst abgearbeitet. Zum Beispiel kommt in *Die Entdeckung des Himmels* Hitler kaum vor. Ich möchte Herrn Hitler auch nicht die Ehre zukommen lassen, dass ich seinetwegen zum Schriftsteller wurde.

Ja, ja, das Schreiben war einfach in Ihnen.

Genauso ist es, ich bin dazu geboren. Picasso ist als Maler geboren, Beethoven als Musiker. Erst das Schreiben läßt mich leben. Ich war 18, und da habe ich auf einmal eine Kurzgeschichte geschrieben. Es war herrlich, als ich sie in einer Zeitung gedruckt sah: Auf der Seite drei, links unten, mein Name stand drüber, er war falsch geschrieben – aber es war wunderbar! Ich dachte: Das bin ich! Ich muss Geschichten erzählen! Ich bin Schriftsteller! Ich werde nun wunderbare Bücher schreiben.

Der amerikanische Schriftsteller Tom Wolfe hat mal diesen Drang zum Schreiben so erklärt: »Wir schreiben alle für unsere eigene Herrlichkeit, ausnahmslos. Das Geld ist prima, aber der Ruhm ist besser!«

Das Geld verschafft Ruhe und Freiheit. Deshalb verschwende ich es auch nicht. Ich gehe nicht ins Kasino, ich habe nie an der Börse spekuliert, ich denke immer noch an die Zeit, in der ich kein Geld hatte. Ich hätte mir ein Haus in Südfrankreich kaufen können. Aber dann sehe ich Bekannte, wie sie in ihren Häusern auf ihren Hügeln sitzen. Im Sommer schwitzen sie, es kommen die schrecklichen Insekten, im Winter regnet es. Ich wohne seit mehr als 40 Jahren hier in diesem Haus, mitten in Amsterdam, es ist ruhig, ich schaue auf das Wasser in der Gracht, ich habe, was ich immer wollte, ein großes Arbeitszimmer – ich bin zufrieden.

Und doch sind Sie über Holland so verzweifelt, dass Sie neulich erklärt haben: Ich wandere nach Berlin aus.

So habe ich das nicht gesagt.

So wurden Sie aber zitiert.

Ich habe das deutsche Bundesverdienstkreuz bekommen, und in meiner Dankesrede habe ich über die Stimmung in meinem Land und über unsere Regierung geredet. Seit dem Mord vor fünf Monaten an Pim Fortuyn ...

... dem Führer der rechtspopulistischen Partei Liste Pim Fortuyn ...

... sind hier schreckliche Dinge passiert. Leute sind mit dem Tod bedroht worden, Politiker bekamen Briefe mit geladenen Pistolen, sie mussten untertauchen, Ad Melkert, der für die Partei der Arbeit als Ministerpräsident kandidiert hatte, hat einen Posten in Amerika angetreten, aber das war natürlich eine Flucht.

Frank Rjikaard, Trainer von Sparta Rotterdam, ist nach einem Drohschreiben zurückgetreten und ...

Ja, es ist wahnsinnig, was hier passiert ist. Zum ersten Mal seit dem Zweiten Weltkrieg spüre ich eine Bedrohung, dass ich mich frage, wohin kann ich gehen? Ich sagte in dieser Dankesrede: Wenn es wirklich schief geht, wo soll ich hin? London? New York? Berlin?

Der Schriftsteller Gerrit Komrji, der im Januar zum »Dichter des Vaterlands« gewählt wurde, schrieb zum Tod von Prinz Claus: Intelligenz, Humor, Liberalität – alles Werte, die der verstorbene Prinz verkörpert habe, für sie werde man heute in Hollland mit Mord bedroht.
Er hatte recht. Aber heute atme ich auf. Die Regierung ist vor ein paar Stunden zurückgetreten. Seit ein paar Minuten denke ich nicht mehr an Emigration nach Berlin. Vielleicht kriegt man ja diesen bösen Geist wieder los, den Pim Fortuyn aus der Flasche ließ.
Für Oswalt Kolle, der seit Jahrzehnten in Amsterdam lebt, war Pim Fortuyn einfach »ein Arschloch, der mit jungen Marokkanern rummachen und die alten Marokkaner abschieben« wollte.
Im Fernsehen wurde er mal gefragt, ob er schon mal mit diesen jungen Marokkanern gesprochen hat, die er so verteufelt? »Gesprochen?«, sagte er: »Ich schlafe mit denen!« Das soll mal ein deutscher Minister sagen! Fortuyn war ein Naturereignis. Ich hätte ihn nie gewählt, aber was er sagte, traf auf eine unterdrückte Stimmung. Wir waren zu tolerant hier.
Wie bitte?
Es ist doch so: Wenn einer erstochen wurde, stand das in der Zeitung, aber verschwiegen wurde, dass der Täter ein 19-jähriger Marokkaner war. Das konnte man nicht schreiben, man wäre sofort als Rassist bezeichnet worden. Und diese Frustration, dass man bestimmte Dinge nicht sagen durfte, hat Fortuyn herausgekitzelt, er hat diesen Frust in Aggression verwandelt.
Ihr Schriftstellerkollege Ces Noteboom konnte es kaum fassen, dass einer Ministerpräsident werden wollte, der stolz darauf war, »dass er am Samen eines zufälligen Liebhabers schmecken könne, was dieser Tags zuvor getrunken habe«.
Ja, ja, das ist phantastisch! Jeder andere Politiker wäre sofort abserviert worden. Fortuyn hatte Charisma, ich habe das selber gespürt. Hitler hatte das auch. Wenn man nachliest, was Hitler gesagt hat, ist das völliger Unsinn. Und wenn ein anderer genau das gleiche gesagt hätte wie Hitler, wäre nichts passiert. Warum standen die Deutschen mit erhobenem rechten Arm da, als er vorbeilief? Es war dieser physische Wirrwarr, es waren diese Augen. Ich habe mich mit Albert Speer in den frühen 70ern über Hitler unterhalten.

Speer war kein Nazi, er war viel zu vornehm. Er war einfach verliebt und sagte: »Hitler ist für mich immer noch leibhaft anwesend«. Und ich habe ihn gefragt, ob jemals wieder irgendein Politiker so eine Wirkung auf ihn gehabt habe? »Ja«, sagte er, »Rudi Dutschke.« Auch er hatte diesen Blick.

Fast 2 Millionen Holländer stimmten bei den Wahlen im Frühjahr für den erschossenen Fortuyn.

Fortuyn war ein begnadeter Rattenfänger. Und der unterdrückte Unfriede mußte wohl raus. So lange Fortuyn auf der Pfeife spielte und die Ratten hinter ihm in schöner militärischer Ordnung herliefen, war alles in bester böser Ordnung. Aber der Rattenfänger wurde erschossen. Und was machen jetzt die Ratten? Sie laufen ratlos herum, sie fangen an, sich aufzufressen. Sie prügeln sich, schmeißen mit Tellern, schlagen einen Journalisten, die Opposition bekommt auf eine Anfrage eine Postkarte, die Ministerpräsident Balkenende, der aussieht wie ein Kind, mit einer kraxligen Kinderhandschrift geschrieben hat – es war schrecklich. Eine Bananenmonarchie.

Herr Mulisch, Sie sind der Autor des wohl merkwürdigsten Dialogs zwischen Mutter und Sohn.

Wie meinen Sie das?

Es ist der 1. August 1951, der Tag, an dem Ihre Mutter nach Amerika auswandert, und Sie sagen zu ihr: »Verflixt noch mal, da mache ich dir den Hof mit einem Ödipuskomplex, will Papa ermorden, mit dir ins Bett.«

Ist doch lustig.

Und: »Ich bin schon mit älteren Frauen als dir im Bett gewesen.«

Das ist der Ödipus-Komplex. Meine Mutter war eine lebenslustige Frau, sie war nicht kleinbürgerlich. Ich bin ihr sehr ähnlich. Ich war ein bißchen großmäulig, habe Freud zitiert, bin ein bisschen weitergegangen.

Was sind Sie für einer?

Na ja, so einer. Meine Mutter war kaum älter als ich, gerade mal 18 Jahre. Viele Männer gehen mit Frauen ins Bett, die 18 Jahre jünger sind, und denken: Das könnte nun meine Tochter sein, bei mir war es halt meine Mutter.

Sie waren süchtig nach Frauen.

Ist das ein Fehler? Ich war ein lebensfreudiger junger Mann. In den 50ern, 60ern waren wir Künstler die Avantgarde, Tabubrecher. Ich hatte keine soziale Verantwortung. Ich war süchtig nach Frauen – so wie andere nach Heroin. Es war eine Art Gefräßigkeit, so wie einer gern viel isst oder viel trinkt. Aber es ist eine gesunde Sucht, man wird nicht dick, endet nicht in der Gosse. Ich lebte in dieser wunderbaren Periode, in der man unbekümmert machen konnte, was man wollte: Syphilis war besiegt, Aids gab es noch nicht. Es war toll.

Sie verletzen die Menschen, die Sie verlassen.

Ja, aber umgekehrt tut es auch weh, und so wichtig war das doch alles nicht. Ich habe ja auch immer eine Freundin gehabt, jahrelang. Es war bei mir ja nicht so, wie Homosexuelle in einen Dark Room gehen. Das ist für mich undenkbar. Warum eigentlich gibt es keine Dark Rooms mit Frauen?

Ihre litarischen Anfänge haben Sie mal so beschrieben: »Ich habe von Freundinnen gelebt. Ich lag im Bett bis um elf Uhr und fing dann an, meine frühen Meistwerke zu schreiben.«

Das hieß aber nicht, dass die Frauen mich bezahlten wie einen Gigolo oder so. Die Frauen hatten Jobs, sie hatten Geschmack, sie hielten mich für ein großes Genie.

Die Frauen, meinen Sie, waren stolz auf Sie.

Sie waren stolz auf mich. Ja, so war es. Ich habe bis zu meinem 30. Jahr nichts verdient. Es gab einen gemeinsamen Geldtopf, und manchmal kam da auch etwas von mir rein. Wir alle waren arm wie die Ratten. Aber das machte nichts, denn niemand war reich. Wenn man heute arm ist, sieht man einen Mercedes vorbeifahren – das gab es nicht.

Sie hätten sich umgebracht, wenn Sie den Durchbruch nicht geschafft hätten?

Ich habe nie etwas für Geld gemacht. Ich wäre lieber verreckt, als nicht zu schreiben. Aber ich wäre vor allem am niederländischen Volk verzweifelt, dass es nicht einsieht, dass mein Schreiben in Ordnung ist.

Ich nehme an, es gefällt Ihnen, dass nun die Verfilmung Ihres Bestsellers *Die Entdeckung des Himmels* in die deutschen Kinos kommt?
Ach, ich war ja dafür, dass mein Buch verfilmt wird. Und ich finde, die haben das ganz gut gemacht, mein Roman ist allerdings besser. Der Film kann dem Buch nichts anhaben, er läuft ein paar Monate im Kino, dann ist er weg, aber das Buch bleibt da. Von Anna Karenina sind fünf Filme gemacht worden, die man sich heute noch ansehen kann, so als Kuriosität. Aber das Buch ist immer noch so reizvoll wie am ersten Tag.
Mich erinnert der Film an »Indiana Jones auf der Suche nach dem Heiligen Gral« – ein bisschen intellektueller ist er vielleicht und ...
Er ist einfacher als das Buch, nicht so vielschichtig, plakativer, mit mehr Effekten.
Diese Liebesgeschichte zwischen Max, Ada und Onno und einem Gott, der seine Gesetzestafeln zurückhaben will, weil er sauer auf die Menschen ist, hat eine klare Botschaft: Leute, die Welt geht drauf, es ist alles sinnlos, so sinnlos!
Nein! Der Erzengel und der liebe Gott sagen im Himmel zwar: »Die Menschen können mich am Arsch lecken«. Aber es gibt noch einen anderen Engel, und der sagt: »Ich gehe nach unten auf die Erde«.
Doch der Erzengel weiß: Bald wird die Erde eine lebendige Hölle sein.
Das ist sie ja schon heute ... Aber hören Sie, der Roman, der Film, ist auch ein Spiel. Kunst ist immer ein Spiel, ein Spiel mit Menschen und Geschehnissen, ist etwas Mythisches. Wenn ich eine Vision hätte, wie schrecklich die Zukunft tatsächlich wird, würde ich ein Essay für die *FAZ* schreiben.
Das Leben, heißt es bei MacBeth, sei ein Märchen, ist ...
... a tale told by an idiot, full of sound and fury, signifying nothing. Meteoriten sind schon auf die Erde gefallen. Als der Sauerstoff entstand, war er ein Giftgas für die anaeroben Bakterien, das ganze Leben wäre damals fast vernichtet worden. Ich bin ein Optimist. Das Leben geht weiter, selbst nach einem Atomkrieg, zwar ohne Menschen, aber es würden sich Bakterien entwickeln, die die Radioaktivität brauchen, und aus dem Gewürm würde sich in Millio-

nen Jahren wieder etwas Lebendes entwickeln. Es werden noch die schrecklichsten Dinge passieren, das ist sicher.

Für Sie persönlich: Was war das Schrecklichste in Ihrem Leben?

Der Tod meines Vaters. Ich stand an seinem Todesbett – draußen braust der Verkehr, aus seinem Mund rieche ich den feuchten Gestank der Verwesung. Stundenlang starb er, unaufhörlich, es wäre weitergegangen, auch wenn Kriege ausgebrochen, die Atombombe gefallen wäre. Und plötzlich rollen meinem Vater zwei Tränen über die Wangen, sein Mund entspannt sich, seine Augen öffnen sich und schauen mich an – und ich sehe in die erblindenden Höhlen des Todes. Ich habe gesehen, dass der Tod etwas ist, was man will, dass er eine Tat ist.

Hassten Sie Ihren Vater?

Nein, wieso denn?

Ihr Vater war im Krieg ein Kollaborateur. Bei ihm sahen Sie Hakenkreuze, bei Ihrer Mutter, seiner geschiedenen Frau, sahen Sie zu Hause Judensterne.

So war es. Erst nach dem Krieg ging mir auf, dass es ziemlich merkwürdig war. Ich war als Kind absolut gegen die Deutschen. Sie brüllten immer. Ein Feldwebel erschoss meinen Dackel, einfach so, aus Spaß. Der Tod drohte ständig, man hatte den ganzen Tag Angst, die Deutschen schrien immer: Raus! Ausweis vorzeigen! Los! Los! Alles auf die Straße! An die Wand! Ständig dieses Gebrüll, das war Teil des täglichen Terrors, diese schreckliche Sprache, in der überall die Todesurteile angeklebt waren, und hätte Hitler gesiegt, wäre ich spätestens 1947 vergast worden.

Ihr Vater arbeitete zusammen mit den Mördern, als Bankdirektor arisierte er jüdisches Vermögen.

Ja, wissen Sie, wenn man 12, 14, 15 Jahre alt ist, dann ist es einfach so, wie es ist. Mein Taschengeld kam letztendlich von den Juden. Und die Ironie der Geschichte ist, dass mein Vater meine Mutter, als sie verhaftet wurde, wieder freibekam. Er kannte die Leute von der SS. Hätte er nicht mit diesen Schweinen kollaboriert, hätte meine Mutter den Krieg nicht überlebt. Muss ich meinem Vater also dankbar sein, dass er ein Kollaborateur war? Nein. Aber ohne ihn wäre meine Mutter nur 44 Jahre alt geworden anstatt 88.

Im Unbewussten, sagt Freud, sind wir alle von unserer Unsterblichkeit überzeugt. Aber was wir ab einem bestimmten Alter nicht mehr verdrängen können, ist die Angst vor dem Tod.

Bis jetzt ist jeder gestorben. Ich hab keine Angst. Man hat Angst vor dem Sterben, dass es sich endlos hinzieht wie bei Prinz Claus. Wenn ich an den Tod denke, denke ich an Nichts. Der Tod. Das ist etwas für junge Dichter, Romantiker im Alter von 19. Ich habe einen elfjährigen Sohn, und wenn er diesen belebten Platz vor unserer Tür überquert, ist er dem Tod näher als ich hier an meinem Schreibtisch. Gut, ich bin jetzt 76 und ...

Das Altern, hat Martin Walser unlängst gesagt, »ist von allen irdischen Gemeinheiten die gemeinste. Man kann nicht froh sein, so alt zu sein«.

Wäre er denn lieber mit 27 gestorben? Das Nichtaltwerden ist doch viel schrecklicher, das hat er wohl vergessen. Ich akzeptiere das Altwerden, weil es auch langsam kommt. Der Ruhm nimmt zu, anderes nimmt ab. Man kann nicht mehr dreimal am Tag mit Frauen ins Bett gehen, aber das weiß ich schon seit einiger Zeit. Der Wein schmeckt mir besser als früher, weil ich mir jetzt teurer leisten kann. Der Gedanke, dass man ewig lebt, ist doch viel schrecklicher als der Gedanke, dass man stirbt.

Ewiges Leben – das ist doch das große Glücksversprechen aller Religionen.

Die Christen verneinen den Tod, das ist philosophisch völlig falsch. Wer an ein Leben nach dem Tod glaubt, an den Himmel, akzeptiert den Tod nicht. Die Leute, die gegen die Zwillingstürme in New York flogen, glaubten auch an das Paradies, ewiges Leben, 77 Jungfrauen für alle Zeiten. Das ist doch fürchterlicher als die Hölle. Wenn man mit der 77. geschlafen hat, geht man zur ersten zurück, die dann wieder Jungfrau geworden ist. Und das für immer? Sie wissen doch, was ein Mädchen beim ersten Mal sagt: Vorsicht, nicht zu schnell, langsam, du tust mir weh! Und so geht das nun immerfort, nicht nur für hundert Jahre, 1000 Jahre, nein, ewig!

Der französische Schriftsteller Léon Bloy sagte im Moment seines Todes, er verspüre nun eine »immense curiosité«.
Ja, ja! Auch ich bin neugierig, was geschehen wird. Aber ich fürchte, nichts wird passieren.
Wir kommen aus dem Nichts, wir gehen in das Nichts?
Genau so ist es, und ich werde nicht mal sagen können: Ich bin tot. Für mich kann ich also gar nicht tot sein, das bin ich nur für die Leute, die um die Kiste herumstehen, und die sagen dann: Harry Mulisch ist tot.

Harry Mulisch, 1927 in Haarlem geboren, Sohn eines ehemaligen k-u. k-Offiziers aus Österreich-Ungarn, war einer der bedeutendsten Schriftsteller Europas. Er schrieb mehr als 60 Romane, Theaterstücke, Essays, Manifeste, Dramen, Gedichte. Sein Thema: der Nationalsozialismus. Seine Mutter, eine Jüdin aus Frankfurt, lebte in Amsterdam mit der drohenden Deportation; sein Vater kollaborierte mit den deutschen Besatzern und arisierte jüdisches Vermögen. Mulischs erster Erfolg: Seine Beobachtungen am Eichmann-Prozess verarbeitete er in der Reportage *Strafsache 40/16*, für die er mit dem renommierten Vijverg-Prijs ausgezeichnet wurde. Mit dem in 16 Sprachen übersetzten Roman *Das Attentat* wurde er weltberühmt, die Verfilmung von Fons Rademaker erhielt einen Oskar. Für sein literarisches Schaffen erhielt Mulisch1995 den Niederländischen Literaturpreis. Er starb 2010 im Alter von 83 Jahren.

Barbara Schöneberger

»Neulich war ich im Zug, im Speisewagen. Kommt ein Ehepaar vorbei, da ruft die Frau: ›Ich werd verrückt. Ja, Glupschauge! Guck mal hier, da sitzt sie, Glupschauge!‹ Das Ehepaar geht weiter, dann blickt die Frau nochmals zurück, ruft: ›Da guckt sie wieder mit ihren Augen, gell! Schau sie dir an! Gestern haben wir noch über Glupschauge gesprochen. Und jetzt hockt sie hier. Die hat wirklich große Augen!‹«

© Gene Glover

»Ich bin eine wahnsinnige Rampensau«

(Berlin, 2014)

Das war eine der lustigsten Gesprächssituationen, als ich Barbara Schöneberger im Winter 2014 im Berliner *stern*-Büro traf. Ihren Medienberater bat sie, vor der Tür zu bleiben, die Canapes, die für sie auf dem Tisch waren, lehnte sie ab, um sie dann doch zu essen, nach einiger Zeit legte sie die Beine auf den Tisch.

Anders als viele Menschen, Frau Schöneberger, wissen Sie ganz genau, warum Sie wurden, was Sie wurden, warum Sie Erfolg hatten und haben.

Ja?

Sie sagten mal: »Entscheidend waren die Brüste.«

Mein Gott, ich habe schon so viel in meinem Leben gesagt, und Sie haben nun prompt dieses geschlechtsreferenzielle Zitat rausgesucht.

Geschlechtsreferenziell?

Ich wusste, dass Ihnen dieses Wort gefallen würde. Typen wie Sie reiten natürlich auf diesem Thema rum.

Das weise ich in aller Form zurück.

Wieso denn?

Weil es unzählige Sätze von Ihnen gibt, in denen es heißt: »Man kann es gar nicht häufig genug wiederholen: Es ging und geht nur ums Obenrum.«

Ständig werde ich gezwungen, zu meinem Leben, meiner Figur, meiner Frisur, meinem Privatleben Stellung zu nehmen, und da verfestigen sich manche Dinge. Ständig werde ich mit militärischen Attributen bedacht: Sexbombe. Stimmungskanone. Allzweckwaffe. Atombusen. Mich langweilt das. Wenn ich aus 16 kleinen Kuchenstücken bestehe, weiß ich genau, es werden halt immer die zwei, drei gleichen Stücke rausgenommen, und für die anderen ist kein Platz.

Sie haben ja zehn Semester Soziologie studiert, Sie kennen sicherlich den Begriff Labeling Approach.

Ja, darüber habe ich sogar eine Arbeit geschrieben, die mit 1,0 bewertet wurde. Es gibt den ersten Labeling Approach, und es gibt ein zweites Labeling.

Hoppala.

Ja, es geht um kursabweichendes Verhalten. Wenn einer klaut, heißt es, ist ja klar, der kommt aus einer schlechten Familie, typisch, und im Zuge des zweiten Labelings fügt er sich in dieses Bild: Er wird zu dem, für den er gehalten wird.

Und Sie sind die Blondine, die …

Was bin ich? Ich bin kein Opfer eines Labelings. Und wenn – in diesem Fall läuft das Opfer sehr lachend mit einem frisch gepflückten Blumenstrauß über die Wiese. Wenn alle Opfer dieser Welt so aussehen würden, dann wäre es schön. Nein, mein Verhalten ist völlig unabhängig von Haarfarbe und Figur, ich glaube auch, dass meine Karriere nicht anders verlaufen wäre, hätte ich rotes Haar, wäre ich kleiner, wäre ich dünner.

Das glauben Sie wirklich?

Ich bin felsenfest davon überzeugt. Mein Erfolg resultiert nicht aus meinem Körper. Vielleicht würde ich jetzt nicht unbedingt mit Ihnen an einem Tisch sitzen, das wäre ja auch nicht schlimm, ich wäre vielleicht Event-Managerin. Allerdings das, was Sie hier machen, das könnte ich nicht.

Was meinen Sie?

Einen immer unterbrechen, und dann hier Brüste und Zeugs und so. Ich bin da wie mein Vater, harmoniesüchtig. Als Jan Ullrich bei Beckmann war, und Beckmann fragt Ullrich: »Haben Sie gedopt?«, und der druckst dann so rum, da sagt mein Vater: »Hach, ich muss umschalten! Das halte ich nicht aus!« Ich könnte niemanden so in die Zange nehmen.

Sie wollen Frohsinn verbreiten.

Ich bin nicht geeignet für Tragisches. Die Leute wären auch überrascht, wenn ich eine Reportage über ein krebskrankes Kind machen würde. Das könnte ich nicht. Da müsste ich bloß heulen. Keine Tragik, kein Tod, kein Weinen. Mir ist sowieso schleierhaft, dass andere Leute in Talkshows darüber reden, ich versteh das nicht. Mein Metier ist Unterhaltung. Und ich bin eine Rampensau.

Rampensau.

Ja. Ich bin eine wahnsinnige Rampensau. Ich stell mehr und mehr fest, dass es mir einfach liegt, raus auf die Bühne zu gehen. Es macht mir keinen Stress. Das ist Adrenalin. Freude.

Schön für Sie – demnächst gehen Sie ja wieder auf Tour.

Und ich fang jetzt schon an, nervös zu werden, trotz der Freude. Ich beiß auf den Fingernägeln herum, träume nachts, dass meine Kontaktlinsen so dick sind, dass ich sie nicht ins Auge kriege. Die Leute kommen ja wegen mir. Und anders als im Fernsehen können sie nicht einfach umschalten, mich wegzappen. Ich muss also was bieten. Ich bin vor jedem Konzert wahnsinnig aufgeregt. Da ist ein Fluchtreflex in mir, auch die Angst, vielleicht kommt ja keiner.

Sie können singen?
Ich kann gut singen. Aber ich hab halt eine Musical-Stimme, klar, rein, aber auch ein bisschen langweilig. Ich hätte gern eine Stimme, die man aus Tausenden herauskennt. Aber die Leute kommen ja nicht nur wegen meiner Stimme in meine Konzerte. Ich rede viel zwischen den Liedern, erzähle, was mir so passiert – die Leute erwarten einen humorvollen Abend. Und den biete ich ihnen.
Sigmund Freud hat mal gesagt, dass ...
O Gott, kommen Sie mir nicht mit Freud, mit Philosophen oder Denkern.
Ich probier's trotzdem. Also, Freud ...
Wenn Sie mir mit Zitaten kommen, das ist für mich wie Gedichte anhören. Ich schlaf da sofort ein. Ich warne Sie!
Er jedenfalls stellt den Humor mit der Neurose auf eine Stufe. Beides diene dazu, sich dem Leid zu entziehen.
O, Gott. Ich muss mit meiner Arbeit keine frühkindlichen oder pubertären Traumata verarbeiten. Oder Dinge ausgleichen, die meine Eltern falsch gemacht haben. Wenn einer fragt: Was ist der Sinn des Lebens? Ja, so was! Das ist für mich die mühsamste aller Fragen. Das interessiert mich nicht. Es ist mir total wurscht.
Sie leben im Hier und Jetzt.
Ich lebe das Leben, das ich leben will. Ich bin totaler Pragmatiker. Der Strom kommt aus der Steckdose. Mach es dir schön. Verletze niemanden. Versuche, Gutes zu tun. Aber ich verstehe auch diesen Gedanken: Bring erst mal deine eigenen Schäfchen ins Trockene, das finde ich total in Ordnung. Und alles darüber hinaus: Wo kommen wir her, wo gehen wir hin – das ist mir egal. Und ich glaube auch nicht, dass von mir, wenn ich auf der Bühne stehe, irgendjemand etwas hören will über Tod und Verzweiflung.
Da denken Sie ähnlich wie die Schauspielerin Hanna Schygulla, die sagt: »Mich nervt dieses Rumgesabbere, dieses ewige Verneinen und Kritisieren. Wenn die Verzweiflung der Nährboden der Kunst ist, dann pfeife ich auf die Kunst.«
Das sagt die? Aber die ist doch Kunst und Stilisierung pur? Ich traf sie letztens, da kam sie mir schon ziemlich vergeistigt vor. Können Sie das mit dem »Nährboden« nochmals wiederholen?

»Wenn die Verzweiflung der Nährboden der Kunst ist, dann pfeife ich auf die Kunst.«

Ich überlege mir nie, woraus mein Handeln erwächst, ich mach es einfach. Ich habe jetzt ja Thomas Gottschalk durch unsere Sendung »Die 2« näher kennengelernt. Ich glaube, er hat so ziemlich die gleiche Herangehensweise an Themen wie ich. Der macht auch sein Ding. Danach geht er in die Garderobe, redet noch kurz mit ein, zwei Leuten, dann geht er ins Bett. Der trinkt nicht, der säuft nicht, der raucht nicht. Der ist wie ich. Und wenn Sie jetzt noch mit einem Zitat kommen, dann, dann ...

Dann was?

Dann schenke ich Ihnen ein Zitatenbüchlein.

Staunen Sie eigentlich, dass Sie dort sind, wo Sie sind – ganz oben? Dass Sie mit Quasseln so viel Geld verdienen?

Sie denken vielleicht, das ist einfach. Bloß quasseln? Nein, so ist es nicht. Jeder, der auf der Bühne war, weiß, dass es überhaupt nicht einfach ist, die Leute auf seine Seite zu bringen. Dass ich das nun kann, wohl auch besser kann als andere, da steckt jahrelange Arbeit dahinter, unendlich viele Moderationen. Sie müssen die Energie, die im Saal ist, aufnehmen können. Das muss schnell gehen. Ich muss die Menschen in den ersten zwei Minuten kriegen und ...

... deshalb knutschten Sie 2012 bei der Echo-Preisverleihung sofort mit Ihrer Komoderatorin Ina Müller?

Das war lustig. Und wir haben uns das gut überlegt. Vor der Preisverleihung haben sich viele wahnsinnig darüber aufgeregt, dass zwei Frauen diesen Preis moderieren werden. Es hieß, wie verrückt ist die ARD eigentlich, diesen Abend zwei Frauen zu überlassen? Wo sind wir eigentlich? Was machen die zwei Frauen bloß? Tabubruch! Und so haben wir spielerisch und ironisierend und übertreibend diese Vorbehalte auf die Schippe genommen. Und dann schreiben alle, wir hätten Britney Spears und Madonna imitiert, dabei war das ...

Protest?

Es war ein Sich-lustig-Machen.

Ach so.

Ja.

Was ist eigentlich Fernsehen für Sie?

Fernsehen ist für mich nur ein Arbeitsplatz. Ich selber gucke nicht.

Das sagen so viele Fernsehleute. Die Kinder von Günther Jauch durften nicht fernsehen. Das ist wie ein Heroindealer, der mit dem Stoff viel Geld verdient, aber Angst hat, dass sein Kind an der Nadel hängt.

Mich interessiert Fernsehen einfach nicht. Mich interessieren die meisten Filme nicht. Dann kommt auch noch Werbung.

Zum Beispiel Barbara Schöneberger.

Zum Beispiel, aber die ist ja lustig. Wir haben zu Hause einen Fernseher mit Zimmerantenne, keine Schüssel, kein Kabel, ich kann nur ein Programm sehen. Ich gucke keine Serien, ich schau mir keine Talkshows an, die Leute, die da rumsitzen, die kommen sowieso mal zu mir in die Show. Ich hab noch nie »Schlag den Raab« gesehen, und wenn im Fernsehen was lustig ist, bin ich ja selber dabei. Nein. Wenn ich mal vorm Fernseher sitze, schlafe ich nach sieben Minuten ein, mein Kopf fällt nach hinten. Und ich bin nun in dem Alter, wo das nicht mehr angenehm ist, dann tut der Nacken wahnsinnig weh. So möchte ich den Tag nicht beenden. Ich denke sowieso, wer am Samstagabend fernguckt, der hat kein intaktes Sozialleben. Also, wenn die Einschaltquoten bei »Wetten, dass ..?« nicht mehr so hoch sind, vielleicht ist das sogar ein gutes Zeichen? Denn welcher normale Jugendliche guckt am Samstagabend schon fern? Da geht man auf Partys, knutscht, geht raus, ist auf der Piste, und die Älteren gehen auf Swingerpartys.

Aber das werden Sie doch gesehen haben: den Wettkampf von Boris Becker gegen Oliver Pocher?

Oh! Das habe ich mir in einer Aufzeichnung angeschaut. Ich war fassungslos. Wirklich fassungslos. Ich dachte immer: Wie kann man das bloß machen, sich antun? Und dann diese Stimmung im Studio. Diese Stille. Eine beklemmende Stille.

Es tat einfach nur weh.

Und dann sagt Becker noch »Schatzi« zu seiner Frau! Ich finde es schrecklich, wenn man sich in der Öffentlichkeit mit Kosenamen anredet. Es war alles schlimm. Eine Faszination des Grauens. Und warum machten die das? Wie viel Geld hat Becker dafür bekommen? 250 000 Euro? Hälfte Steuern, 20 Prozent für die Agentur.

Sozialer Selbstmord innerhalb von zweieinhalb Stunden, für nicht mal 100 000 Euro. So viel ist das nicht beim Lebensstandard von Herrn Becker, zweieinhalb Monate, dann ist die Kohle weg.

Wissen Sie, dass der Kabarettist Rainald Grebe ...

Ich finde den ganz großartig!

... Sie in einem Lied mal karikiert?

Nein.

Er persifliert, wie unmöglich für Sie als VIP es ist, Konzertkarten zu kaufen.

Ja, so ist es. Einmal habe ich welche gekauft, für ein Konzert von Barbra Streisand, und ich war dann überrascht, wie teuer die sind.

In dem Lied »Oben« singt er: »Ich möchte einmal im Leben was selber kaufen, lasst mich bitte diese Karte kaufen, ich möchte diese Karte kaufen!«

Ja, genauso ist es. Ich hab ihm das wohl erzählt, das weiß ich gar nicht mehr. Am Tag, als Barbra Streisand kam, riefen mich drei Event-Agenturen an, die mich in die Waldbühne zu ihrem Konzert einladen wollten, »wir würden Sie mit dem Fahrservice abholen, und danach ist noch ein kurzes Meet and greet«. Aber für Streisand hatte ich schon Wochen vorher zwei Karten gekauft, für 1100 Euro. Ich saß in der Nähe von Westerwelle und Wowereit, und ich glaub, ich war die Einzige in unserem Block, die ihre Karten bezahlt hatte.

Das ist ein hartes Los, so ein Promi zu sein. Man wird hofiert, umgarnt, beschenkt.

Ich versuche, das Schräubchen immer enger zu drehen, um nicht dem Dolcefarniente anheimzufallen. Ich kämpfe um ein bisschen Schmerz.

Das verstehe ich nun nicht.

Wenn ich abends etwas moderiere, fliege ich mit dem ersten Flieger frühmorgens um sechs Uhr heim, ich gehe auf keine Partys, ich bin kein Roter-Teppich-Läufer. Aber klar, die Leute reagieren auf mich. Ich gehe mit 'ner Freundin irgendwohin, wir kriegen ein Würschdel geschenkt. Sage ich: »Wie nett, dass der das gemacht hat.« Dann sagt sie: »Checkst du's noch? Er hat uns nicht ein Würschdel geschenkt, weil der nett ist, sondern weil du Barbara Schöneberger bist.« Ich bekomme so viel geschenkt. Aber alles, was ich geschenkt bekomme, gebe ich weiter. Ich will keine Geschenke mehr, ich will nichts mehr in meinem Haus anhäufen. Alle Babyklamotten, Spielsachen, Kleider – alles geht ins Frauenhaus oder zu Bekannten. Ich werde zugeschissen mit irgendwelchem Zeugs, ich hab so viele Parfüms, Lippenstifte, Shampoos, Schuhe, Tücher, Taschen. Ich habe gar nicht so viele Leben übrig, um das zu verbrauchen. Und diese Geschenke bedeuten dir ja nichts. Sie tun richtig weh.

Jetzt muss ich die Frage eines Kollegen der Bunten klauen, mit der Sie konfrontiert hat: »Tragen Sie eigentlich figurformende Unterwäsche wie zum Beispiel Spanx?«

Und was habe ich geantwortet?

Dass Spanx Ihnen diese Wäsche zugeschickt habe, Sie aber nicht wüssten, »ob ich das als Kompliment oder Affront werten soll«.

Bei Gottschalk habe ich mal alles Mögliche drunter angehabt, und dann fragt die *Bild*, oder vielleicht war es auch ein Blogger: »Warum trug sie keine figurtunende Unterwäsche?« Da dachte ich: »Ich hatte sie doch an, du Blödmann. Was meinst du, wie es sonst ausgesehen hätte?« Ich bin mit der figurformenden Sache in guter Gesellschaft. Gestern war die Jurysitzung der Gesellschaft des »Deutschen Parfumpreises«. Wir, Chefredakteurinnen, Schauspielerinnen, Moderatorinnen, haben darüber geredet, was für eine Qual das ist, so Zeugs zu tragen. Du setzt dich hin, dann rollt es hoch oder runter, es rollt hinten rum, schneidet am Rücken ein, dann schnalzen die Träger, und es explodiert.

Das Fleisch sucht sich seinen Weg.

Meine Worte. Meine Rede. Es ist ein lustiges Thema.

Jetzt gucken Sie mich aber so streng, so stechend an.

Da tun Sie mir jetzt unrecht, Herr Luik. Ich bin einfach blind. Minus sieben Dioptrien. Manchmal sind meine Augen trocken, dann reiße ich sie halt auf. Neulich war ich im Zug, im Speisewagen. Kommt ein Ehepaar vorbei, da ruft die Frau: »Ich werd verrückt. Ja, Glupschauge! Guck mal hier, da sitzt sie, Glupschauge!« Das Ehepaar geht weiter, dann blickt die Frau nochmals zurück, ruft: »Da guckt sie wieder mit ihren Augen, gell! Schau sie dir an! Gestern haben wir noch über Glupschauge gesprochen. Und jetzt hockt sie hier. Die hat wirklich große Augen!«

Das ist nicht wahr!
Ich dachte auch, das kann doch nicht wahr sein! Aber so war es. Und alle im Wagen sind aufgestanden und haben mich angeglotzt.
Puh.
Ja, Zugfahren ist schlimm. Da kannst du nicht weglaufen. Und weil es immer so schön schaukelt, schlaf ich im Zug schnell ein. Dann fällt mir der Kopf zur Seite, und, sabber, sabber, tropft Speichel auf die Schulter, und dann höre ich so im Halbschlaf, »ratsch, ratsch, klick, klick«, wie die Leute mich heimlich fotografieren. Aber mir ist das egal.
Das glaub ich nicht.
Doch, das ist mir schon tausendmal passiert. Aber die Zeit arbeitet für mich. In zwei, drei Jahren erkennt mich keiner mehr, wenn ich nicht stundenlang vom Visagisten geschminkt worden bin. Das Altern hat also was Schönes!
Aber heute ist ein schlechter Tag für Sie.
Find ich nicht.
Sie wurden in einer Playboy-Umfrage gerade zur zweitattraktivsten Frau deutscher Männer gewählt, nur die zweitbegehrteste!
Wieso nur die Zweite, das hat mein Mann mich auch gefragt. Als er hörte, dass Helene Fischer die Traumfrau Nummer eins ist, sagte er: »Okay, dann muss ich dich nicht verlassen.«

Am Anfang ihrer Fernsehkarriere krabbelte Barbara Schöneberger in Spartenkanälen auf allen Vieren durchs Studio, machte das Wurstschnappspiel und andere merkwürdige Dinge. Ein Auftritt 1998 in der »Harald-Schmidt- Show«, bei der der Moderator fast in ihrem Dekolleté versank, veränderte ihr Leben. Am Tag nach der Sendung bekam sie mehrere seriöse TV-Angebote. Die Ungestüme wurde nun zahmer, aber manches, was sie machte, floppte. Eine Zeit lang war sie kaum mehr im Fernsehen – bis sie 2008 die Co-Moderation des Klassikers »NDR- Talkshow« übernahm. Am 30. Mai 2011 gewann sie bei der Sendung »Wer wird Millionär?« eine Million Euro, die siezugunsten von *Terre des Hommes*, *Livslust* und *Herzenswünsche* spendete. Im April 2022 soll sie, so ist es geplant, die Sendung »Verstehen Sie Spaß?« übernehmen. Schöneberger, 48, lebt mit ihrem Mann und ihren zwei Kindern in Berlin.

Hans-Ulrich Wehler

»Ich bin nicht traurig, dass ich jetzt 82 bin. Ich denke überhaupt nicht daran, was mit mir passieren könnte, Schlaganfall oder so. Wenn es so weit ist, ist es so weit. Wenn Bekannte sagen, jetzt ist der und der gestorben, »die Einschläge kommen näher«, dann bin ich einen Moment betroffen, aber ich lass die traurige Nachricht ablaufen wie Teflon. Ich habe wohl das optimistische Naturell meiner Mutter geerbt.«

»Wir waren vier Jungs. Wir wollten die Panzer stoppen«

(Bielefeld, 2014)

Er geht sehr aufrecht, ein paar Stufen runter, ein paar Stufen hoch, in seinem Arbeitszimmer setzt er sich an den Schreibtisch, den Gast bittet er in einen kleinen Sessel, wie ein Schüler sitzt man nun da, und er schaut auf einen herunter. »Herr Wehler, das ist ein Herrschaftsgefälle, Sie da oben, ich da unten, so lässt sich schlecht diskutieren!« – »Ach«, sagt Wehler und lacht, »damit kommen Sie schon zurecht«. Er ist gut gelaunt. Ihm ist es wichtig, dass über »die soziale Frage« wieder diskutiert und gestritten wird, und ihn ärgert es, dass zu dem Thema so wenig aus den Universitäten kommt: »Da mischt sich kaum mehr jemand ein in den Alltagskampf.« Er hat sich immer eingemischt, sein Leben lang, und im Herbst, sagt er, will er sich wieder einmischen – mit Vorträgen, Aufsätzen, Auftritten, er kann es kaum erwarten, dass Thomas Pikettys Bestseller *Capital* auf Deutsch erscheint. Vier Tage nach dem Gespräch ist Hans-Ulrich Wehler, großer Historiker, streitbarer Geist, gestorben. Das letzte Gespräch mit einem Intellektuellen, der Deutschland nach dem Krieg prägte und noch lange mitprägen wollte – ein Vermächtnis.

Herr Wehler, sind Sie froh, dass Sie so alt sind?
Ich bin nicht traurig, dass ich jetzt 82 bin. Ich denke überhaupt nicht daran, was mit mir passieren könnte, Schlaganfall oder so. Wenn es so weit ist, ist es so weit. Wenn Bekannte sagen, jetzt ist der und der gestorben, »die Einschläge kommen näher«, dann bin ich einen Moment betroffen, aber ich lass die traurige Nachricht ablaufen wie Teflon. Ich habe wohl das optimistische Naturell meiner Mutter geerbt. Ich habe in meinem Leben unheimliches Glück gehabt, ich kann lesen, schreiben, Vorträge halten, immer noch Auto fahren. Ich bin mit meinem Dasein sehr zufrieden.
Kurz vor seinem Tod traf ich Ihren Kollegen, den Historiker Eric Hobsbawm ...
Ach, der Eric! Ein Freund, mehr als 40 Jahre lang. Der hielt ja aus Trotz an seinen marxistischen Überzeugungen fest!
... und der sagte, er sei froh, dass er so alt sei, er war damals 92, die Welt bewege sich auf eine »Tragödie« zu, das wolle er alles nicht mehr erleben. Der Mensch, meinte er, lerne einfach nichts aus der Geschichte: Man werde heute größer als früher, lebe etwas länger, aber vor allem sei man effizienter beim Töten geworden.
Das stimmt. In den Menschen scheint ein Aggressionspotenzial zu sein, das unter bestimmten Umständen aufgebaut werden kann, eine Aggressionslust, die abgerufen werden kann. Nach dem Versailler Vertrag waren ja viele Deutsche der Meinung, sie hätten zu Unrecht den Krieg verloren und zu viele Gebiete an Polen oder Frankreich abgeben müssen. Am Anfang des Zweiten Weltkriegs waren dann viele Deutsche der Meinung, dass der Blitzkrieg gegen Polen ein toller Erfolg gewesen ist, dass man es den Polen endlich gezeigt hat. Und dann, als Frankreich innerhalb von sechs Wochen geschlagen war, traf ich mit meinem Freund Jürgen Habermas auf der Straße seinen Vater mit einem Bekannten, und da sagte der Vater: Mensch, der Führer hat in sechs Wochen hingekriegt, wo wir vier Jahre im Schlamm gelegen haben!
Sie selbst wollten in den letzten Kriegstagen mit einer Pistole amerikanische Panzer angreifen.
Ja. Ich war da 13. Ich wollte das Vaterland verteidigen. Der Grund: Mein Vater war im Krieg verschwunden. Als Soldat hat er jeden Tag

einen Brief geschrieben, jeden Morgen bin ich zum Briefkasten gerannt, aber plötzlich, seit dem Juli 1944, kam nichts mehr, da waren in mir unheimliche Gefühle. 1963 wurde mein Vater in einem Massengrab gefunden. Ich hab ihn als liebevollen Vater in Erinnerung. Ich hatte ein ungeheures Rachebedürfnis. Anfang 1945 war ich in einem Wehrertüchtigungslager, um ein Werwolf zu werden. Ich habe dann erlebt, wie das Heer zusammenbrach, wie durch unsere Kleinstadt zerlumpte Soldaten zogen, manche hatten französische Freundinnen dabei. Und dann kamen die Amerikaner an den Stadtrand von Gummersbach. Da war so eine provisorische Barrikade, und wir waren vier Jungs, und wir wollten die Panzer aufhalten. Plötzlich tauchte ein fliehender Leutnant bei uns auf: »Seid ihr verrückt?«, rief er. »Der Krieg ist aus!« Ich war total wütend auf ihn und schrie: »Wir verteidigen hier das Reich! Hau ab!«

Das hört sich an wie Bernhard Wickis Film »Die Brücke«!

Als ich den Film sah, dachte ich: Das ist ja meine Geschichte! Aber wir hatten keine Gewehre mehr, keine Panzerfäuste, nur Pistolen. Als wir die Panzer hörten, die waren laut und bedrohlich, sind wir dann doch abgehauen. Aber wenn wir besser bewaffnet gewesen wären, so wie die Jungs in Wickis Film, wir hätten die Panzer angegriffen.

Und wieder ist, um es mit Shakespeare zu sagen, »die Zeit aus den Fugen«.

Wie meinen Sie? Soll ich mit Büchners Danton zurückrufen: »Die Welt ist nichts als Ungerechtigkeit und Elend!«? Nein.

Ich muss tief Luft holen, um in einem Atemzug aufzählen zu können, wie es drunter und drüber geht: Bürgerkrieg in Syrien, Metzeleien in der Ukraine, Tausende von Flüchtlingen, die in den vergangenen Jahren im Mittelmeer ertrunken sind, politische Morde in Israel und Kämpfe im Irak, die NSA spioniert alle und alles aus und …

Stopp! Dass nun überall Kriege und Konflikte sind – mich überrascht das nicht. Es ist immer so. Wir in Europa hatten eine Sondersituation, diese Friedensperiode von 60 Jahren. Es ist ein Glück, dass wir das erleben durften.

Damit ist es womöglich vorbei. Jedenfalls wird die Bundeswehr nun für den weltweiten Einsatz fit gemacht.

Ja, und ...

... und Bundespräsident Joachim Gauck entsorgt die sogenannte Kultur der Zurückhaltung, indem er erklärt: Deutschland müsse sich mehr engagieren, mehr Verantwortung übernehmen, Deutschland könne kein »Drückeberger in der Weltgemeinschaft« mehr sein, »entschiedener, substanzieller« solle sich das Land einbringen, im Klartext: bereit zum Krieg sein.

Ich stimme Gauck zu, und ich finde es unerträglich, wenn ihn ein Linker als »widerlichen Kriegstreiber« beleidigt. 60 Jahre nach dem Weltkrieg kann man nicht mehr nur die Wunden lecken und sich aus ernsthaften Konflikten heraushalten.

Sie waren doch in den 1950ern gegen die Wiederbewaffnung, oder täusche ich mich?

Was schert mich meine Position, die ich vor 60 Jahren als empörter Junge hatte? Es gibt Situationen, in denen die Menschen nicht friedlich zusammenleben. Das heißt aber nicht, um Gottes willen, dass ich jetzt Soldaten in den Süd-Sudan schicken würde oder nach Mali. Aber dass Fregatten vor Somalia kreuzen, um Piraten abzufangen, das finde ich in Ordnung. Dass der ehemalige Außenminister Westerwelle bei Libyen so versagt und sich gegen England, Frankreich, USA gestellt hat – ein großer Fehler.

Für Sie ist Krieg durchaus ein Mittel der Politik?

Ja. In Notfallsituationen, etwa falls die Serben wieder losschlagen sollten, kommt man nicht drum herum.

Aber die letzten Kriege des Westens haben die Welt doch auch nicht besser gemacht, was hat denn der Afghanistan-Krieg, der 13 Jahre dauerte, gebracht?

Ich war nicht glücklich über diesen Nato-Beschluss und diesen Einsatz. Als Historiker wusste ich, dass noch nie jemand in Afghanistan gesiegt hat. Die Engländer nicht, die Sowjets nicht, alle wurden geschlagen und gedemütigt. Afghanistan besteht ja fast nur aus Schluchten, und in jeder Schlucht wohnt ein anderer Stamm mit einer anderen Sprache, und alle sind gut bewaffnet. Die kann man nur knacken, indem man in jede Schlucht Elitetruppen schickt und bereit ist, wahnsinnige Verluste einzustecken. Mir war immer klar, dass für die Nato der Krieg in einem Debakel enden würde.

Die Verteidigungsministerin will die Bundeswehr zum »attraktiven Arbeitgeber« machen.

Da hat sie doch recht.

»Familienfreundlich« soll die Armee werden.

Auch damit hat sie recht.

Und dann sitzt der familienfreundliche Soldat am Joystick, steuert seine Drohne, feuert auf sein fernes Ziel, geht dann in die Bundeswehr-Kita, holt sein Kind ab – muss sich vorher nicht umziehen, nicht duschen. Gut so?

Gegen Aufklärungsdrohnen habe ich nichts. Aber dass sich von der Leyen so für bewaffnungsfähige Drohnen einsetzt, ist fatal. Damit wird eine Grenze überschritten, die ein Rechtsstaat nicht überschreiten darf. Vor Kurzem hätte ich solche Vorschläge für undenkbar gehalten.

Vielleicht geschieht bisher noch Undenkbareres, vielleicht gibt es Krieg mit Russland.

Das glaube ich nicht. Nun sind Sie ja noch düsterer als mein Freund Eric. Dass die Nato wegen der Ukrainekrise Flugzeuge überm Baltikum »fliegen lässt, deutsche Schiffe in der Ostsee kreuzen – Kokolores, Protzerei.

Oder ein gefährliches Spiel.

Es sind auf jeden Fall aufregende Zeiten. Der Mensch lernt nicht nur wenig aus der Geschichte, er ist auch nicht gewappnet für neue Situationen. Ich habe nie verstanden, dass ein Staatensystem, also die EU, der einzigen anderen Großmacht auf dem Kontinent so vors Schienbein tritt!

Was meinen Sie damit?

Für Putin ist der Zerfall der Sowjetunion das Schockerlebnis seiner Generation. Er hat ja vor ein paar Jahren im Bundestag eine tolle Rede auf Deutsch gehalten, sinngemäß gesagt: »Wir brauchen Vertrauen, Zeit, helft mir doch!« Der Westen hat das nicht gemacht, er hat stattdessen die Nato aggressiv in den Osten vorgeschoben, obwohl versprochen war, das nicht zu tun. Und die EU hätte nie ein

Abkommen mit der Ukraine machen dürfen, deren Ziel der Eintritt in die EU ist. Die Ukraine gehört nicht zu Europa.

Gehört die Krim zu Russland?

Die Krim war fast immer russisch, das zeigt sich auch in der Literatur, jedenfalls seit 300 Jahren. Nikita Chruschtschow war für Stalin der Schlächter in der Ukraine gewesen, er hat wahrscheinlich den Tod von Millionen Ukrainern verursacht. Und als er Staatschef wurde, war der Protest gegen ihn in der Ukraine besonders laut. Er wollte das Land für sich gewinnen durch ein großzügiges Geschenk, und so hat er ihnen 1954 die Krim geschenkt. Ein Willkürakt. Dass Putin nun die Krim zurückholte, kann ich verstehen, obwohl ich es nicht für richtig halte. Gefährlich wird es, richtig gefährlich, wenn man Putin mit wirklichen Wirtschaftssanktionen, der Flucht der Oligarchengelder und dem Zerfall des Rubels vor sich hertreibt. Das würde schmerzhaft für ihn und Russland, sodass er reagieren müsste. Dann könnten die Dinge wirklich aus dem Ruder laufen.

Wissen Sie eigentlich noch, weshalb Sie Historiker wurden?

Ja. In Physik, Chemie, Mathematik hatte ich lauter Fünfen. Nur dank einer Sondergenehmigung des Ministeriums wurde ich zum Abitur zugelassen. Nur Deutsch und Geschichte machten mir Spaß, und so war klar, dass ich das studieren würde.

Geht es Ihnen als Historiker darum, die Geschichte nur zu begreifen oder auch darum, die Welt zu verändern?

Ich hatte immer einen starken politisch-pädagogischen Impetus. Das gilt auch für Leute wie Habermas, Dahrendorf, Jens, meine Kollegen Lepsius, Grimm – wir alle sind geprägt durch Krieg, Pimpfenzeit, Flakhelfer-, Soldat sein, und als die Bundesrepublik entstand, war bei uns allen das Gefühl: Jetzt hängen wir uns da rein, damit das zweite Experiment nicht wieder so schiefläuft wie die Weimarer Republik! Ich wollte und will die Welt durch aufklärende Argumente beeinflussen.

An so etwas glauben Sie – die Macht des Wortes?

Natürlich. Wenn ich das nicht täte, könnte ich nicht arbeiten. Ich hatte immer eine Scheu, mich in der praktischen Politik zu engagieren. Aber mit meiner wissenschaftlichen Arbeit habe ich mich eingemischt. Schon früh habe ich mich für die Oder-Neiße-Linie als

Grenze zu Polen eingesetzt. Das gab einen Riesenkrach, Kanzler Adenauers Sohn Max, der sehr einflussreich war, der wollte mich aus der Uni werfen. Ich hatte von mehreren amerikanischen Universitäten Angebote, auch einen Ruf nach Harvard, aber ich hab das immer abgelehnt, weil ich mich in Deutschland viel besser einmischen konnte in die aktuellen Streitfragen – die *SPIEGEL*-Affäre, die Ostverträge, die ...

Sie streiten und schreiben gern.

Ja, Streiten, Schreiben und Lesen, das macht mir Spaß.

Dort drüben auf Ihrem Schreibtisch liegt ein Manuskript, es ist von Hand geschrieben.

Ich schreibe alles von Hand.

Wie? Sie haben Dutzende von Büchern geschrieben, Hunderte von Aufsätzen, Zehntausende von Seiten – und das alles von Hand?

Mit dem Füllfederhalter. Für meine *Deutsche Gesellschaftsgeschichte* waren es 100 Blöcke à 100 Seiten.

Sie sind mir unheimlich. So voller Disziplin.

Ja. Ich war ja mal Leistungssportler, ich war jahrelang einer der besten deutschen 400- und 800-Meter-Läufer. Meine Freunde sagen, ich hätte diese Disziplin, die man im Spitzensport braucht, auf meine Arbeit übertragen. Ich glaube, das stimmt. Ich stehe jeden Tag um halb sieben auf, dann gehe ich rüber ins Schwimmbad, kraule 500 Meter, frühstücke dann mit meiner Frau. Danach lese und schreibe ich bis ein Uhr, Mittagessen, halbe Stunde ausruhen, dann lese oder schreibe ich bis sieben Uhr, Abendessen, Nachrichten hören, dann lese ich bis elf Uhr, Tag für Tag.

Und die wirkliche Welt draußen?

Die Wirklichkeit ist für mich die Welt der Bücher und Aufsätze.

In Ihren letzten Arbeiten blicken Sie auf die soziale Wirklichkeit hierzulande und rufen: Es ist dramatisch, wie die Kluft zwischen Arm und Reich wächst!

So ist es. Das oberste 0,1 Prozent der Bevölkerung besitzt 22,5 Prozent des gesamten Nettovermögens, das oberste Prozent verfügt über fast die Hälfte des Vermögens. Wenn ich das in Vorträgen erzähle, werde ich angeglotzt, viele sagen: »Das habe ich gar nicht gewusst, dass der Unterschied so groß ist.« Ich kriege aber auch boshafte Briefe, auch von Professoren, ich sei ein Neidhammel, heißt es. Aber es ist einfach so, das zeigen alle Statistiken: In den vergangenen 16 Jahren ist systematisch das Geld nach oben gewandert. Die Topmanager haben es geschafft, ihr Einkommen um 400 Prozent zu steigern, sie verdienen nun das 300-Fache ihrer Facharbeiter, 1989 war es noch das 20-Fache. Mercedes-Chef Dieter Zetsche bekommt eine Betriebsrente von 39,6 Millionen Euro, dafür müsste ein Arbeiter Tausende von Jahren leben. In der neueren Geschichte ist es keine Klasse, die ihre Habgier so ungebremst ausgelebt hat.

Sie regen sich richtig auf. Aber draußen im Land ist es ruhig.

Das erstaunt mich, diese Duldsamkeit. Wenn ich in Vorträgen auf diese obszönen Verhältnisse eingehe, schlägt mir Skepsis entgegen. Dumpfer Unglaube. Man will nicht mal wissen, dass das deutsche Steuerrecht in den letzten Jahren ständig zugunsten der Reichen und Neureichen reformiert worden ist. Die Tabaksteuer ist inzwischen höher als die Steuer auf Kapitalgewinne. Die Verteilungsgerechtigkeit ist komplett verschwunden. Aber es ist schwierig, eine Debatte über soziale Ungleichheit, gerechte Verteilung in Gang zu bringen.

Der Berliner Professor Norbert Bolz erklärt apodiktisch: »Das Problem der Ungleichverteilung ist unlösbar. Kapitalismuskritik ist politische Romantik.« So einen wie Sie, den hält er vermutlich für gefährlich, denn: »Was wir brauchen, ist Reichtumstoleranz«, sonst leite man »die Menschen zum Unglücklichsein« an.

Das ist Geschwätz. Aufklärung kann wehtun. Natürlich kann man den Reichtum umverteilen. Keiner im Ausland versteht, dass Deutschland, der reichste Staat Europas, keine Vermögensteuer erhebt. Keiner im Ausland versteht, dass wir fast keine Erbschaftssteuer haben. Wenn die so hoch wäre wie in Frankreich, nämlich 50 Prozent, würde der Staat in kurzer Zeit Billionen gewinnen. Geld genug für Bildung, für die Infrastruktur, die Renovierung der Innenstädte.

Der Ökonom Giacomo Corneo beklagt »die Unfähigkeit der Politik, die höheren Einkommen mehr zu besteuern, sich also das Geld dort zu holen, wo es vorhanden ist«.

Das stimmt. Da ist eine tief sitzende Angst vor einer mächtigen Lobby, die Stimmung machen kann. Die SPD hat außerdem noch

Angst, mit dem »Neidvorwurf« konfrontiert zu werden, das möchte sie überhaupt nicht. Im Kaiserreich hätte die SPD aber bei solchen Zuständen längst den Klassenkampf ausgerufen. Sigmar Gabriel oder Frank-Walter Steinmeier sind nicht die Leute für die Barrikade. Die SPD schämt sich ja. Es waren ja Gerhard Schröder und Hans Eichel, die sich dem Neoliberalismus geöffnet haben. Jetzt ist die Spreizung aber so eklatant, die Ungleichheit so groß, dass sie bald die Legitimationsgrundlage des politischen Systems infrage stellt.

Andere sehen das komplett anders. »Es geht uns gut«, titelte unlängst die *ZEIT*, und die *Frankfurter Allgemeine Zeitung* beantwortete vor ein paar Tagen die selbst gestellte Frage: »Eine soziale Kluft in Deutschland?« so: »Davon ist nichts zu sehen.«

Das ist Quatsch. Ich bin oft an der Universität Harvard. Im Winter liegen dort vor den Belüftungsschächten Bedürftige. Die reichen Studenten registrieren das nicht. Es gibt eine Hornhaut bei den Besitzenden, eine große Bereitschaft, Dinge, die unangenehm sind, einfach zu ignorieren. So ähnlich ist das auch bei uns: Man will die Wahrheit nicht wissen. Sie müssen sich aber nur die Zahlen anschauen: Unter den 40 Millionen Beschäftigten in Deutschland gibt es 8 Millionen Mini-Jobs. Das ist eine Riesenzahl, das ist fast ein Viertel – und diese Menschen verdienen zwischen 400 und 800 Euro im Monat. Davon können Sie schwer leben, vor allem wenn Sie Familien und Kinder haben, fast jedes sechste Kind wächst unter Armutsbedingungen auf.

185 Seiten umfasst der aktuelle Koalitionsvertrag. Das Wort »Kinderarmut« kommt nicht vor.

Das ist diese Hornhaut, von der ich eben sprach. Ein großes Problem bei der Frage um Verteilungsgerechtigkeit ist: Man weiß alles über die Armen, die Mittelschicht, aber man weiß kaum etwas über die Reichen. Wer mehr als 18 000 Euro netto verdient, wird statistisch nicht erfasst. Seitdem die Vermögensteuer abgeschafft ist, sagt das Statistische Bundesamt, können wir Vermögen über 2 Millionen Euro nicht erfassen. Wenn die Politik aber keine Daten hat, sie vielleicht gar nicht haben will, kann sie auch nicht handeln, viel schlimmer noch: Sie will dann gar nicht handeln. Ich hoffe ja sehr, dass das Buch des französischen Ökonomen Thomas Piketty, wenn es im Herbst bei uns erscheint, endlich die überfällige Verteilungsdebatte auslöst, und dass diese Meldungen, wie bei uns allen der Wohlstand wächst, endlich hinterfragt werden.

Piketty schreibt in seinem Bestseller *Capital*, dass der Kapitalismus gesetzmäßig zu immer mehr Ungleichheit führe, dass die Kluft zwischen Arm und Reich immer größer werde.

Er hat ja in einer ungeheuren Fleißarbeit Daten gesammelt, 20 Jahre lang, die eindrucksvoll den Mythos entlarven, dass jeder, der sich nur anstrengt, nach oben kommen kann. Bis vor Kurzem kannte ich Piketty nicht. Durch Zufall bin ich auf Aufsätze von ihm gestoßen und dachte spontan: Das ist ja einer, der den Kopf über dem allgemeinen Nebel hat!

Glauben Sie, dass eine gerechte Gesellschaft möglich ist?

Nein. Aber trotzdem muss man um mehr Gerechtigkeit kämpfen. Die Leute müssen sich wehren gegen die zunehmende Ungerechtigkeit.

Sie klingen nun fast wie ein Revolutionär. Aber das sind Sie doch gar nicht.

Sie haben recht. Ich will keinen Aufruhr, keine Revolte, keine Revolution. Ich möchte keinen Sturm auf das Palais Oetker hier in Bielefeld. Ich will Druck auf die Parteien. Ich hoffe immer noch auf die SPD, dass die ihr soziales Gewissen wiederaufleben lässt.

Gibt es irgendein Land, das Sie als Vorbild sehen?

Mich überzeugt das schwedische Modell. Schweden zeigt, dass man sehr wohl zum Nutzen seiner Bürger umverteilen kann. Es ist immer verblüffend, wenn Schweden mit Amerikanern diskutieren und mit welcher Lässigkeit die Schweden ihre Gleichheitspostulate hochhalten und zu den Amerikanern sagen: »Ja, glauben Sie denn, wir hätten keine Milliardäre? Aber wir besteuern sie ordentlich. Und anders als Ihre Milliardäre leben unsere nicht hinter Zäunen in von Wachtposten beschützten eigenen Vierteln!«

Hans-Ulrich Wehler war Handballspieler beim Bundesligaverein VfL Gummersbach, er war westdeutscher Meister im 400- und 800-Meterlauf, und so konsequent, wie er trainierte, so rigide war er bei seiner wissenschaftlichen Arbeit. In diesem unbedingten Willen zur Leistung lag auch seine Ablehnung der 68er – er hielt sie für Leistungsgegner. Wehler lehrte bis 1996 an der Uni Bielefeld. Spätestens mit seiner fünfbändigen *Deutschen Gesellschaftsgeschichte* galt er als der führende Sozialhistoriker. 2013 griff er nochmals in die Politik ein mit seinem Buch *Die neue Umverteilung*. Kurz vor seinem Tod erhielt er den »Lessing-Preis für Kritik«.

»Ich ziehe unser Gespräch zurück«

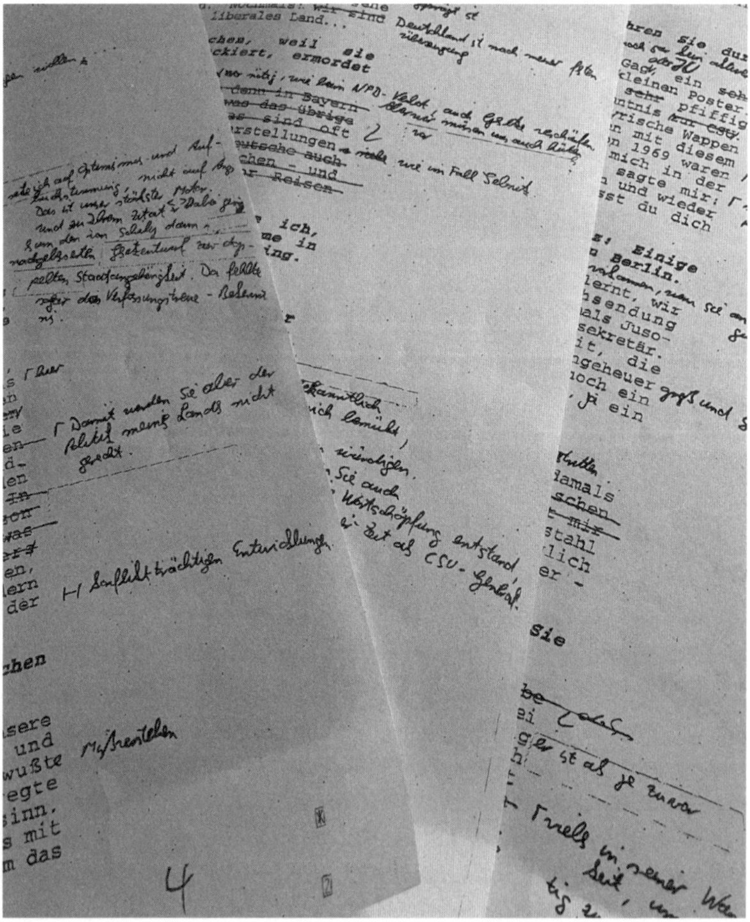

Die Crux des Autorisierens:
Von Ministerpräsident Exmund Stoiber/Büro Stoiber bearbeitetes Gespräch.

Nachwort

Es war im Bundestagswahlkampf 1994, in Bonn, in der SPD-Baracke, ich saß dem damaligen SPD-Kanzlerkandidaten gegenüber, Rudolf Scharping, er blies mir den Rauch seiner Marlboro-Zigaretten ins Gesicht. Je hartnäckiger die Fragen wurden, desto unwirscher wurde er, desto mehr pustete und blies und fauchte er seine Rauchschwaden über den Tisch. Plötzlich stand er auf, beugte sich zu mir herüber und dröhnte mich an: »Ist Ihnen eigentlich klar, Herr Luik, mit wem Sie sprechen? Mit dem Vorsitzenden der Deutschen Sozialdemokratie!«

Rudolf Scharping gab damals unser Gespräch – wochenlang hatte ich um die Autorisierung gekämpft – zum Abdruck nicht frei. Scharping mag ein Extremfall sein, aber er steht für eine Haltung, die durchaus typisch ist für viele Gesprächspartner – sie mögen in wichtigen Positionen sein oder auch nicht: der Wunsch nach perfekter Kontrolle. Manchmal auch: nach Einschüchterung.

Die Autorisierung von kontrovers geführten Gesprächen ist häufig mühsamer als das Gespräch selbst. Das zeigt exemplarisch auch mein Brief von 2010 an den im vergangenen Jahr verstorbenen Tübinger Theologieprofessor Dr. Hans Küng:

»Lieber Herr Küng,
ich ziehe unser Gespräch zurück.

Ich habe in den vergangenen 25 Jahren mit vielen Menschen geredet – mit Politikern (Merkel, Müntefering, Fischer, Trittin, Stoiber), mit Wirtschaftsführern (Wiedeking, v. Pierer, Rogowski), Künstlern (Bertolucci, Polanski, Vidal, Hein), Wissenschaftlern (Birnbaum, Chargaff), Außenseitern (Thews, Hammerstingl, Nathalie Todenhöfer), doch nie kam einer mit dem Wunsch auf mich zu, bei der Titelgestaltung des Gesprächs mitreden zu dürfen. Einem Wunsch, dem ich auch nie entsprochen hätte, selbstverständlich nicht.

Halt, stopp, eine Ausnahme gab es: der Popsänger Peter Maffay hatte – kurzfristig – dieses Ansinnen. Ich habe es ihm nicht erfüllt.

Als Sie in Tübingen Ihren entsprechenden Wunsch äußerten (und mit den Worten einleiteten: »Machen Sie mal Ihr Tonband aus ...«), nahm ich Ihre Worte – leider – nicht zu ernst. Alle meine Erfahrung stand gegen Ihr Ansinnen. Hätte ich geahnt, dass Ihnen tatsächlich so ernst damit ist (wie Sie gestern am Telefon sagten: »Oder das Gespräch darf nicht erscheinen«), wäre ich sofort abgereist. Wir beide hätten uns viel Arbeit erspart.

Aber ich ziehe das Gespräch noch aus einem anderen Grund zurück. Ihre Eingriffe und Ergänzungen verändern den Ton unserer Unterhaltung. Damit könnte ich vielleicht noch leben, allerdings: Leben ist bedauerlicherweise aus dem Gespräch gewichen. Auch Verständlichkeit ist geschwunden. Die freundlich-kluge Leichtigkeit ist weg.

Ich will es Ihnen an einigen Beispielen zeigen: In der ersten Antwort ersetzten Sie Michelangelo durch »die Maler des Mittelalters oder des Barocks«; in der vorletzten Antwort streichen Sie: »Mozart allerdings würde ich Brandt vorziehen.« Stattdessen heißt es nun: »Und Mozart und Thomas Morus kennenlernen.«

Auf den ersten Blick scheinen diese Eingriffe Petitessen zu sein, gleichwohl: Sie setzen einen völlig anderen Ton. Michelangelo und Brandt sind konkret, diese Namen haben Konnotationen, und sie lösen Denkprozesse aus – aber die möchten Sie vermeiden. Plötzlich wird alles vorsichtig und relativ, irgendwie korrekt, aber auch uninteressanter, das Sperrige ist nun diplomatisch wattiert. Und so wird aber aus einem lebendigen Dialog plötzlich ein Traktat.

Überdies verschwand an manchen Stellen Ihr »Ich«. Das geht mit dem ersten Satz los, der sehr anschaulich hieß: »Ich verstehe, dass Ihre Tante sich sorgt.« In diesem Satz ist Empathie drin, etwas Persönliches – doch nun heißt es bei Ihnen: »Ihre Tante hofft auf einen Zustand der Vollkommenheit.« Das ist theologisch wohl richtig, aber ohne Lebendigkeit. Fast kalt. Ähnliches geschieht an anderen Stellen, das ICH wird zurückgenommen, auf der Strecke bleiben Anschaulichkeit und Spannung. Und so wurde aus einem aufregenden Diskurs plötzlich eine Predigt.

Aber mit all dem könnte ich, wie gesagt, vielleicht noch leben. Sie haben jedoch noch Einfügungen gemacht, gerade in den Passagen nach

Twain und Auschwitz, auf die ich zwingend reagieren musste. Doch meine Einwürfe gestern lehnten Sie recht barsch ab.

Es ist schade, dass nun aus unserem Gespräch – mit dem Sie ja ursprünglich (bis auf Kleinigkeiten) sehr zufrieden waren, nichts wird. Schade um die Mühen, die wir uns gaben. Aber wie Sie am Telefon sagten, Sie machten aus dem Manuskript »ein Schlachtfeld«. Schlachtfelder sind nicht schön.

Aber ich weiß, dass nichts um Nichts geschieht, und unsere Begegnung habe ich in guter Erinnerung.

Lieber Herr Küng, Ich möchte Ihnen nochmals für alles danken und verbleibe mit besten Grüßen

Ihr
Arno Luik

Nach diesem Brief, weiteren Telefonaten, Mails hin und her, gab Hans Küng das Gespräch mit sanften Eingriffen schließlich doch noch frei.

Allerdings: Solche Gängeleien sind selbstverständlich geworden. Prominente, von Medienberatern fürsorglich umstellt, wollen die Kontrolle. Heute haben sie ohnehin ihre eigenen Kanäle, Instagram zum Beispiel – wo sie genau so erscheinen, wie sie es wollen. Lohnt es sich noch, sie zu treffen – die Politiker, die Wirtschaftsführer, all diese Stars?

Was kann bei diesen Begegnungen überhaupt herauskommen? Wenn so gut wie alles, das nicht gefällig, nicht stromlinienförmig ist, bei der Autorisierung autoritär herausgestrichen wird?

Wahre Autorität wäre: Widerspruch auszuhalten. Aber: Da ist die Panik vor Parteifreunden, die eventuelle Schwächen gnadenlos ausnutzen könnten; da ist Furcht vor Fachkollegen, die sagen: Oh Gott, das haben Sie zu flapsig formuliert; da ist die Angst, die *Bild*-Zeitung könnte eine vernichtende Schlagzeile aus dem Gesagten basteln; da ist die Sorge, ein Shitstorm könnte im Netz entstehen, von dem man sich kaum mehr erholt.

Etwas pathetisch gefragt: Was macht diese Oberflächlichkeit mit der Debattenkultur, dem öffentlichen Diskurs, ja, letztendlich mit der Demokratie? Die auf klares und scharfes Denken, genaues Hinschauen, hartnäckiges Hinterfragen, also: auf wirkliche Aufklärung angewiesen ist?

Für die Bürger ist nicht gut, was da passiert.
Für jene an der Macht ist es wunderbar.

Aber es muss ja so nicht bleiben.

Arno Luik
Hamburg im Januar 2022

DANKE!

Dank an den STERN, in dem die meisten der hier abgedruckten Gespräche erstmalig erschienen sind – an die STERN-Dokumentation, Layouter, Fotografen, Chefredakteure.

Dank an Antje Kunstmann.

Dank auch an Viviane Richarz, meine Lektorin beim Westend Verlag.

Dank aber natürlich und vor allem an all meine Gesprächspartner und -partnerinnen, die mich geduldig ertragen haben.